SMALL GROUP FACILITATION

소그룹 퍼실리테이션

Judith A. Kolb 저 | 이진구 · 박철용 · 박순원 역

IMPROVING PROCESS AND PERFORMANCE
IN GROUPS AND TEAMS

박영story

역자서문

 조직개발을 연구하고 고민하는 학자의 입장에서 기업 현장에 있는 여러 조직의 구성원들로부터 우리 조직에서 행해지는 회의가 너무 비능률적이고 효과적이지 않다, 심지어는 왜 회의를 하는지 모르겠다 등등의 말을 들을 때마다 제대로 된 솔루션을 제시해 주지 못하고 있다는 생각에 무기력감을 느끼곤 한다. 조직은 서로 다른 사람들이 하나의 목적을 가지고 모인 집단이다. 그리고 조직은 효율적인 조직운영을 위해 팀이나 파트를 만들거나 특정한 목적을 가진 TF를 만들어 끊임없이 목적 달성을 위해 움직인다. 그런데 대부분 조직이 가지고 있는 근원적인 문제는 구성원들이 지속적으로 만나거나 일시적으로 만나 협업하는 상황에서 각 사람이 가지고 있는 서로 다른 관점과 생각들을 훌륭하게 정리하여 하나의 결과물로 만들어 내는 일이 쉽지 않다는 점이다. 특히 우리나라 정서상 많은 조직의 구성원들은 상사나 상급자가 있는 상황에서 자기의 의견을 이야기하는 것을 꺼린다. 그리고 아직도 일부 조직의 리더는 회의 상황 등에서 일방적으로 자신의 의견을 피력하고 구성원들에게 따를 것을 강요하기도 한다. 그런데도 이러한 문화에 익숙해진 조직은 왜 쓸데없는 회의를 하는지 의문을 가진 구성원들을 놔둔 채 묵묵히 기존의 관성을 유지해 나가면서 개선책이나 대안을 만들어 내지 못한다.

 세상의 모든 일에는 프로세스가 중요하다. 좋은 결과물에는 좋은 프로세스가 있기 마련이다. 그런데 우리는 좋은 결과물을 만들어 내는 것에는 동의하면서도 종종 좋은 프로세스를 만들어 나가는 것에는 소홀한 경우가 많다. 많은 조직에서 소통과 협업을 이야기한다. 소통과 협업은 최종 결과물을 만들어 내는 데 있어 중간 다리 역할을 하는 또 하나의 결과물이다. 그러나 우리는 소통과 협업의 중요성을 잘 알면서도 소통과 협업의 질을 높이는 프로세스를 고민하는 것에는 약하다. 각기 다른 의견과 아이디어를 하나로 잘 만들어서 좋은 결과물을 만들기 위해서는 훌륭한 프로세스가 필요하다. 그리고 이러한 프로세스를 위해서는 사람과 사람 사이의 소통과 협업의 원리를 이해하면서 이를 뒷받침해 줄 테크닉을 능숙하게 활용할 줄 알아야 한다. 우리는 그러한 스킬을 퍼실리테이션이라고 부른다. AI를 기반으로 한 새로운 테크놀로지가 출현하고 Gen-Z 세대가 점차 조직의 주력이 되는 상황에서 퍼실리테이션은 모든 회의를 주재하고 참여하는 사람이 갖추어야 할 소통과 협업을 위한 기본 스킬이 되어야 한다.

소그룹 퍼실리테이션이라는 책은 이러한 상황을 염두에 두고 기업이나 조직에서 일어나는 소그룹 단위의 모든 회의, 토론, 학습 상황에서 활용할 수 있는 유용한 지침서이다. 본 책에는 앞서 언급한 퍼실리테이션을 위한 사람과 사람 사이의 기본적인 원리와 퍼실리테이션을 위해 필요한 테크닉들이 체계적으로 정리되어 있다. 소그룹 단위에서 회의할 때 우리는 참석자들이 말하는 표면적인 내용과 이면적인 내용, 그리고 그들이 가지고 있는 감정과 관계들을 알아차리고 이해하고 또 고려하면서 최대한 객관적인 입장에서 최적의 결론을 도출할 필요가 있다. 그리고 이러한 프로세스에는 객관성을 담보하는 참여적인 테크닉이 요구된다. 원리를 이해하지 못하고 테크닉만을 활용하는 것은 위험한 결과를 초래할 수 있으며 원리는 이해하지만 테크닉을 활용하지 못하는 것은 효과적인 결과물을 만드는 데 비효율적일 수 있다.

또한 조직개발의 일환으로서 Process Consultation은 조직의 내부 프로세스를 개선하기 위해 설계된 컨설팅 방식을 의미한다. 이 접근법은 조직의 성과를 향상시키기 위해 주로 인간관계, 의사소통, 팀워크, 리더십 등과 같은 프로세스를 진단하고 개선하는 데 초점을 맞추고 있다. Process consultation은 컨설턴트가 조직 내에서 발생하는 문제를 직접 해결하기보다는, 조직 구성원들이 스스로 문제를 인식하고 해결할 수 있도록 돕는 방식을 취한다. 이 책의 내용은 Process Consultation을 실행하는 데도 매우 유용할 것이다.

이 책의 저자인 Kolb 교수님은 내가 아는 한 최고의 퍼실리테이션 스킬을 가지고 계신 분이셨다. 유학 시절에 Kolb 교수님의 수업을 들으면서 언어적으로 다른 학생들과 계속해서 소통하면서 결과물을 만들어 나가는 것이 힘들었지만, 모든 수업이 퍼실리테이션을 기반으로 이루어진다는 사실이 흥미로웠고 실제로 많은 부분을 배울 수 있었다. 이 자리를 빌려 교수님께 깊이 감사드린다.

본 책의 번역을 위해 힘써주신 많은 분이 있다. 먼저 본 책의 번역 과정에서 조언과 도움을 주시고 꼼꼼하게 수정을 해 주신 박철용 전무님께 진심으로 감사드린다. 전무님과의 영감 있는 대화를 통해 본 책의 쓰임새를 깊이 있게 이해하고 용기를 내어 마무리할 수 있었다. 그리고 무엇보다도 번역 과정에 처음부터 끝까지 열정을 가지고 주도적으로 도와준 박순원 선생님께 진심으로 고맙고 감사드린다. 박순원 선생님의 헌신으로 본 책의 번역이 완성될 수 있었다. 또한 꽤 오랜 시간을 기다려 주시면서 어려운 부분을 해결해 주신 박영사의 이선경 차장님과 안상준 대표님, 그리고 이 번역서가 나올 수 있도록 최종적으로 도움을 주신 박영스토리의 허승훈 과장님과 배근하 차장님, 노현 대표님께 진심으로 감사드린다.

마지막으로 소그룹 퍼실리테이션이라는 책이 협업과 소통으로 힘들어하는 우리나라 모든 조직과 구성원들에게 힘이 되기를 소망해 본다.

2025년 2월
대표 역자 이진구

저자서문

정도의 차이는 있지만, 조직의 모든 일은 그룹 혹은 팀 단위로 이루어지기 마련이다. 대부분의 경우 우리는 업무 그룹이나 업무 단위, 또는 팀에 속한 구성원으로서 존재한다. 그렇지 않은 경우라도 회의에—아마도 매우 자주—참석하게 된다. 그룹은 어디에나 존재한다. 조직 밖에서도 어떤 일을 처리할 때, 누군가를 지원해 줄 때, 의료정보를 교환할 때 흥미있는 공동의 주제에 대해 토론할 때 점점 더 그룹의 형태가 많이 활용되고 있다. 이 모든 그룹들은 시스템 내에 존재하는 또 하나의 시스템이며 내부와 외부, 긍정적인 것과 부정적인 것들 모두에게서 영향을 받는다.

물론 이 그룹들 모두가 늘상 미리 계획된 대로 운영되는 것은 아니다. 때로는 모든 것이 잘 진행되어 큰 어려움 없이 원하는 결과를 얻을 수도 있다. 혹은 진행하는 동안 몇 번의 부침을 겪지만 결국에는 성공하기도 한다. 반면 중요한 일들을 그르쳐 그룹 구성원들의 업무의 방향성을 잃어버리기도 한다. 그룹의 성공과 실패를 가르는 데는 많은 요인들이 있다. 이 책은 가장 중요한 요인들 중의 하나인 그룹 프로세스에 초점을 맞추고 있다. 소그룹 퍼실리테이션의 프로세스에 초점을 맞추는 것은 그룹이 좀 더 효율적으로 목표를 향해 나아갈 수 있도록 도와준다. 우리가 일상적인 회의, 운영위원회, 실천공동체, 학습조직, 또는 장기간 지속되는 업무 팀들에 대해 이야기할 때 그 속에는 늘 퍼실리테이션이 포함되어 있다.

오늘날 퍼실리테이션에 대한 요구가 생기는 이유는 그만큼 퍼실리테이션의 역할이 중요하기 때문이다. 그룹은 종종 촉박한 일정에 쫓기며 제한된 자원으로 업무를 진행한다. 그룹 구성원들이 당장의 과업을 해결하고 그들이 직면하고 있는 현실적인 문제 또는 이슈에 집중하게 하려면 가장 잘 적용될 수 있는 프로세스가 있어야 한다. 이 책의 목적은 퍼실리테이터가 그룹이 원하는 결과를 성취하도록 도와줄 수 있게끔 하는 것이다.

구성과 특징

이 책 "소그룹 퍼실리테이션: 그룹과 팀의 프로세스와 성과를 향상시키는 법"의 전반에 걸쳐 소개되고 있는 실천적 제안, 도구, 전략과 테크닉은 연구결과를 토대로 한 퍼실리테이션 프레임워크에 기반하고 있다.

이 책은 1) 개관, 2) 퍼실리테이션의 프레임워크, 그리고 3) 의사결정, 문제해결 및 전략 기획을 위한 테크닉의 세 부분으로 구성되어 있다. Part 1에서는 소그룹 퍼실리테이션에 대한 소개와 그룹이 어떻게 작동하는지에 대해 논의한다. Part 2에서는 퍼실리테이션의 프레임워크를 구성하는 여덟 가지 요인들-기획과 조직, 의사소통, 과업, 관계와 분위기, 가치와 윤리, 갈등, 창의성, 테크닉-의 세부사항에 대해 논의한다. Part 3은 테크닉에 초점을 맞추며 17개 테크닉에 대해 자세히 설명하고 기술하는데, 여기에는 브레인스토밍에서 변형된 네 가지 기법도 포함되어 있다. 각각의 테크닉에는 명칭과 간략한 설명, 참고문헌, 활용법, 준비물, 장점, 단점, 코멘트/제안, 절차, 그리고 예시가 제시되어 있다.

모든 장의 도입부에는 주요 개념을 표기해 두었으며, 말미에는 요약과 참고문헌, 그리고 그룹 퍼실리테이션을 진행했던 나의 오랜 경험에 기반하여 관련 연구 및 실천적인 제안들을 포함시켜 두었다. 내 경험 중 지나치게 상세한 사항들은 비밀엄수를 유지하기 위해 각색되었지만, 거기에서 배운 교훈들은 명확하게 제시되어 있다. 또한 프레임워크 내의 요소들로, 당장 적용이 가능한 그룹 대화의 예시와 도구들, 그리고 절차도 설명되어 있다. 소그룹과 퍼실리테이션에 대해 과도하게 많은 연구결과를 제시하려는 의도는 아니었지만, 각 장의 내용과 직접적으로 관련되어 있는 연구들도 제시되어 있다. 특히 제2장에서는 그룹이 어떻게 작동하는가에 대해 많은 정보를 제공하고 있다. 이 책을 쓴 목적은 현재 소그룹 퍼실리테이션과 관련이 있거나 이 분야에 흥미가 있는 사람들이 실제로 활용할 수 있는 자료를 제공하기 위함이다.

다양한 출처와 연구분야에서 나온 테크닉들은 마지막 세 개의 장에 제시되어 있다. 개별 테크닉을 참고해도 되고 접근법 전체를 활용해도 되며, 적절하게 변형해서 사용할 수도 있다. 다양한 테크닉들의 가장 유용한 부분을 선택하여 그룹 또는 당신의 개인적인 퍼실리테이션 스타일에 적합하도록 혼합한 테크닉을 만들어 낼 것을 제안한다.

독자

그룹과 업무를 하는 사람 혹은 그룹의 효과를 향상시키는 데 흥미가 있는 사람 누구에게나 이 책이 도움이 될 것이다. 몇몇을 꼽자면 아래와 같다.

- 퍼실리테이터
- 그룹 구성원
- 책임자 및 관리자
- 교육가
- 중재자
- 교수

- 인사 관리자
- 인적자원개발 컨설턴트
- 조직개발 컨설턴트
- 코치
- 카운셀러
- 학교 행정가

활용에 대한 제안

이 책은 처음부터 끝까지 순차적으로 읽도록 디자인되었고 그것을 권장하지만, 어떤 독자들은 특정 장을 선택해서 읽을 수도 있을 것이다. 예를 들어, 당신의 그룹에서 커뮤니케이션 문제로 인해 상당한 갈등이 발생하고 있다면, 해당 내용을 다루고 있는 장을 먼저 펼쳐보고 싶을 것이다. 이 책의 각 장들은 서로 연결되어 있거나 다른 장의 내용을 심화하여 설명하고 있기는 하지만, 그 자체로도 완결성이 있다. 제3장에 퍼실리테이션의 프레임워크 안에서 8가지 요소들이 어떻게 연결되어 있는지 설명되어 있다.

감사의 말

소그룹에 대한 내 생각에 영향을 끼친 동료가 세 명 있다. 덴버 대학의 Alvin Goldberg와 Carl Larson(Alvin Goldberg는 고인이 되었다), 펜실베이니아 주립 대학의 Dennis Gouran이다. 그들의 헌신과 재능, 그리고 인내심에 고마움을 표한다.

이 책에 제시된 퍼실리테이션 및 좀 더 넓은 범위인 그룹에 관한 많은 내용들이 공동연구로 진행되었다. 이 책의 공저자인 Barbara Gray, 진성미, William Rothwell, Louise Sandmeyer, 송지훈에게 감사를 표하고 싶다. 또한 이 책에 표기된 그림들을 조합하는 데 도움을 준 김진용과 이진구에게도 고마움을 전한다.

좀 일반적인 이야기가 될 수도 있지만 똑같이 감사하는 사람들이 있다. 오랫동안 나의 팀 세미나, 워크숍, 소그룹 퍼실리테이션 수업에 참여해 준 수많은 학생들이다. 그들과의 토론은 통찰, 반성적 사고, "아하"라는 말이 절로 나오는 순간으로 우리를 이끌었으며, 퍼실리테이터로서의 나의 능력을 향상시켰을 뿐 아니라, 많은 웃음을 주었고 때로는 눈물을 흘리게도 하였다. 이 수업에서 나온 이야기들은 대부분 현장에서 일하는 사람들의 목소리이며, 헌신적인 퍼실리테이터가 어떻게 그룹을 도와주어 그룹 내 개인들이 좋은 경험을 얻게 되는지 깨닫게 해 주었다. 모든 분들에게 감사를 표한다. 오랫동안 나와 함께 일한 그룹과 팀들에게, 그들의 협동심과 다양한 접근법 및 테크닉을 시도해 보려는 의지에 감사한다. 이 책의 마지막 섹션에 등장하는 테크닉의 활용과 변형에 대한 많은 제안들이 그들과 함께했던 세션에서 도출된 것들이다.

책 한 권을 출판하려면 많은 사람들이 필요하다. 이 책이 출판될 수 있도록 노력을 기울이고 전문성을 보여준 Robert Carkhuff, Sally Farnham, 그리고 HRD Press 팀에 감사를 표한다.

마지막으로 변함없는 사랑과 지원, 격려를 보내주는 내 가족에게 감사한다. 이 책을 나와 같이 독서를 사랑하는 부모님, Floyd와 Virginia에게 바친다.

차 례

PART 2 퍼실리테이션의 프레임워크 / 31

CHAPTER 9 갈등 / 125

CHAPTER 10 창의성 / 139

CHAPTER 11 테크닉 / 151

PART 3 의사결정, 문제해결 및 전략 기획을 위한 테크닉 / 161

PART 1

개관

Small Group Facilitation

제1장

소그룹
퍼실리테이션에
대한 개관

┃ 주요 개념

- 퍼실리테이션의 정의
- 프로세스 퍼실리테이션 vs. 혼합된 역할 퍼실리테이션
- 그룹 및 팀의 종류
- 그룹이 왜 중요한가?

최근 많은 조직들이 팀워크에 관심을 기울임에 따라 소그룹 퍼실리테이션에 대한 흥미와 필요성이 증가하고 있다. 지난 몇 달 동안 참여했던 회의나 그룹 미팅들을 떠올려보라. 제대로 구성되었는가? 관련성이 큰 이슈들이 안건으로 제출되었는가? 회의에 참여하는 사람들이 토론에 몰입된 것처럼 보였는가? 회의가 끝났을 때 무언가 성취된 느낌이 있었는가? 만약 그렇다면, 회의를 계획하고 주재한 담당자가 소그룹 퍼실리테이션에 대한 지식을 가지고 있었을 소지가 다분하다. 어떤 회의는 비교적 쉽다. 회의를 잘 진행하는 기술이 있거나, 사람들을 잘 어우러지게 하는 방

법을 알거나, 혹은 예전에 그룹에 대한 경험(좋거나, 나쁘거나 혹은 끔찍했던)이 많은 사람이라면 그다지 좋지 않은 이유로 회의가 오랫동안 뇌리에 남게 되는 일을 피할 수 있을 것이다. 그러나 그룹 내에서 발생하는 이슈를 다룰 수 있도록 훈련을 받았거나, 참여자들이 결정을 내리고 문제를 해결하는 데 도움을 줄 수 있는 다양한 테크닉을 보유한 프로세스 전문가가 있다면 쉬운 회의에서도 도움을 받을 수 있다. 그리고 물론, 우리 중 많은 이들이 틀에 박힐 것처럼 보이던 회의가 순식간에 리더의 역량과 참석한 모든 이들의 인내심을 시험하는 회의로 돌변하는 것을 본 적이 있을 것이다. 오늘날 얼마나 많은 그룹 미팅이 있는지를, 또한 그 모든 회의를 부드럽고 생산성 있게 이끌어야 한다는 사실을 떠올려 보라. 이것이 바로 퍼실리테이션 스킬이 필요한 이유이다.

퍼실리테이션이란 무엇인가?

퍼실리테이션에는 매우 다양한 의미가 있는데, 그 모든 의미가 나름대로 가치를 지니고 있다. 어떤 그룹에 퍼실리테이션 기법을 적용해 달라는 요청을 받는 사람들은 해당 그룹을 이끌고, 훈련시키고, 새로운 정보를 제공해 주고, 적절한 프로세스를 제안하고, 중재하고, 혹은 앞서 말한 것들을 혼합해서 적용해 줄 것이라는 기대를 받을 것이다. 이 책의 초점은 그룹 프로세스의 역할에 맞추어져 있는데, 이는 그룹 프로세스를 수행하는 사람들이 이 역할 이외의 다른 역할을 수행해달라는 요청을 받을지도 모른다는 것을 염두에 두었기 때문이다. 그룹 프로세스는 어떤 그룹이 목적을 달성할 수 있는 방법에 초점을 맞춘다. 그 목적과 관련된 세부사항이나 해당 그룹이 실제로 내리는 결정들에 퍼실리테이터가 관심을 보이는 것은 프로세스와 관련이 있을 때 혹은 그룹의 기능과 연관이 있을 때 뿐이다.

"촉진하다(퍼실리테이트)"라는 단어는 "쉽게 만든다"라는 라틴어로부터 파생되었다. Frey(1994, p. 4)는 퍼실리테이션을 "그룹의 상호작용 혹은 목적달성을 보다 쉽게 하기 위한 모든 종류의 회의 테크닉, 절차, 또는 연습"이라고 정의하였다. 그러므로 소그룹 퍼실리테이터의 역할은 그룹의 과업을 쉽게 만드는 것 – 적절하고 실용적인 프로세스를 사용하여 목적을 달성하도록 돕는 것 – 이다. 소그룹 프로세스 퍼실리테이터에 대한 Kolb, Jin, Song(2008)의 정의는 이 역할의 핵심적인 부분을 보여준다.

그룹이 실제로 결정을 내릴 때는 중립을 지키고 있지만, 문제를 정의하고 토론할 때, 몰입하게 할 때, 문제를 해결할 때, 결정을 내리거나 과업을 처리할 때 해당 그룹의 프로세스를 관리할 책임이 있다고 생각되는 사람(2008, p. 123).

퍼실리테이터의 초점이 결과가 아닌 프로세스에 맞추어지도록 하기 위해서는 중립성이 매우 중요하다. 프로세스 퍼실리테이터는 그룹에서 논의되고 있는 이슈들에 개인적인 관심을 보이거나 결과에 대해 편향된 흥미를 보여서는 안 된다. 이슈나 결정에 과도하게 깊숙이 관여하는 것은 객관적인 판단을 흐리게 할 수 있으며 퍼실리테이터가 절차를 결정할 때 의식적 혹은 무의식적으로 영향을 미칠 수도 있다. 누군가가 퍼실리테이터/내용 전문가, 퍼실리테이터/교육가, 퍼실리테이터/중재자, 리더/퍼실리테이터와 같은 혼합된 역할을 맡고 있다면 관련된 모든 사람들에게 두 역할을 확실히 구분하여 알려주어야 한다.

퍼실리테이션의 목적

퍼실리테이터가 중립적이라고 가정할 때, "그룹의 프로세스를 관리한다."라는 것은 무엇을 의미하는가? Brilhart(1986)가 "소그룹이 어떻게 만들어지고 상호작용하는가, 그들이 어떻게 개인, 다른 그룹, 조직과 관계를 맺는가라는 질문들을 포함한, 소그룹의 본질을 밝히고자 하는 분야(p. 3)"라고 정의한 "집단역학"이라는 용어를 들어본 적이 있을지도 모르겠다. 그룹 구성원들 간의 관계, 특히 그들 사이의 유대감은 1940년에 Kurt Lewin에 의해 개념화된 그룹역학 이론(Lewin, 1948)의 핵심적인 부분이다. 그룹 프로세스를 관리한다는 것에는 그룹의 관계를 관리한다는 것도 포함된다. 최근 그룹 혹은 팀이라는 개념이 보편화되어 있지만, 그렇다고 해서 그룹이나 팀에 소속된 사람들이 어떻게 협력해서 업무를 진행해야 하는지 자동적으로 알고 있는 것은 아니다. 퍼실리테이터는 일과 관계 두 가지 모두를 도와주는 사람이며, 다시 말해서 일을 성취하도록 도와주는 것뿐 아니라 다른 사람들과 어떻게 어울려야 하는지도 알려주는 사람이다.

단기/장기 퍼실리테이션　　때때로 퍼실리테이터는 한 번의 미팅 혹은 짧은 기간에 여러 번 이루어지는 회의에만 참여해도 되는 단기 퍼실리테이션에 고용되기도 한다. 이때 퍼실리테이터의 역할은 그룹의 분위기와 관계를 주시하고 관리함으로써 그룹이 목표한 결과를 얻을 수 있도록 도와주는 것이다. 설사 그룹 구성원들이 미래의 회의에 도움이 될 수 있는 그룹 프로세스에 대한 지식을 배울 수 있다 하더라도, 퍼실리테이터는 그들을 가르치러 온 것이 아니다. 단기 퍼실리테이션의 목적은 업무가 성공적으로 완수되도록 하는 것이기 때문이다. 퍼실리테이터에게는 그룹의 프로세스를 관리하는 막중한 책임이 있으며, 그룹의 프로세스를 관리함으로써 일시적으로 프로세스를 개선시킨다. Schwarts(2002)는 이와 같은 기본적인 퍼실리테이션과 점진적인 퍼실리테이션을 구분한다. 점진적인 퍼실리테이션에서는 퍼실리테이터가 그룹이 프로세스 스킬을 개발할 수 있도록 도움을 주며, 구성원들은 시간이 지날수록 퍼실리테이터의 도움 없이도 프로세스를 관리할 수 있게 된다. 보다 확장된 장기 퍼실리테이션에서는 프로세스 스킬을 개발하는 것은 부차적인 목적이다. 그룹 프로세스 관리의 주요 책임은 그룹의 선택에 따라 퍼실리테이터에게 있는 것이다. 이러한 구별이 프로세스에 암시하는 바가 있다. 그룹 구성원들이 서로에 대해 알고 있고 어느 정도 함께 일해왔다면, 그들은 퍼실리테이터가 내리는 결정에 영향을 끼칠 수 있는 방식으로 일할 것이다. 마찬가지로, 퍼실리테이터가 장기간 그룹 구성원들과 함께 일한다면 또한 서로에게 익숙해질 것이다. 이 역시 그룹 프로세스의 결정과 기능에 영향을 미친다.

퍼실리테이터/퍼실리테이션   이 책의 주요 초점은 한 명, 혹은 그룹 프로세스를 관리하는 전통적인 역할을 수행하는 여러 명의 퍼실리테이터들에 의해 이루어지는 퍼실리테이션에 있지만, 나는 퍼실리테이션 스킬이 토론을 이끌거나 그룹을 다루어야 하는 모든 사람들에게 도움이 된다는 것을 깨달았다. 이 책에 실린 내용들은 퍼실리테이터, 트레이너, 인적자원개발 혹은 조직개발 컨설턴트, 관리자, 상담자, 중재자, 선생님, 사회복지사, 또는 이 밖의 다른 직업에서 일하는 사람들에게도 도움이 될 수 있도록 쓰여졌다. 그룹에 속해 있는 사람들 역시 회의에 소요되는 시간을 줄이기 위해서라도 그룹 프로세스를 개선시킬 수 있는 방법을 배우고 싶어 할 수도 있다. 이 책에서 내가 퍼실리테이터들에게 제안하는 내용은 사람들이 퍼실리테이션의 역할일지도 모른다고 생각하는 모든 부분에 적용될 수 있을 것이다.

오늘날 우리들은 쟁점 논의, 관계 형성, 과업 수행, 소그룹에서 일하며 결정을 내리는 등의 일들을 수없이 진행한다. 그룹 기능의 개선은 그 그룹과 관련되어 있거나 업무를 같이 진행하는, 또는 업무나 개인적인 활동이 그룹의 노력과 결과에 영향을 받는 일을 하는 사람들의 주요 관심사이다. 다시 말해, 모든 사람들과 관련이 있다는 뜻이다.

혼합된 역할

소그룹 퍼실리테이터의 주요한 역할은 프로세스를 개선하는 것이지만, 이 역할은 다른 역할과 결합될 수도 있다. 퍼실리테이터로서 당신은 두 개의 역할을 맡도록 고용될 수도 있다. 만약 그렇다면 무엇이 당신의 역할인지 명확히 해야 하며, 언제 프로세스 퍼실리테이터로서 역할을 수행하고 언제 다른 역할로 옮겨가서 행동할 것 인지에 관해 그룹 구성원들과 이야기를 나누어야 한다. 그리고 물론, 당신 자신이 두 역할 모두를 효과적으로 수행할 수 있는지를 생각해 보아야 할 필요가 있다. 첫 번째로 등장하는 혼합된 역할은 수행하기가 비교적 수월하다.

퍼실리테이터/내용 전문가　　그룹 프로세스뿐만 아니라 업무 내용을 다루는 전 문가의 역할을 수행할 수 있을 때 이 역할을 맡게 된다. 그룹이 도입하고 싶어 하는 특정 시스템이나 업무에 대한 경험이 있거나, 안전규칙이나 고용법 등을 다루어야 하는 조직을 도와 일한 적이 있을 수도 있다. 이런 경우 당신은 그룹이 실제로 어떤 결정을 내리는지에는 직접적인 흥미가 없지만, 그룹 프로세스에 대한 지식 이외에 업무내용에 대한 지식도 보유하고 있기 때문에 업무를 가이드 해주는 역할을 요청 받을 수 있다는 것을 염두에 두어야 한다. 이 두 개의 역할은 그룹의 의사결정으로 부터 당신이 직접적으로 수혜를 받는 일이 없을 때 조화롭게 수행될 수 있다. 예를 들어 당신이 특정 컴퓨터 소프트웨어를 판매하는 일을 하고 있다면 프로세스 퍼실 리테이터의 역할을 수행하는 것은 적절하지 않다. 그룹의 의사결정을 도와주기 위 한 당신의 프로세스 컨설팅이 의사결정의 결과에 영향을 미칠 수도 있기 때문이다. 이 다음에 나오는 역할 또한 매우 일반적이다. 그룹 토론은 활발하게 참여하는 학 습 분위기를 조성하는데 핵심적인 역할을 하며, 퍼실리테이션 기술을 보유하고 있 는 사람이라면 이때 교육이 보완적인 역할을 할 것이라는 사실을 눈치챌 수 있을 것이다.

퍼실리테이터/교육가　　여기에서 당신은 그룹 구성원들의 내용 학습을 촉진시 키는 역할을 담당한다. 교육의 목적은 지식을 습득하는 것이며, 상호작용이 매우 높 을 것이라고 기대된다. 예를 들어 팀워크에 대해 이야기해달라는 요청을 받았다고 가정해보자. 이 경우 그룹의 프로세스 개선을 위해 그룹과 함께 일할 때, 팀워크의 내용을 실제 교육 모듈에 결합해서 진행할 수 있을 것이다. 보통 참가자들은 그룹이나 팀 단위로 참가한다. 하지만 때로는 여러 팀의 대표로 참가하여 돌아가서 배운 내용을 다른 사람들에게 전달하기도 한다. 후자의 경우 당신은 교육가를 교육시키게 되는 것이다. 주로 퍼실리테이터/교육가는 그룹이 프로세스를 개선할 수 있도록 도와주는 동시에 그룹과 관련된 이슈를 어떻게 다루어야 할지도 알려준다. 그러나 이 역할의 적용범위는 매우 넓다. 정보 공유가 점점 더 온라인상에서 이루어지면서 면대면 교육 시간은 교육가가 일방적으로 정보를 제공하는 것이 아니라 그룹 업무, 토론 및 활동을 하는 데 사용되고 있다. 따라서 오늘날 수많은 분야에서 교육가로 일하는 사람들은 교육가/퍼실리테이터로 여겨질 것이다. 다음에 나오는 역할은 앞서 나온 두 가지 역할보다는 덜 일반적이고 갈등 해결을 해 본 풍부한 경험이 필요하다.

퍼실리테이터/중재자　　이 상황에서는 문제가 되는 그룹에 중재가 필요한 심각한 사안이 발생한다. 보통 이 역할을 맡아달라는 요청을 받는 사람은 중재에 대해 다양한 훈련을 받았거나 자격증이 있는 사람이다. 이 책의 후반(제4장)에서 다루고 있는 질문들을 참고하면 당신이 가지고 있는 배경지식이나 스킬이 요청받은 역할을 맡기에 충분한지 아닌지 판단하는 데 도움을 받을 수 있을 것이다. 갈등상황이라는 것을 알게 된다면 항상 상세하게 세부사항들을 알아보아야 하며, 만약 당신의 자격이 충분하지 않다는 생각이 들면 망설이지 말고 이 일을 다른 사람에게 넘겨야 한다. 예전에 내가 갈등관계에 있는 그룹들과 함께 일한 적이 있다는 사실을 들었다며 전화를 걸어온 사람이 있었다. 몇 개의 질문을 한 뒤, 나는 그가 설명한 그룹의 상황이 내가 컨트롤할 수 있는 범위를 넘어선다는 판단을 내렸다. 그래서 나는 그에게 중재 전문가를 소개시켜 주었다. 스스로를 위해서도 이런 판단을 내리는 것이 매우 중요하지만, 특히 그룹에 도움을 주겠다는 목표를 달성하고 싶다면 그쪽에서 무엇을 기대하고 있는지 질문하는 것이 매우 중요하다. 다음으로는 이 책에서 다루고 있는 네 개의 혼합된 역할 중 마지막 역할에 대해 살펴보도록 하겠다. 내 생각에는 리더/퍼실리테이터 역할이 네 개 중 가장 어려운 역할이다.

리더/퍼실리테이터　　이 상황에서 당신은 그룹의 리더로 간주된다. 과장 혹은 팀장과 같은 공식적인 직급일 수도 있고 혹은 덜 공식적이지만 프로젝트 리더의 역할을 맡고 있을 수도 있다. 어떤 쪽이든지 다른 사람들은 당신을 리더라고 생각하며, 논의되는 문제들에 당신이 의견을 개진할 것이라고 기대할 것이다. 당신은 결정을 내리는 데에서 중립적일 수 없다. 이 마지막 역할을 지칭하는 제목의 순서가 다른 세 개와는 반대인 것을 알아챘는가? 다른 역할들이 퍼실리테이터/내용 전문가, 퍼실리테이터/교육가, 퍼실리테이터/중재자의 순서로 묶여 있는 반면, 마지막 역할에서는 단어의 순서가 반대이다. 리더로서의 역할은 다른 어떤 역할보다 우선한다. 나는 여기서 리더/퍼실리테이터라는 단어를 의사결정에 더 많은 책임을 지고 있고, 부하직원인 그룹 구성원들을 격려하고 싶어하는 리더의 위치에 있는 사람들을 지칭하는 용어로 사용하였다.

회의 혹은 그룹 세션의 목적이나 의도에 대해 토론하는 것은 어떤 상황에서도 꼭 필요하지만, 특히 리더/퍼실리테이터가 참여하고 있다면 필수적이다. 당신이 사장이라면 구성원들은 당신과의 관계와 그들의 고용 안정성에 대해 신경을 쓸 수밖에 없다. 프로세스 퍼실리테이터가 이끄는 토론에서처럼 개방적이고 자유로운 태도는 기대하지 않는 것이 좋을 것이다. 그러나 이 혼합된 역할 또한 생산적인 측면이 있다. 당신이 모든 사람들이 참여할 수 있는 열린 토론을 원한다고 믿는 구성원들은 아마도 참여하고자 하는 의지를 보일 것이고 적극적으로 참여할 것이다. 의사결정에서 구성원들이 어떤 역할을 하고 있는지 명확하게 알려주어야 한다는 것을 명심하라. 만약 의사결정 시 자신들의 의견이 똑같이 중요하게 받아들여질 것이라고 기대하다 추후 본인들이 내린 결정이 무시되었다는 것을 알게 된다면, 그들은 당연히 낙담할 것이고 이후의 의사결정에도 참여하기를 꺼릴 것이다. 그러나 만약 리더가 의사결정을 내릴 때 참고할 수 있는 의견을 내는 것이 구성원들의 역할이라는 것을 사전에 고지받았다면, 실제 의사결정이 기대한 것과 다를 수 있다는 것을 명확하게 해둘 수 있다.

그룹이 의사결정에 깊숙이 관여할수록 그룹의 기능을 이해하고 이를 개선할 수 있는 스킬이 있는 리더들은 그룹 내, 외 관계자들과 더 긴밀한 관계를 유지할 수 있다. 특히 경청하는 기술은 리더십 또는 퍼실리테이션과 관련있는 모든 사람들에게 중요하다.

기타 당신은 위에 언급된 네 가지 역할 이외에 다른 혼합된 역할을 수행하고 있을 수도 있다. 코치/퍼실리테이터 역할도 그 중 하나이다. 대부분의 전문 코치들이 그들 자신을 퍼실리테이터라고 부르는지는 알 수 없지만, 전반전 내내 뒤쪽 벤치에 앉아 있던 팀을 중간 휴식시간에 경기에 투입시켜 경기 분위기를 완전히 반전시킬 수 있다고 확신하는 사람이라면 분명히 그 그룹이 목표를 달성하도록 동기부여를 해 주는 능력을 가지고 있다. 코치들은 체육분야 이외에도 모든 종류의 조직환경에서 일하고 있으며, 퍼실리테이터로서 동일한 스킬을 많이 사용하고 있다. 다양한 그룹 환경에서 일하는 상담가들 역시 인적 자원을 관리하는 전문가로서의 역할을 수행하고 있다. 오늘날에는 많은 일들이 그룹 단위로 이루어진다.

그룹의 종류

그룹과 팀은 엄연히 의미가 다르지만, 나는 이 책에서 "그룹"이라는 용어를 둘 모두를 지칭하는 용어로 사용했다. 그룹과 팀은 모두 같은 관심사를 공유하고 있고, 짧은 기간 동안이라도 자신들을 하나의 개체로 인지하고 있는 개인들의 집합이다. 때로 퍼실리테이션에는 하나의 특수한 목적을 이루기 위해 모인 다음 그 목적을 이룬 후에는 다시 마주칠 일이 없는 사람들이 참여할 수도 있다. 일반적으로 팀은 상호의존과 상호협력이 요구되는 목적을 달성하기 위해 장기간 유지되는 그룹을 지칭한다. 그룹과 팀은 다양한 이유로 존재한다. 아래의 리스트와 그에 대한 설명을 읽어보면 개인이 모여 그룹을 형성하는 이유를 알 수 있다. 리스트에 있는 그룹은 조직적 혹은 사업적 맥락에서 주로 많이 발생하는 것들이지만 다양한 환경에서는 더 많은 종류의 팀들이 있다. 모두가 언젠가는 퍼실리테이터를 활용한다. 조직마다 그룹과 팀을 지칭하는 용어가 다르다는 것을 염두에 두어라. 퍼실리테이터에게는 그룹의 명칭보다 그룹의 목적이 더 중요하다.

태스크포스 그룹은 지정된 과업 또는 프로젝트의 목적을 달성할 수 있는 특정한 능력을 가지고 있는 개인들이 모여 구성된다. 태스크포스는 조직구성을 어떻게 바꿀지 검토하기 위해, 혹은 현재의 절차가 어떻게 변화될 수 있을지 의견을 제시하기 위해 꾸려질 수도 있다. 태스크포스는 해야 할 일이 분명히 정해져 있으며, 또한 반드시 정해진 기한 내에 업무를 완수해야 한다.

조정위원회는 특정한 목표를 달성하기 위해 서로 다른 능력과 배경을 가진 다양한 개인들이 함께 모여있다는 점에서 태스크포스 그룹과 유사하다. 그러나 조정위원회의 목적은 아이디어를 얻는 것이 아니라 실행하는 것이다. 예를 들어 태스크포스가 어떤 변화가 필요하다고 건의한다면 조정위원회는 그 변화를 실행하기 위해 꾸려지는 것이다.

포커스 그룹은 하나의 주제나 이슈에 집중하기 위해 모인 개인의 집합이다. 초창기에 포커스 그룹은 광고나 마케팅을 위해 꾸려졌다. 광고에 대해 의견을 내거나, 제품을 테스트하거나, 회사의 제품들이 소비자를 정확히 겨냥할 수 있도록 도와주는 역할을 맡긴 것이다. 비슷한 방식으로 포커스 그룹은 정치적인 캠페인－슬로건이나 캠페인 문구를 사전 검토하는－에도 활용된다. 최근에는 특정한 조직 혹은 단체의 이슈에 의견을 제공하기 위해 짧은 시간동안(주로 한 번의 모임) 함께 모이는 형태로 확장되고 있다.

특정 이익 그룹   이 그룹에는 다양한 종류가 있다.

- *사회적 지지 그룹*은 공식적으로 정해진 과업을 수행한다기보다, 그들과 비슷한 상황에 처해 있거나 공통의 흥미를 가지고 있는 사람들에게 사회적인 지지를 보내기 위해 존재한다. 학위를 마치기 위해 학교로 돌아가 재교육을 받는 회사원, 나이 든 부모를 모시고 있는 사람들, 오랫동안 병에 시달리고 있거나 만성적으로 건강이 좋지 않은 사람들 등이 모두 이 그룹에 속할 수 있다. 유용한 정보를 서로 나누거나 전문가를 초빙할 수도 있지만, 이 그룹의 가장 중요한 목적은 공통의 걱정거리를 나눌 수 있는 지지적인 분위기를 만드는 것이다.
- *실천 공동체* 역시 다양한 조직에서 발생한다. 이 그룹은 사회적 지지 그룹과 마찬가지로 공통적인 흥미를 가지고 있는 주제를 중심으로 형성되지만, 이들의 주요 목적은 지식을 교환하는 것이다. 무형식 학습과 같은 특정한 주제에 흥미가 있는 사람들은 정보와 리소스, 경험을 공유하기 위해 모인다.
- *공동체 행동 그룹*은 토지 사용 변경이나 학교 구역의 재구역화와 같은 특정한 이슈로 인해 함께 모인 사람들로 이루어진다. 그 이슈가 조직과 관련이 있으면 조직구성원들은 조직의 이익을 대변하기 위해 참여할 것이다. 이런 그룹은 아마도 규모가 꽤 클 것이고, 매번 참여하는 사람들이 달라질 것이다.

관리자, 업무별 그룹, 관리 그룹들의 일상적인 회의는 노력을 한데 모으고, 이슈를 토론하고, 결정을 내리고, 자원을 배분하기 위해 보통 정해진 스케줄에 따라 진행된다.

전략 기획 세션이나 모임   보다 장기적인 기간 동안 업무그룹이나 위원회에 소속된 구성원들에게 장기 목표나 그룹이 기능을 발휘하는 데 중요한 역할을 하는 이슈들을 탐구할 수 있는 기회를 제공한다.

이사회 이사회별로 크기와 기능이 매우 다르지만, 일반적으로 그들이 대변하고 있는 사람들을 대신해서 결정을 내릴 권한을 위임받은 개인들로 이루어진 그룹이다. 어떤 이사회는 특정한 정책 결정을 내리고 법적인 책임을 진다. 어떤 이사회는 단순히 정책 건의만 하기도 한다.

학습 세션 조직 내에서 다양한 주제에 대해 교육하는 것은 오래전부터 상당한 양의 그룹 업무를 요했다. 학습 세션은 보통 15명에서 20명으로 구성되며, 소그룹처럼 기능한다. 학습이 점차적으로 상호작용하는 형태로 변화됨에 따라 워크숍을 이끌어가는 사람들은 점점 더 교수자 혹은 전통적인 지식전달자가 아닌 퍼실리테이터나 정보를 제공하는 사람으로서의 역할을 수행하게 된다. 특히 사람들이 서로 잘 협력하여 일을 진행할 수 있도록 도와주는 학습 세션에서 발생하는 이슈들은 업무 그룹에서 발생하는 이슈들과 유사하다.

온라인/웹 기반 그룹 오늘날 많은 그룹들은 테크놀로지를 활용하여 구성원들을 연결한다. 앞서 언급한 그룹들은 그룹 과업을 달성하기 위해 면대면 회의뿐 아니라 온라인 참여도 함께 활용할 것이다. 어떤 그룹들은 온라인을 통해서만 업무를 진행하기도 할 것이다. 이 책에서는 퍼실리테이션을 행하는 대부분의 그룹이 면대면으로 업무를 진행한다고 가정하고 있지만, 많은 부분이 온라인으로도 활용될 수 있다.

팀의 종류

팀을 교육하거나 컨설팅하는 것에 흥미가 있고 경험이나 지식을 가진 퍼실리테이터들은 아마도 다양한 종류의 업무 팀과 일을 할 것이다. 여기에는 팀 내, 혹은 업무 환경 요인이나 성과 이슈와 같은 팀 외 프로세스에 필요한 특정한 커뮤니케이션 스킬 또는 관계 스킬을 구성원들에게 교육하는 것 또한 포함될 수 있다.

- *주 업무 팀*은 일반적으로 여러 명의 동료와 한 명의 상사가 함께 일하는 단위로 구성된다. 개인의 업무가 주로 진행되는 가장 기본적인 형태이며, 이 팀에 무엇이 필요한지는 팀이 수행하는 과업의 종류에 따라 달라진다.

- *프로젝트 팀*은 새로운 제품을 디자인하거나 신규 프로세스를 도입하는 등의 특정한 목표가 있는 단기 프로젝트를 수행한다. 구성원들은 여러 개의 팀에 참여할 수도 있고, 단기 프로젝트 팀과 주 업무 팀에 동시에 소속될 수도 있다.
- *자율 관리 팀*은 개별 팀 구성원들이 관리에 대한 책임을 함께 나누어지도록 하기 위해 구성된 단위이다. 자율 관리 팀은 기본적으로 스스로 업무 스케줄을 짜고, 서로를 교육시키고, 업무 프로세스를 점검하고, 내부 평가를 진행하며, 프로세스를 평가하고 개선한다.
- 제2차 세계대전 때 Edward Deming이 일본인 근로자들에게 품질관리법을 소개한 이후 많은 팀들이 *품질 향상*을 위해 부단히 노력해 왔다. 현재 미국을 비롯한 여러 곳에서, 품질을 강조하는 많은 조직들이 생산, 과정, 절차의 개선을 독려하기 위해 지원을 하고 있다.

카이젠 팀은 점진적인 개선에 지속적으로 관심을 기울인다는 점에서 자율 관리 팀과 비슷하다. "Kaizen은 일본어를 번역한 것으로, '변화'를 뜻하는 kai와 '훌륭함'을 의미하는 zen으로 구성된다"(Stone, 2010, p.64). 개선이 일어날 수 있는 기회를 제공해 주는 활동은 *카이젠 이벤트*라고 불린다.

팀은 항상 그룹으로 분류되지만, 그 반대는 가능하지 않기 때문에, 나는 이 책 전체에서 *그룹*이라는 단어를 두 종류 모두를 지칭하는 일반적인 용어로 사용하였다.

왜 그룹이 중요한가?

모든 종류의 조직, 공동체, 학교, 그리고 관심사나 요구사항을 공유하며 함께 모여 서로를 지지하는 사람들 사이에서 점점 그룹의 활용이 증가하는 추세이다. 인터넷으로 서로 도움을 주고받는 그룹이 늘어나는 것은 이러한 공동체가 필요하다는 사실에 대한 하나의 지표가 될 수 있다(Alexander, Peterson, & Hollingshead, 2003). LaFasto와 Larson(2001)은 이 움직임을 촉진하는 요인들에 대해 이야기한다.

우리는 팀워크와 협업에 대한 추세가 두 가지 사회적 힘에 의해서 형성되었다고 믿는다. 이것은 복잡한 문제들을 해결할 수 있는 보다 효과적이고 새로운 방법을 찾아야 한다는 필요성으로부터 *시작되었다*. 이는 공동의 문제를 해결할 때 협동적인 전략을 사용하기 위하여 개인과 집단의 사회적 역량을 증가시킴으로써 실현가능하다(p. xx).

이 진술은 소그룹 퍼실리테이터들에게 기회와 도전을 동시에 제시한다. 우리의 목적은 그룹과 팀이 더 잘 협력할 수 있도록 도와 협동 전략을 활용하는 능력을 향상시켜주는 것이지만, 동시에 이 일이 얼마나 어려운 것인지도 알고 있다. 어떤 절차가 효과적인지, 결과가 얼마나 성공적인지는 그룹별로 천차만별이다. 우리는 사람들이 또 다른 그룹에 배정될 때마다 괴로워하는 것을 본다. 회사를 배경으로 하는 만화나 소설에는 그룹 업무의 문제점과 매주 회의에 참석해야 하는 사람들의 짜증이 단골소재로 등장한다. "위원회가 말을 디자인하면 낙타가 된다."라던가 "위원회는 회의록을 쓰면서 시간을 낭비하는 조직이다."라는 우스갯소리는 오랫동안 회자되어 왔다. 이외에도 다른 것들이 많이 있을 것이라 확신한다. 내가 퍼실리테이션에 대해 설명할 때마다 "주중의 대부분을 회의하는 데 썼어요."와 비슷한 이야기들을 듣게 된다. 이때 사람들의 목소리 톤은 그들이 시간을 그렇게 쓰는 것에 대해 결코 행복해하지 않는다는 것을 말해 준다.

그럼에도 불구하고 우리는 그룹과 팀이 잘 작동하면 얼마나 효과적인지 알고 있다. 우리 중 대부분은 차별성 있는 그룹의 일부분이 된 경험이 있을 것이다. 그룹이 어떤 특별한 목적을 달성할 수 있도록 각 구성원들이 힘을 모아 스킬과 재능을 발휘하고 있다고 느끼는 경우이다. Michaelson, Watson, Black(1989)은 당시 그룹이 내리는 의사결정이 가장 뛰어난 구성원 개인이 내리는 의사결정보다 97% 가량 더 나은 결과를 가져온다는 사실을 발견했다. 이것은 그룹이 항상 개인의 노력보다 선호된다는 것을 뜻하지는 않는다. 특정한 스킬을 가진 사람만이 이해할 수 있는 테크놀로지 문제가 있다고 가정해보라. 그 스킬을 가지고 있는 사람과 접촉할 수 있다면 모든 문제가 해결될 것이다.

그러나 우리가 직면하고 있는 문제들은 점점 더 복잡해지고 있고, 아무리 뛰어나다 하더라도 개인이 해결할 수 있는 것에는 한계가 있기 때문에 그룹 업무의 힘을 잘 활용하는 것이 훨씬 더 중요해지고 있다. 협업이 잘 되는 그룹에는 **시너지 효과**가 생긴다. 함께 일하는 모든 구성원들의 노력의 합은 개개인의 노력의 합보다 더 크다. 이 여분의 무언가─효과의 확대─는 구성원들 간의 상호작용과 다양한 시각, 또는 문제, 과업, 상황을 해결하기 위해 지혜를 한데 모으는 것에서 나온다.

이 책이 기대하는 주요 성과 중 하나는 그룹이 시간을 낭비하고 목적이 불분명하다는 부정적인 인식에서 탈피하여 보다 긍정적으로 시너지 효과를 강조할 수 있도록 도와주는 것이다. 효과적인 퍼실리테이션은 이 성과를 달성하는 데 큰 역할을 하고 있다.

제1부 개관

요약

본 장에서는 퍼실리테이션의 정의, 프로세스 퍼실리테이션이 혼합된 역할 퍼실리테이션과 다른 점, 당신이 경험해보았을 수도 있는 다양한 종류의 그룹들, 그리고 그룹이 왜 중요한지에 대한 논의 등의 내용을 다루었다. 제2장에서는 그룹이 어떻게 기능하는지에 대한 기본적인 정보와 그룹 프로세스에 대한 내용을 다룬다.

제2장

그룹은 어떻게 작동하는가

▌주요 개념

- 개방형 시스템으로서의 그룹
- 조직 및 결과의 요인들
- 협력의 본질
- 그룹의 과업 그리고 관계와 관련된 측면들

그룹의 형태가 다양하고 목적이 모두 다르다 할지라도, 그룹의 기능에는 몇 가지의 공통점이 있다. 그룹의 본질과 기능에 대한 수많은 연구 중에서 퍼실리테이션의 프로세스 역할과 관련이 깊은 그룹 업무의 요소들을 골라 본 장에서 논의해 보도록 하겠다. 개방형 시스템으로서의 그룹에 대한 이야기부터 시작해 보자.

개방형 시스템으로서의 그룹

개방형 시스템은 "환경과 상호작용하고, 자원의 투입을 산출로 변화시킨다"(Schermerhorn, 1984, p. G10). 오늘날 개방형 시스템에 대한 해석에는 복잡한 세계 경제, 조직 내의 급격한 변화, 조직 내의 모든 구성원, 그룹, 부서가 적응해야 할 필요성 등이 반영되어 있다. 그룹은 그룹에서 오고 가는 상호작용, 그리고 경계가 불확실한 그룹 외부의 환경들과의 상호작용으로 이루어지는 점진적인 개방형 시스템이다. 대부분의 시스템들은 개방에 한계를 두고 있지만, 시스템 이론에서는 그룹이 단독으로 작동하지 않는다는 것을 명확하게 짚고 있다. 그룹 프로세스는 그룹의 투입이 산출로 변환되도록 하는 연결고리 또는 변환 과정이라고 여겨진다. 프로세스와 퍼실리테이터가 아무리 효과적이라 할지라도, 그룹의 산출이나 성공은 투입과 프로세스가 얼마나 원활하게 상호작용하는가에 크게 의존한다. 그룹의 투입→프로세스→산출에 대한 특성은 아래 <그림 2-1>에 나타나 있다. 외부 환경은 조직에 각종 요인들－경제적 조건, 사회적 이슈 및 제약, 그 밖에 일반적으로 사회에서 파생되는 다양한 영향 등－이 더해져서 구성된다. 투입과 산출의 요소들, 그리고 그 요소들에 대한 퍼실리테이터의 영향은 아래 그림에서 확인할 수 있다. 그룹 프로세스에 영향을 주는 변인들은 그림 중간에 위치하고 있는데, 이는 이 책 전반에 걸쳐서 논의되고 있다.

▎그림 2-1 개방형 시스템으로서의 그룹

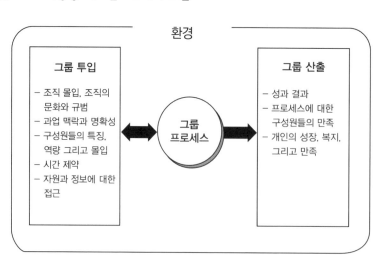

그룹 투입

구성원 개개인의 특성을 비롯해 조직 혹은 조직 외부의 어떤 환경이라도 그룹에 영향을 미칠 수 있다. <그림 2-1>을 만들면서, 나는 그룹에 영향을 주는 주요한 요소로 가장 자주 언급되는 요인들과, 그 중에서도 퍼실리테이터가 참여하는 다양한 그룹들과 관련있는 것들에 초점을 맞추었다. 투입의 5개 요소는 (1) 조직 몰입, 조직의 문화와 규범 (2) 업무 맥락과 명확성 (3) 구성원들의 특징, 역량 그리고 몰입 (4) 시간 제약 (5) 자원과 정보에 대한 접근이다. 이 5개의 요소에 대해서는 많은 연구결과가 있다(Hackman, 1990; Hirokawa & Keyton, 1995; Kolb, 1996b; Kolb & Sandmeyer, 2008; Larson & LaFasto, 1989). 시간과 자원, 정보가 조직 몰입을 구성하는 요소라고 알려져 있는데, 이 세 가지는 꾸준히 핵심요소로 손꼽히므로 이 책에서는 각각을 분리하여 설명하였다. 하나의 특수한 이슈를 다루기 위해 구성된 그룹이거나 혹은 계속적으로 함께 일하는 그룹이거나 하는 것에 상관없이, 상황에 따라 각각의 중요성이 달라지기는 하지만 이 세 가지는 언제나 서로 연관되어 있다.

조직 몰입, 조직 문화와 규범　　　몰입은 경영진이 그룹의 목표에 얼마나 신경을 쓰는지, 그룹의 목표가 조직의 전체적인 목표에 얼마나 부합하는지를 의미한다. 조직 문화는 주로 측정이나 평가를 통해 가치를 매김으로써 정의될 수 있다. 이 가치들은 다양성에 대한 지원, 팀워크, 의사결정의 공유, 창의성과 같은 내적 프로세스를 일컫기도 하고, 탁월함, 고객 서비스, 질에 대한 몰입으로 정의될 수도 있다. 이 가치들이 회사 문화에 어떻게 녹아들어 있는지 보고 싶으면 회사의 정책이나 절차에 어떻게 반영되어 있는지를 보면 된다. 예를 들어 어떤 회사가 팀워크를 기준으로 세운 다음, 성과를 평가할 때 팀으로 일하는 능력을 평가 항목으로 넣는다면 이 회사는 팀워크라는 가치에 깊이 몰입하고 있다고 할 수 있다.

행동 규범은 오랜 시간에 걸쳐 형성된 명문화되지 않은 행동, 규칙, 일하는 방식이다. 일반적으로 조직 규범은 형식성의 정도(직함의 사용, 옷 입는 법, 사무실 배치)부터 판매를 마감하거나 거래를 성사시킬 때 직원들이 얼마나 경쟁적이어야 하는지까지 광범위하게 분포되어 있다. 그룹은 그들만의 규범을 만들지만, 조직의 규범에 영향을 받기도 한다. 예를 들어 창의력을 펼치는 것이 규범인 조직의 사람들을 대상으로 그룹 퍼실리테이션을 한다면, 당신이 직선적인 문제해결 접근법을 제시했을 때 아마도 반대에 부딪힐 것이다. 유사하게, 조직문화와 규범에 반하는 방향으로 그룹의 의사결정이 흘러간다면 그룹 구성원들은 본인들이 그 그룹에 참여하는 것이 어떤 영향을 미칠지 의문을 가지게 될 것이다.

과업 맥락과 명확성　　과업 맥락은 그룹의 종류를 말하며, 조직 내 위계(그룹의 영향력), 새로운 계획 혹은 다른 그룹들과의 연계성, 그리고 그 과업이 구성원의 일반적인 업무에 포함되는 것인지, 추가적으로 해야 하는 업무인지, 또는 자발적으로 시간을 쓰는 것인지 등의 측면에서 그룹의 역할과 목적이 다른 것들과 어떻게 연계되어 있는지를 나타낸다. 일반적으로 어떤 과업이나 역할을 수행해야 하는지 명확하게 기준이 제시되어 있을 것이라고 생각하지만, 실은 그룹의 목표가 명확하지 않은 경우가 많다. 경영진이나 그룹의 구성원들이 그룹의 목적을 한 문장으로 명확하게 정리할 수 있는가? 어떤 과업을 해야 하는지, 과업을 완수하기 위해 무엇이 필요한지, 정확히 어떤 성과를 내야 하는지를 명확히 하는 것은 퍼실리테이터가 잘 관리해야 하는 중요한 이슈이다.

구성원들의 특징, 역량 그리고 몰입　　아래의 질문에서 출발해 보자.

- 그룹 구성원들이 이 과업을 완수하는 데 필요한 지식, 스킬, 능력을 갖추고 있는가?
- 팀 구성에 필요한 인원들이 모두 포함되어 있는가?
- 구성원 수가 충분하지만, 너무 많지는 않은가?

그룹 구성에 필요한 인원 수는 목적에 따라 달라진다. 의사결정이 목적이라면, 구성원들의 전문성으로 문제 혹은 의사결정의 중요한 부분을 모두 해결할 수 있을 정도의 규모만 충족하면 된다. 이 경우 7명에서 25명 사이가 적절하다. 이슈 토론이나 몰입 조성이 필요한 경우라면, 퍼실리테이터가 모든 구성원들의 참여를 유도하기 위해 소그룹에서 이루어진 토론을 한데 묶어야 하지만, 약 40명 정도까지는 가능할 것이다. 만일 구성원들이 그룹으로 일했던 경험이 거의 없다면 퍼실리테이터가 퍼실리테이터/교육가의 혼합된 역할을 맡아서 그룹 상호작용과 의사결정 스킬을 개발하는 데 도움을 줄 수 있다.

구성원의 몰입은 참여가 요구된 것인지, 요청받은 것인지, 혹은 자발적인 것인지에 따라 큰 영향을 받는다. 참여가 필요한 것이면 해당 구성원이 그 그룹에 필요한 존재라고 여겨져 기분이 좋아질 수 있기 때문에 동기부여 요인이 될 수도 있다. 반면에 강제로 참여해야 하는 상황이라면 몰입에 부정적인 영향을 끼칠 것이라고 쉽게 예측할 수 있다. 또한 몰입은 이전에 이슈가 어떻게 처리되었는지에 대해서도 영향을 받을 수 있다. 과거에 비슷한 태스크포스가 얼마나 많이 꾸려졌는가? 그 그룹이 제안한 것이 어떻게 처리되었는가? 일반적으로 그 제안들이 효과적이라고 여겨졌는가? 아니면 시간낭비라고 여겨졌는가? 이와 같은 의문이 생겼을 때 구성원의 몰입에 대해 확신할 수 없는 내용을 접하게 된다면 퍼실리테이션 세션을 시작하기 전에 그것을 해결해야만 한다. 그룹에 참여하는 것을 껄끄럽게 여기는 구성원들로 그룹이 구성된다면 틀림없이 어려움이 발생하기 때문이다.

시간 제약　　이 그룹의 생명주기는 어떠한가? 하루, 한 달, 혹은 몇 달, 또는 더 길게 유지될 그룹인가? 시간 제약에 따라 수많은 프로세스가 결정될 뿐 아니라 가능한 결과가 무엇인지도 결정된다. 구성원들이 회의할 시간이 있는지, 그리고 그 시간에 충실히 집중할 수 있는지 역시 여기에 포함된다.

자원과 정보에 대한 접근　　일반적으로 자원에 대한 접근은 과업 맥락이나 몰입과 관련되어 있다. 때때로 조직은 과업을 완수하는 데 필요한 자원을 공급해 주지 않은 채 사람들을 태스크포스나 기타 다른 종류의 그룹에 넣어버린다. 이는 종종 그룹이 무엇을 필요로 하는지를 모르거나 주의를 기울이지 않아서 그런 것인데, 이것은 비교적 쉽게 해결된다. 하지만 때로는 명확하지 않은 이유로 그렇게 될 수도 있다. 태스크포스가 정치적인 이유들 때문에 꾸려져(예를 들어 조직이 특정 이슈에 대해 몰입하고 있다는 것을 보여주기 위해) 운영하는 데 충분한 지원을 받지 못할 수도 있을 것이다. 좀 더 긍정적으로 바라보자면, 조직은 그룹이 성공하기를 원하지만, 시간과 자원이 한정되어 있어 충분히 지원하지 못하기 때문이라고 해석할 수도 있을 것이다. 최소의 투입으로 최대의 산출을 바라는 것은 최근 많은 조직들이 견지하고 있는 자세이다.

정보 부족은 권력 혹은 비밀유지와 좀 더 깊은 관련이 있다. "정보가 곧 권력이다."라는 말을 들어본 적이 있을 것이다. 그룹을 처음 만들고 운영하는데 도움을 준 사람들은 알고 있는 정보를 모두 공개하는 것을 꺼릴 수도 있다. 몇 사람만 해당 정보를 모두 알고 있어야 한다고 관리자가 생각할 수도 있고, 혹은 그 정보 자체가 비밀일 수도 있다. 때문에 그룹이 만들어질 때에는 이 업무를 그룹 단위로 하는 것이 나은가, 혹은 개인이 해야 하는가? 그룹 단위로 하는 것이 더 낫다면 그룹 구성원들이 의사결정을 하기 위해 필요한 정보와 권한을 가지고 있는가?와 같은 근본적인 질문들이 필연적으로 수반된다.

조직 요인에 대한 퍼실리테이터의 영향 　오랜 기간 동안 한 조직에서 한 개의 혹은 여러 개의 그룹과 일을 해 온 퍼실리테이터는 일시적으로 참여한 퍼실리테이터보다 조직 요인에 더 큰 영향을 끼친다. 이를 고려한다면 일반적으로 퍼실리테이터는 그룹에 요구되는 과업과 기대되는 결과를 명확하게 하고, 특정 세션이나 프로젝트를 기획하는 데 가장 큰 영향력을 행사한다. 아래 <표 2-1>을 보라.

▌표 2-1 필수적인 퍼실리테이터 투입

```
** 세션의 방향성
** 기대되는 결과
** 시간 분배
** 형식(하루종일, 혹은 반나절 동안 이틀)
** 장소, 회의실 섭외, 자원들
```

　퍼실리테이션을 준비할 때는 반드시 질문을 해야 한다. 최소한, 퍼실리테이터는 한 개 혹은 여러 개의 특정 세션에 할당된 시간이 주어진 목표를 달성하기에 충분하지 않다고 판단된다면 이에 대해 의견을 줄 수 있다. 내 경험에 비추어 볼 때, 그룹을 이루어 퍼실리테이션을 시작하는 사람들은 한 번의 반나절 세션이나 두 시간씩 몇 번 만나는 회의를 통해 무언가 대단한 결정을 할 수 있을 것이라고 지나치게 자신하는 경우가 있다. 마찬가지로, 기획자들은 프로젝트에 필요한 일정을 과소평가 할지도 모른다. 과업에 필요한 시간이 지나치게 촉박하게 책정되는 것은 구성원의 동기를 저하시키므로 반드시 해결되어야 한다.

　더 큰 규모의 협력이 필요한 프로젝트의 경우, 퍼실리테이터는 수많은 단계에서 다양한 사람들이 내리는 결정들 사이에 끼어 있을 수도 있다. 그룹의 특성을 명확히 하기 위해 컨설팅 시작 단계에서 질문을 많이 하게 되는데, 이는 효과적인 퍼실리테이션 기획 시 필수적인 이슈를 도출하는 데 도움이 된다. 예를 들어 꼭 필요한 정보를 가지고 있는 사람이 그룹에 포함되지 않은 것을 알게 된다면 그 점을 지적할 수 있다. 자원에 관한 상황은 그룹이 일을 진행할 때까지 명백하게 드러나지 않을 수도 있지만, 적당한 회의실이 있는지, 또는 어떤 테크놀로지가 필요한지 등의 결정은 프로세스 초기에 내릴 수 있다. 퍼실리테이터는 그룹의 특성과 변천사에 대해 가능한 한 많은 정보를 끌어모을 수 있고, 또한 그래야만 한다. 회자되는 말 중에 조직은 그룹을 지지해주지만, 적절한 시간과 자원을 배분하는데 실패한다면 그렇지 못하다는 인상을 줄 것이라는 말이 있다. 조직이 그룹을 지원해주는 수준은 쉽게 바뀌지 않지만, 시간과 자원이 불충분할 때 발생하는 문제들은 프로젝트의 본질이 무엇인지 곱씹게 만들기 때문에 퍼실리테이터는 이를 지적할 수 있다. 조직문화와 조직규범은 일반적으로 퍼실리테이터가 변화시킬 수 있는 범위를 벗어난다. 하지만 조직문화와 조직규범을 이해한다면 그룹이 과업을 완수하도록 돕기 위해 어떤 방법을 써야 하는지 결정하는데 필요한 정보를 얻을 수 있다. 투입과 관련된 이러한 이슈들과, 퍼실리테이션의 기획과 조직에 중요한 역할을 하는 다른 이슈들과 관련된 질문은 제4장에서 다루고 있다.

의사결정과의 특수한 관련성   투입의 하위 요소들 중 몇몇은 의사결정 그룹과 문제해결 그룹의 구성원들에 대한 네 가지 기본적인 가정과 밀접하게 연관되어 있다. 즉, 구성원들은,

1. 적절한 결정을 내리고 싶어 하며,
2. 과업과 과업이 요구하는 것들을 이해하며,
3. 정보 및 시간과 같은 필요한 자원에 대한 접근이 가능하고,
4. 과업과 과업을 성공적으로 완수하기 위해 필요한 프로세스를 다양한 관점에서 처리하는 능력과 스킬을 보유하고 있다.

(Gouran & Hirokawa, 2003, p. 29)

위 가정들은 당초 이상적인 구성원들의 특징으로 제안된 것이지만, 최근의 연구 결과들에 따르면 구성원들이 제대로 기능을 발휘하는 그룹에 속하기 위해 갖추어야 할 덕목으로 여겨지고 있다.

그룹 산출/결과물

그룹의 산출이나 결과물은 전통적으로 세 가지 측면에서 측정되어 왔다. 과업 성과, 그룹 프로세스에 대한 구성원들의 만족, 그리고 구성원 개인의 성장과 복지이다 (Albanes, Franklin, & Wright, 1997; Hackman, 1990; Hirokawa & Keyton, 1995; McCaskey, 1979). <그림 2-1>에서 "만족"이 세 번째 요소에서 "성장"과 복지"

와 함께 묶여있는 것을 볼 수 있다. 이제 그에 대한 이유를 설명할 것이다.

일반적으로 업무 팀들이 그룹의 결과물을 측정하기 힘든 성과평가 기준을 가지고 있지만, 제1장에서 언급되었던 다른 종류의 팀들은 그러한 기준을 가지고 있을 수도, 혹은 그렇지 않을 수도 있다. 퍼실리테이터들은 성공을 측정하는 데 쓰일 측정방식을 최대한 미리 구체화하는 데 최선을 다해야 한다. 전략 기획 문서를 작업하는 그룹 업무를 생각해 보자. 아마도 그들의 목적은 여러 팀에서 제출된 문서들을 정해진 기한 내에 일관된 양식의 문서 하나로 정리하는 것일 것이다. 기한과 양식은 측정하기가 쉽다. 기한 내에 적절한 양식에 맞춰 문서작업을 끝낼 수 있건 없건 말이다. 그러나 다른 그룹들로부터 성공적이고 만족스러운 피드백을 받아 하나로 합치는 것은 그렇게 측정이 쉽지 않다. 보통 자료를 제출한 개인 혹은 그룹에 초안을 보내서 변경할 것이나 질문이 있으면 특정 날짜까지 알려달라고 한다. 이런 식으로 몇 번을 반복하고 나서야 만족스러운 전략 기획이 완성된다. 물론, 더 장기적인 측정에서는 전략 기획에 포함되어 있는 제안이나 계획들이 잘 통합되어 있는지를 볼 것이다. 그렇기 때문에 성과는 단기적인 측면과 장기적인 측면을 모두 가지고 있다. 중요한 것은 명확한 과업 목표를 가지고 있는 그룹들은 과업이 얼마나 성공적으로 완수되었는지 판단할 때 어떤 성과 측정법이 사용되는지 알고 있어야 한다는 것이다.

위 예를 다시 살펴보면, 전략기획위원회의 구성원들은 이 과업을 완수하기 위해 적용된 그룹의 프로세스가 만족스러웠는지에 대해 질문을 받을 것이다. 이것이 바로 그룹 결과물에 대한 프로세스 만족 요인이다.

만약 한 번이라도 전략 기획에 참여한 적이 있다면, 당신은 구성원들이 기한에 맞추어 일을 끝냈다는 사실만으로도 행복해한다는 것을 알 것이다. 만약 기한에 맞추어 일을 끝내지 못했다 할지라도, 꼭 그들이 프로세스에 만족하지 못한다는 것을 의미하지 않는다. 아마도 그들은 프로세스는 효율적이었지만 일을 제때 끝내지 못한 것은 그들의 통제 밖이었다고 믿을 수도 있다. 과업 완수와 프로세스 만족이 늘 관련있는 것은 아니다.

개인의 성장, 복지, 그리고 만족 이 세 번째 요인은 개인에 초점을 맞추고 있으며 투자한 시간 대비 얼마나 많은 복지를 얻었는가와 연관이 있다. 팀 프로젝트가 확장될수록 스킬이 단련되고 그룹 관계가 돈독해진다.

중요한 질문은 "구성원들이 그들 개인의 시간이 그룹에 유용하게 쓰였다고 생각하는가?"이다.

시간 요인으로 인해 앞의 두 용어에 "만족"이라는 단어를 덧붙이게 되었다. 업무 외의 그룹 프로젝트에 참여하는 것을 꺼리게 만드는 요인 중 하나는 업무량이다. 만족은 업무량의 만족에도 적용되어야 한다. 다른 이들이 한 것에 비해 개인이 얼마나 많은 일을 했는지, 그리고 참여의 정도가 공평하고 적절했는지 말이다. 그러므로 그 업무 그룹의 결과물로서 개인의 성장, 복지, 그리고 개인의 만족에 대해 전략 기획 그룹의 구성원들이 느끼는 바는 모두 다를 것이다.

어떤 프로젝트에서 정해진 일보다 더 많은 일을 했던 상황도 있었을 것이다. 물론 때로는 정해진 것보다 더 적은 일을 했을 때도 있을 것이다. 그룹에 따라 구성원 개인의 참여도가 달라지는 것은 흔한 일이다. 어떤 그룹은 다른 그룹들보다 더 흥미를 끌고 어떤 그룹은 보다 더 적성에 맞을 수 있기 때문에, 어떤 프로젝트는 다른 프로젝트보다 시간적 여유가 더 있을 수 있다. 이상적인 것은 그룹이 업무를 시작하기 전 구성원 중 누군가가 참여도에 대해 생길 수 있는 문제를 짚고 넘어가는 것이다.

그룹 세션 이외의 업무가 문제가 되는 상황이라면, 퍼실리테이터들은 프로젝트 초기에 업무량에 대해 토의하도록 유도해서 업무량에 대한 불만을 줄이는 데 기여할 수 있다. 업무량에 대한 불만족은 서로 협력이 필요한 그룹 안에서 중요한 이슈이기 때문이다.

협력의 속성

Gray와 Wood(1991)는 협력에 대해 아래와 같이 정의했다.

협력은 어떤 문제에 얽혀 있는 주체적인 이해당사자들의 그룹이 그 문제와 연관된 이슈에 대해 어떤 행동을 취하거나 무언가 결정을 내리기 위하여 규칙, 규범, 구조를 공유하면서 상호작용할 때 발생한다(p. 146).

Stallworth(1998)가 정의한 협력에 필수적인 네 가지 요인은 퍼실리테이션 그룹과도 연계가 있다.

- 목표 공유
- 상호의존
- 동등한 투입
- 의사결정 공유

리더와 구성원들 모두는 협업해야 하는 구성원들 사이에 필요한 관계와 그룹에 요구되는 과업 사이에서 균형을 잘 잡아야 한다. 결과적으로, 구성원들이 가지고 있는 자원, 스킬, 지식, 관점들은 혁신적이고 효과적인 결과물을 만들기 위한 협업 능력에 도움이 될 것이다(Keyton & Stallworth, 2003, p. 243).

과업과 관계가 균형을 이루게 만들고 싶은 욕구는 리더와 퍼실리테이터 둘다 비슷하게 가지고 있다. 어느 정도까지의 협업 노력이 퍼실리테이션의 요소가 되는지는 그룹이 존재하는 맥락과 이유에 달려 있다. 일회성 회의나 짧은 기간 동안 여러 번 열리는 회의에 참석하는 그룹들은 그들 자신을 협력적인 집단이 아니라 단지 특정한 목표를 공유하고 있는 그룹이라고 생각할 수도 있다. 이런 경우, 퍼실리테이터의 역할은 업무가 진행될 수 있도록 충분히 협력적인 환경을 만들어 주는 것이다. 회의의 목적이 구성원들에게 중요한 의미가 있다면, 그룹의 열정이 대단히 높을 것이다. 좀 더 포괄적인 목적을 가지고 정기적으로 회의를 하며 자신들을 응집력 있는 그룹이나 팀이라고 생각하는 그룹도 있을 것이다. 그러나 장기적으로 운영되는 그룹에서는 장애물과 좌절감이 발생해 몰입이 저하될 수 있다(Katz, 1988).

협력이 필요한 리더십 프로젝트를 수행하고 있는 프로젝트 팀 구성원들이 진술한, 그리고 Kolb와 Gray(2007)의 연구에서 보고된 협업 노력을 막는 장애물들은 퍼실리테이션을 논의하는 데 값진 역할을 한다. 이 장애물들은 팀들이 많이 언급한 순서에 따라 나열되어 있다. 이 외 언급된 요소로는 제대로 기능을 발휘하지 못하는 연결고리들, 협력 스킬의 부족, 운영관리 처리, 프로세스에 대한 불만, 그리고 개인적인 문제 등이 있다.

▌표 2-2 협업 노력을 막는 장애물들

1. 목표 부재 혹은 불명확한 목표
2. 프로젝트에 관심을 두지 않는 개인들
3. 시간 부족
4. 자원 부족
출처: Kolb, J. A., & Gray, B. L. (2007). Using collaborative alliances to build leadership capacity: A five-year initiative. Central Business Review, 26(1), 11-16.

목표, 시간, 자원은 예전부터 그룹 프로세스에 영향을 미치는 투입으로 간주되어 왔으며 여러 연구결과에서도 그룹 업무의 중요한 요인으로 정의되어 왔다. 그룹 산출에 대한 내용에서 개인의 만족은 산출을 측정하는 세 번째 항목으로 추가되었으며, 업무량 이슈에 연관되어 있다고 하였다. 업무량의 불균형은 **무임승차**로 표현되는데, 이것은 "그룹 구성원으로 이익을 누리면서 이 이익을 만들어내는 데 필요한 노력은 함께 하지 않는 구성원"이라고 정의할 수 있다(Albanese et al., 1997, p. 512). 이런 구성원들은 "헐값 승차자"라고도 불리며(Stigler, 1974), 이런 현상은 **사회적 태만**이라고 일컬어진다(Harkins & Jackson, 1985; Latane, Williams, & Harkins, 1979). 그룹에 새로운 사람들이 추가되면 몇몇 구성원들은 자신들의 일을 남에게 미루는 경향이 있다. 구성원들이 그룹 프로젝트에서 맡고자 하는 일의 양은 업무 그룹의 효과성에 매우 중요한 영향을 미치는 요인이다(Hackman, 1990; Hirokawa & Keyton, 1995).

무임 승차자들을 다루어야 하는 관리자들에게는 (1) 가능한 그룹의 크기를 작게 유지할 것 (2) 그룹의 목표에 헌신할 수 있는 구성원을 선발할 것 (3) 그룹의 목표를 자신의 경력처럼 중요하게 여기는 사람들을 선발할 것 (4) 각 그룹 구성원들이 누가 무슨 일을 하고 있는지 명확히 식별할 수 있게 할 것 등과 같은 조언을 해줄 수 있다(Albanese et al., 1997). 이 조언을 퍼실리테이터에게 적용해 보면, 그룹의 규모와 구성원들의 몰입에 대한 중요성, 그리고 투입과 그룹 프로세스의 중요성 및 상호연결된 속성에 대해 다시 한번 생각해봐야 할 것이다. 탁월한 프로세스만으로는 한계가 있는 것이다.

업무 팀과 관련하여 구성원 개인의 성과 부진이 오랫동안 문제되어 왔으나(Kolb, 1996a; Larson & LaFasto, 1989), 이것은 보통 퍼실리테이터보다는 그룹 리더나 관리자가 해결해 온 문제였다. 개인의 성과 부진이 퍼실리테이터의 업무에 영향을 미치는 경우는 지속적으로 업무량이 있는 프로젝트를 해야 하는 그룹과 오랫동안 일할 때이다. 일반적으로 업무 팀에는 퍼실리테이터와 별도로 리더가 있는데, 이 경우 업무 성과는 리더의 책임하에 있다. 리더가 없거나 그룹 구성원들이 자체적으로 업무량을 나누는 상황인 경우, 퍼실리테이터는 업무량 이슈가 초기에 제기되는지 확인하는 역할을 한다. 그렇지 않으면 가장 조직적이고 업무에 적극적인 사람들이 점점 더 많이 그룹 프로젝트의 업무를 떠맡게 되어 지쳐버리고 말 것이다. 당연히 이 업무량의 불균형은 그룹 구성원들 사이의 관계나 그룹의 분위기에도 영향을 미친다. 이제 그룹 업무의 두 가지 기본요소—과업과 관계—에 대한 논의로 넘어가보자.

그룹의 과업과 관계 측면

소그룹에 필요한 두 가지는 Bales(1950)와 Benne & Sheats(1948)에 의해 처음 정립되었다. 첫 번째 필요한 요소에 대해서 이들과 초기의 다른 연구자들은 쭉 "과업"이라는 용어를 사용해 왔다. 두 번째 필요한 요소에는 사회정서적, 유지, 그리고 관계 등의 용어가 사용되었다. 마지막 용어가 오늘날 가장 보편적으로 쓰이고 있다. Schein(1979; 1987)은 이를 프로세스 컨설팅의 초기 작업에 적용하였다. 그는 과업이나 콘텐츠를 그룹이 해야 하는 업무로 묘사했다. 과업 프로세스는 일이 진행되는 방법에 초점을 맞춘다. 여기에는 아젠다 세팅, 의사결정 혹은 문제해결 기법의 사용, 그리고 시간 관리 등이 포함된다. 유지 프로세스는 그룹의 사회 심리적인 요구를 충족시키는 방법이나 그룹 구성원 사이의 만족스러운 관계 형성 등으로 묘사된다. 여기에는 참여 정도, 권력 문제, 생산적이지 않은 구성원 다루기, 적절한 행동 규범 정립하기 등이 포함된다.

이 초기의 작업이 진행된 지 60년 후, 과업과 유지 기능은 여전히 그룹이 기능을 발휘하는 데 중요한 역할을 하는 것으로 여겨진다. Reddy(1994)는 퍼실리테이터가 아래와 같은 질문을 할 것을 제안한다. "그룹이 효과적으로 작동하는가? 그룹이 효율적으로 운영되는가? 구성원들이 그들이 하는 것, 그리고 그것을 어떻게 하는지에 대해 만족하고 있는가?"(p. 29)

앞으로 살펴볼 제6장과 7장, 그리고 이 책 전체에서 과업과 관계/유지 문제에 대해 계속해서 다룰 것이다. 그러니 지금은 과업은 업무를 완수하는 것, 관계는 과업을 달성하는 데 충분한 정도로 업무를 함께 할 수 있는 정도로 정리해 두도록 하자. 어떤 그룹은 매우 과업 지향적이며, 또 다른 그룹에서는 구성원들 사이의 관계에 강하게 초점을 맞출 수도 있다. 과업 지향적인 그룹의 예로는 중요한 프로젝트의 기한을 맞추어야 하는 비즈니스 그룹을 들 수 있을 것이다. 반면 정기적으로 만나 쌍둥이를 기르는 것과 같은 문제에 대해 토론하거나 서로 도움을 주는 그룹의 경우 좀 더 관계 지향적이다.

이와 관련하여 Gouran과 Hirokawa(2003)는 **인지적, 친화적, 자기중심적** 제약에 의해 발생하는 장애물을 극복할 수 있도록 구성원들을 도와주는 것이 중요하다고 강조했다.

> 인지적 제약에는 시간이나 정보의 부족에서 비롯되는 압박감도 포함된다. 친화
> 적 제약은 과업을 성공적으로 완수하는 것보다 관계 유지에 대한 걱정을 더 많
> 이 할 때 발생한다. 자기중심적 제약은 지배 경향 그리고 기타 이기적인 상호
> 작용 형태가 포함된다(p. 33).

오랫동안 함께 일하는 그룹에서는 그룹 과업과 관계를 관리하는 데 변화가 발생하기 마련이며, 이상적으로는 성장하는 것이라고 볼 수 있다. 그룹이 건강하게 기능을 발휘하기 위해서는 과업과 관계 둘 다 필요하다. 각각의 그룹 구성원들은 그들의 필요만을 충족하려는 자기중심적 혹은 이기적인 행동을 보일지도 모르며 이는 때로 그룹의 필요와 상충된다. 이런 행동들은 약간의 짜증과 어느 정도의 불만 혹은 일정 연기를 야기할 수도 있고, 더 심할 경우 그룹이 과업을 완수하는 데 큰 장애물이 될 수도 있다. 이기적인 행동은 없어지지는 않겠지만 그룹의 응집력이 강할수록 줄어든다. 만약 퍼실리테이터로서 당신의 업무가 짧은 기간 동안 여러 그룹과 함께 하는 것이라면, 이 세 가지 제약을 직접적으로 경험하게 될 것이다.

요약

본 장에서는 그룹에 적용되는 개방형 시스템, 그룹의 투입과 산출에 관계된 요소, 협력의 속성과 협력을 방해하는 장애물, 그리고 그룹의 과업과 관계 측면을 살펴보았다. 다음으로는 퍼실리테이션으로 넘어가서 PART 2에서 전반적으로 사용되는 퍼실리테이션의 프레임워크에 대해 기술할 것이다. 이 프레임워크는 본 장에서 기술된 것처럼 과업과 관계라는 그룹에 필요한 두 가지 요소에 기초한 것이며, 퍼실리테이션의 프로세스 관리 속성에 필수적인 요소들을 포함하고 있다.

PART 2

퍼실리테이션의
프레임워크

제3장

퍼실리테이션의
프레임워크에 대한 설명

┃주요 개념

- 프레임워크의 형성
- 프레임워크에 대한 설명과 제시
- 활용 제안

지난 장에서는 과업과 관계의 필요성과 제약에 대해 이야기해 보았다. 본 장에서는 과업과 관계의 혼합된 역할이 퍼실리테이션 프레임워크의 두 가지 요소로 다시 등장한다. 프레임워크에 대한 설명과 프레임워크의 여덟 가지 요소의 발전, 활용 제안이 여기에 제시되어 있다. 프레임워크는 이 책의 나머지 부분에서 통합적인 개념으로 사용된다.

프레임워크의 개발

1950년에 Bales는 그룹의 과업과 관계 사이의 평형 혹은 균형에 대해 이야기했다. 그룹의 과업과 관계는 60년이 지난 지금까지 그룹 프로세스를 설명하는 주요 내용이며, 이는 이 두 항목으로 그룹 이슈의 결정적인 요소를 정확히 판별해 낼 수 있다는 증거가 된다. 모든 그룹은 과업 및 관계와 관련된 요소들과 이슈를 가지고 있다. 이 요소들이 균형을 이루는 정도는 그룹의 목적에 달려 있다. 어떤 그룹은 절대적으로 과업 지향적인 반면, 또 다른 그룹에서는 구성원들 사이에서 형성되는 관계가 가장 중요할 수도 있다.

퍼실리테이터 역량 모델　　　나와 내 동료들은(Kolb, Jin, & Song, 2008) 소그룹 퍼실리테이터와 관계된 퍼실리테이터 핵심 역량 모델을 개발할 때 과업과 관계에서부터 시작했다. 그 연구에서 우리는 오랫동안 그룹 업무의 기본 요소를 설명하는 데 사용되었던 과업과 관계에 내포되어 있으며, 그것을 더 풍부하게 설명해 줄 수 있는 모델을 만들어내고자 총 108명의 경험 많은 퍼실리테이터들을 세 그룹으로 나누어 데이터를 분석하였다. 결과적으로 그 모델은 과업, 관계/분위기, 그리고 의사소통의 세 가지 클러스터로 이루어진다는 것이 밝혀졌다. 관계가 관계/분위기로 확장된 것, 그리고 의사소통이 추가된 것은 협력적인 분위기 형성이 중요하며 퍼실리테이션의 역할에서 의사소통을 구심점에 놓는 것 또한 중요하다는 우리의 발견을 반영한 것이다. 이 세 가지 요인들은 상호적이며 또한 상호의존적이다. 하나는 다른 두 개에 영향을 미친다. 이 세 요인들은 한데 뭉쳐 그룹 프로세스에 영향을 끼친다. 최종 모델은 아래의 다섯 가지 요인으로 구성된다.

- 의사소통
- 과업
- 관계/분위기
- 조직
- 직업 윤리

조직이라고 명명된 네 번째 구성요소는 의사소통, 과업, 관계/분위기를 지원해 준다. 직업 윤리는 퍼실리테이터의 역할 안에 스며들어 있으며, 퍼실리테이터가 내리는 많은 결정에 영향을 미친다.

역량은 "특정한 업무를 수행하는 사람들의 특징"(Rothwell & Sullivan, 2005, p. 136)이라고 정의된다. "역량"이라는 용어는 "KSA(knowledge, skills and abilities – 지식, 스킬, 능력)"라는 용어보다는 좀 더 지칭하는 범위가 넓으며, "지식, 스킬, 자아상, 사회적 동기, 특성, 사고 패턴, 마음가짐, 사고 방식, 느낌, 행동"(Dubois & Rothwell, 2004, p. 16) 등을 아우른다.

협력적 리더십의 요소   Kolb와 Gray(2007)가 정의한 협력적 리더십의 요소는 이 책에 제시되어 있는 퍼실리테이션 프레임워크를 개발하기 위한 Kolb, Jin, 그리고 Song(2008)의 모델과 함께 사용되었다. 이 요소들은 본래 5년 간의 프로젝트 중 후반 3년 동안 이루어진, 프로젝트 팀 업무의 두 번째 단계를 위해 개발된 것이다. 협력적 리더십의 요소들은 같은 프로젝트의 첫 번째 단계에서 함께 일했던 팀들과의 경험, 해당 팀 구성원들로부터 수집한 정보, 관련 문헌 조사(Hackman, 1990; Heath & Sias, 1999; Larson & LaFasto, 1989; Gray, 1989; Kolb, 1996; Lipman – Bluemen, 2000), 그리고 오랫동안 다양한 팀에 속해 있었던 많은 구성원들과 함께 일했던 집단 경험에 근거하여 추출되었다. 앞서 언급된 바와 같이, 주로 퍼실리테이터와 함께 업무를 진행하는 많은 그룹에게 협력적인 노력은 중요하다. 특히 구성원들이 다른 업무를 진행하는 와중에 자발적으로 프로젝트에 참여해야 하는 그룹의 경우, 해당 프로젝트 내내 그 구성원들이 몰입하여 참여할 수 있도록 묘안을 짜내야 한다. 이 프로젝트에서 추출된 협력적 리더십의 요소는 아래와 같다.

- 공통의 미션
- 집단 책임
- 필요한 자원과 정보
- 서로 존중하고 지지해 주는 분위기
- 그룹 프로세스에 대한 인지
- 창의성
- 갈등을 다루는 능력

아마도 여러분은 제2장에서 다루었던 것과 비슷한 이슈들이 포함되어 있는 것을 알아챘을 것이다. 그룹에는 명확한 목표나 미션이 필요하다. 그룹은 개인을 존중하고 그룹 프로세스를 지원해 주는 분위기에서 가장 잘 운영된다. 또한 그룹에는 정보와 자원이 필요하다. 프로세스를 이해하고 갈등을 다루는 능력이 있다면 구성원들에게 도움이 된다. 그룹이 창의성을 활용하면 집단적인 노력의 결과인 시너지를 더 잘 낼 수 있다.

프레임워크에 대한 설명과 제시

퍼실리테이터는 이 모든 것을 종합하여 그룹이 과업 이슈와 관계/분위기 이슈를 해결하도록 도와준다. <그림 3-1>에 제시된 퍼실리테이션 프레임워크는 내가 이 책에서 설명하고 있는 퍼실리테이션의 종류와 가장 근접하다고 믿는 요소들을 결합한 것이다. 원의 중심에는 의사소통, 과업, 그리고 관계와 분위기가 위치해 있다. 바깥쪽 원에는 조직과 기획, 가치와 윤리, 갈등, 창의성, 테크닉이 자리한다.

▎그림 3-1 퍼실리테이션 프레임워크

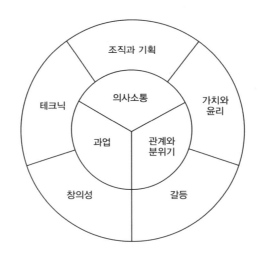

활용 제안

연구로부터 추출된 퍼실리테이션 프레임워크의 요소들 각각은 조직과 기획을 다루는 제4장에서부터 논의된다. 제4장에서는 퍼실리테이션 그룹을 조직하거나 기획할 때 퍼실리테이터가 활용할 수 있도록 이 책 초반의 두 장에서 살펴본 이슈들을 한데 모았다. 제5장에서는 원 안쪽의 의사소통에 대해 살펴보고, 제6장에서는 과업을, 제7장에서는 관계와 분위기를 살펴본다. 바깥쪽 원에서 시계방향으로 보이는 가치와 윤리는 제8장에서 다루어지는데, 이는 전체 장의 중간에 위치해 있기 때문에 독자들이 앞으로 발생할 이슈들의 맥락을 파악할 수 있게 해 준다. 제9장에서는 갈등을, 제10장에서는 창의성을, 제11장에서는 테크닉을 다룬다.

각각의 요소는 별개로 다루어지고 있지만, 이 책 전체 안에서 서로 연결되어 있다. 갈등을 다루고 싶다고 생각하기 전에 당연히 관계와 분위기를 이해해야 할 것이다. 적절한 테크닉을 고르고 잘 구사하려면 이 책의 모든 장에 나와 있는 지식을 모두 이해해야 하며, 그렇기 때문에 테크닉에 대한 내용은 이 책의 가장 마지막에서 다루어진다. 프레임워크의 모든 요소들이 합쳐져야만 퍼실리테이터가 그룹과 효과적으로 일하는 데 도움이 되는 정보를 제공받을 수 있기 때문이다.

퍼실리테이션 프레임워크를 구성하는 요소들은 역량 모델에서 확장되어 온 것이다. 아마 여러분들은 퍼실리테이션 이전에 완료되어 있는 업무가 중요하다는 관점이 반영되어, '조직'이라는 단어가 현재는 '조직과 기획'이라는 용어로 사용되고 있다는 것을 알고 있을 것이다. '직업 윤리'는 '가치와 윤리'로 바뀌었다. 여기에는 그룹 업무에서 무엇이 중요한지, 그리고 퍼실리테이터가 구성원들과 어떻게 가장 효과적으로 일할 수 있을지에 대한 퍼실리테이터의 개인적인 관점이 포함된다. 커뮤니케이션, 과업, 그리고 관계와 분위기는 바뀌지 않았는데, 이는 커뮤니케이션이 핵심 역할을 하고 과업과 관계는 언제나 중요하다는 것을 고려할 때 전혀 놀라운 사실이 아니다. 그 외 세 가지 요소-갈등, 창의성, 테크닉-는 집단 리더십 연구에서 추출되어 추가되었다. 테크닉은 "그룹 프로세스에 대한 인식"이라는 요소가 해석된 것이다. 이 책의 제3부에서 다루어지는 테크닉의 다양한 활용법은 여러 가지 테크닉에 대한 지식과 이해가 퍼실리테이션에 도움이 된다는 나의 신념에서 비롯된 것이다. 내가 운영해왔던 퍼실리테이션에서는 다양한 학문과 연구에서 사용된 테크닉들을 수집해서 사용했다. 이 테크닉에 대한 내용은 제12장에서 제14장까지 다루어진다.

퍼실리테이터 역량　　앞서 다루어진 핵심 퍼실리테이터 역량 모델은 퍼실리테이터들의 경험과 실천에서 나온 정보에 기반을 두었으며, 또한 23개 역량 리스트로부터 나온 것이다. 이 역량들의 자가평가 버전은 부록 A(p.201)를 참고하면 된다. 만약 당신이 현재 어떤 그룹을 퍼실리테이션 하고 있다면, 이 책의 나머지 부분을 읽기 전에 이 자가평가를 해 보고, 퍼실리테이션의 다양한 측면을 생각해 본 다음 다시 평가를 해볼 수도 있다. 만약 당신이 이제 막 퍼실리테이션을 시작했다면, 이 책을 다 읽어보고 난 다음에 자가평가를 실시하는 것을 권한다.

아래는 각 장의 제목 밑에 역량들을 나열해 놓은 것이다. 이 역량들은 내가 그룹과 진행했던 연구, 실천적 제안, 경험 및 예시들과 함께 각 장의 논의사항에 포함되어 있다.

제4장 조직과 기획
● 사전 기획과 준비가 되어 있다는 증거를 보여주기
● 계약한 대로 적절한 사후 활동(follow-up activities)을 완료하기

제5장 의사소통
● 적극적으로 청취하기
● 내용을 재구성하고 요약하기
● 어떤 부분에서 의견이 충돌하는지 명확히 하기
● 능숙하게 질문하기
● 바디랭귀지와 비언어적 요소를 효과적으로 사용하기
● 그룹 안에서 발생하는 비언어적 요소를 관찰하고 주의를 기울이기

제6장 과업
● 그룹이 이슈에 집중하도록 하기
● 그룹이 목적을 명확히 하고 그룹 규칙을 생성할 수 있도록 도와주기
● 그룹과 과업의 성격에 맞는 적절한 테크닉을 사용하기(제11장에서 자세히 기술)
● 과업의 결과에 대해 중립을 지키기(제8장에서 자세히 기술)
● 정해진 시간을 지키기
● 적절한 테크놀로지와 시각적인 도구를 사용하기

제7장 관계와 분위기
● 상호작용과 토론이 활발하게 이루어지는 분위기를 생성하기
● 그룹이 이슈와 과업에 뛰어들며 주인의식을 가지도록 격려하기
● 효과적으로 유머를 사용하기
● 그룹 역학을 관찰하기
● 그룹의 규칙을 우선시하기
● 피드백을 제공하고 프로세스 스킬을 장려하기
● 그룹에 해로운 행동을 하면서 지장을 주는 개인을 관리하기

제8장 가치와 윤리
- 과업의 결과에 대해 중립을 지키기(반복)

제9장 갈등
- 그룹이 갈등의 주요 이슈에 집중할 수 있도록 하기

제10장 창의성
- 소그룹의 통찰력과 창의성을 자극하기

제11장 테크닉
- 과업이나 그룹에 적절한 테크닉을 사용하기

테크닉에 대한 설명은 제3부의 제11장에서 제14장까지 기술되어 있다.

요약

본 장에서는 퍼실리테이션의 프레임워크를 구성하는 여덟 가지 요소에 대해 설명하였고, 이 여덟 가지 요소는 제2부에서 세부 장으로 다루어진다. 제4장으로 들어가면서 질문하기와 사전 기획에 참여하기에 초점이 맞추어지는데, 이는 그룹이 과업을 완수하고 관계를 유지하도록 퍼실리테이터가 지원하는 데 도움을 준다. 퍼실리테이션 세션의 성공은 참여자들 모두가 동의할 수 있는 현실적인 기대치를 계획하고 세팅하는 데 달려 있다. 또한 해당 장에서는 퍼실리테이션에서 종종 간과되고 있는 사후활동에 대해서도 다루고 있다.

제4장

조직과 기획

┃ 주요 개념

- 사전 질문
- 사전 기획
- 운영 관리
- 사후 활동

이 장에서는 (1) 사전 질문하기, (2) 세션 시작 전 혹은 세션 진행 시 배포할 아젠다나 자료를 준비하는 등의 세션 사전 기획하기 (3) 회의실 혹은 장소 섭외, 자료 정리, 물품준비와 같은 운영 관리 (4) 세션 종료 후 일어날 일에 대한 계획 세우기 등 조직과 기획의 네 가지 요소를 다룬다. 퍼실리테이션을 거듭 할수록 나는 그룹 세션의 성공은 세션이 시작되기 전에 무엇을 했는지, 그리고 무엇을 하지 않았는지에 달려있다는 확신을 갖게 되었다. 또한 마지막 결과를 염두에 두어야 한다. 세션

종료 시까지 어떤 것이 완료되어 있어야 하는가 뿐 아니라 세션의 결과로 어떤 일이 일어날지까지도 말이다.

항상은 아니지만 때때로 소그룹 퍼실리테이션에서는 그룹 구성원들과 면담을 하기 전, 배경설명을 위한 회의가 진행되기도 한다. 이 장에서는 배경설명 회의가 완료되었다고 가정한 후 사전 기획을 진행하는 것으로 구성하였다. 시간이 충분하지 않을 때는 언론에서 기본적으로 사용하는 질문을 활용하여 '누가, 언제, 무엇을, 어떻게, 왜'에 대해 질문한다.

사전 질문하기

당신은 퍼실리테이터가 되어 달라는 요청을 받았다. 상황에 따라서 당신의 스케줄이 문제가 없으면 그 일을 맡는 것으로 될 수도 있을 것이고(예를 들어 당신이 어떤 회사나 고객의 퍼실리테이터로 일하고 있을 경우), 참여할지 말지를 결정할 수 있는 상황이라면 이 일을 맡아 달라는 의뢰 요청이 들어온 상황일 수도 있을 것이다. 어느 쪽이든 최적의 결정을 하기 위해 당신이 해야 할 질문들이 있다.

당신에게 그룹을 퍼실리테이션 해 달라는 요청을 한 사람이 처음으로 하는 말 중 하나는 "이것은 상당히 명확한 세션이에요"와 같은 말일 것이다. 그리고 정말로 그럴 수도 있다. 하지만 사전 질문을 하는 단계에서는 미처 챙기지 못했거나 잊어버렸던 중요한 이슈들을 끄집어낼 수 있다. 이런 질문 중 많은 부분이 제2장에서 처음 다루었던 이슈들과 관련이 있다. <표 4-1>은 여덟 가지 주요 질문들이다.

▌표 4-1 주요 질문들

1. 정해진 날짜, 시간, 사람 수가 있는가?
2. 배경, 목적, 기대되는 결과는 무엇인가?
3. 나의 역할은 무엇인가?
4. 1번 질문을 다시 고려해야 하는가?
5. 내게 이 세션을 퍼실리테이션 하도록 권유하는 데 그룹의 리더나 구성원들이 어느 정도 관여하였는가?
6. 어떤 테크놀로지를 활용할 수 있는가?
7. 계속 진행해도 되겠는가?
8. 의견에 합의를 보았는가?

이 질문들은 순서대로 다뤄질 것이다. 이를 살펴본 후, 당신이 과거에 사용했던 질문들을 더 떠올려 볼 수 있을 것이다.

정해진 날짜, 시간, 사람 수가 있는가?　　기본적으로 어느 정도의 세션이 사전에 기획되어 있었는지, 그리고 당신에게 주어진 세션이 얼마나 되는지를 알아야 한다. 이것은 스케줄의 문제뿐 아니라 사전 준비에 필요한 시간을 가늠하고, 기획한 것이 시간 안에 완료될 것인지를 판단하는 기본적인 문제와도 관련이 있다. 많은 회의가 실패하는 이유는 단순하게도 세팅된 아젠다를 들을 시간이 없기 때문이다. 추가 정보를 얻은 이후에 다시 이 이슈로 돌아와야 할 것이다.

배경, 목적, 기대되는 결과는 무엇인가?　　당신은 가능한 한 많은 세부사항들에 대한 정보를 얻고 싶어 할 것이다. 이 그룹이 이전의 세션에서 비슷한 주제에 대해 어떻게 진행했는지 질문하라. 만약 당신이 그 다음 세션을 퍼실리테이션 하거나 혹은 그 그룹이 프로젝트에서 또 다른 목표에 도달하도록 도와주어야 한다면, 이전에 일어난 일에 대해 무엇이든 아는 편이 좋을 것이다. 결과는 어땠는가? 이 세션은 어떤 점에서 차별화되는가? 참여자들은 이 세션에 계속해서 참가하기를 원하는가, 혹은 짜증을 내기 시작하는가? 문제를 다룰 때 짚고 넘어가야 할 갈등이 과거에 있었는가? 예상 참여자들 간의 관계는 어떠한가(동료인가, 한 조직안에서 직위와 위계가 섞여 있는 사람들인가, 혹은 서로를 전혀 모르는가)? 이들은 예전에 어떤 아젠다를 접하거나 그 아젠다에 동의한 적이 있는가?

나의 역할은 무엇인가?　　제1장을 기억하라. 순수하게 프로세스 퍼실리테이터로서의 역할을 요구받고 있는가, 아니면 리더/퍼실리테이터, 퍼실리테이터/내용 전문가, 퍼실리테이터/교육가, 퍼실리테이터/중재자, 혹은 또 다른 조합이 요구되는 혼합된 역할을 수행해야 하는가? 회의 전과 후에 참여자들이 기대하고 있는 것은 무엇인가? 세션이 마무리될 때 그 그룹에 속한 사람들이 제기한 문제와 의견으로 평가서가 점철되어 있을지도 모른다. 당신은 이 정보를 모아야 하는가? 어떤 형태로? 그룹 리더가 정해져 있는가? 만약 당신이 외부에서 투입된 퍼실리테이터라면, 내부에도 퍼실리테이터가 있는가? 당신은 아젠다를 준비한 누군가와 함께 일할 예정인가? 당신의 역할을 축소시킬만한 윤리적인 문제, 예를 들어 중립을 지킬 수 없거나 혼합된 역할을 수행할 수 없는 등의 문제가 있는가? 논의하는 중간에 당신이 우려하는 부분이 생길 수도 있다. 그런 경우, 즉시 이야기해야 한다. 아무리 작은 의심이 들지라도 주의를 기울여야 한다. 질문을 너무 많이 하게 될 수도 있지만, 일반적으로 퍼실리테이터들을 괴롭히는 것은 너무 많은 정보가 아니라 너무 적은 정보이다.

1번 질문을 다시 고려해야 하는가? 1번 질문은 정해진 날짜, 시간, 사람 수가 있는가였다. 그룹의 구성과 인원수가 적절한가? 이제 당신에게는 추가적인 정보가 있으므로 정해진 시간이 목적을 달성하는 데 충분한지 판단해야 한다. 만약 그렇지 않다면 이 이슈를 지금 제기해야 한다. 상황을 잘못 판단할 수도 있겠지만 걱정스러운 점에 대해서는 목소리를 내야 한다. 어쩔 수 없다고 판단되면 다른 사람에게 맡기라고 이야기하라.

내게 이 세션을 퍼실리테이션 하도록 권유하는 데 그룹의 리더나 구성원들이 어느 정도 관여하였는가? 만약 구성원들이 이 결정에 전혀 관여하지 않았다면, 그룹이 처해있는 상황이나 그룹의 성격에 따라 이것이 중요할 수도 있고 중요하지 않을 수도 있다. 회의를 주관하고 계획하는 사람들은 경험 많은 퍼실리테이터를 소개받기 위해 주로 동료들에게 연락하곤 한다. 만약 당신이 조직 내부의 퍼실리테이터라면 대부분의 경우 당신의 이름이 리스트에 올라가 있거나 웹사이트에 떠 있을 것이다. 때때로 그룹 구성원들은 회의를 기획하는 사람에게 퍼실리테이터들의 명단을 제출하라는 요청을 받는다. 당신이 이 세션을 퍼실리테이션 하기로 결정이 되었다면, 다음 섹션에 설명되어 있는 것처럼 그 다음 단계는 그룹 구성원들과 연락하는 것이 될 것이다.

어떤 테크놀로지를 활용할 수 있는가? 어떤 종류의 테크놀로지를 활용할 수 있는가? 구성원들이 그런 시스템에 익숙한가? 그들이 이전에 그 시스템을 사용한 적이 있는가? 퍼실리테이터가 세션 시작 전 사용할 수 있는 전자통신 시스템은 무엇인가? 외부에서 참여하려는 사람이 있는가? 만약 그렇다면, 테크놀로지가 필요한 부분에 익숙해져라. 그리고 회의를 계획할 때 이를 염두에 두어야 한다. 또한 회의 전 어떤 자료가 참석자들에게 배포되어야 할지를 결정해 두고, 면대면 세션 전에 미리 결정되어야 할 사항들은 없는지 살펴보라. 회의 전 공지할 때, 그리고 회의 후 사후 활동에 테크놀로지가 어떻게 활용될 수 있을지 고려해 보라.

계속 진행해도 되겠는가?　　　나의 기량이 이 업무에 적절한가? 내가 필요하다고 판단해서 계획한 것을 실행할 만한 충분한 시간이 있는가? 이 퍼실리테이션을 수락 하는 것을 다시 고민하게 만드는 지점이 있었는가? 윤리적인 이슈가 발생한 적은 없는가? 다른 퍼실리테이터가 필요하거나 테크놀로지 사용을 도와줄 누군가가 필요 할 것인가?

의견에 합의를 보았는가?　　　의견 합의에 어떤 것이 포함되는지, 그리고 얼마나 공식적인지는 여러 가지 요인에 의해 결정된다. 내가 발견한 것은 생각나는 것들을 글로 써 보는 것이 역할과 기대수준을 명확히 하는 데 도움이 된다는 것이다. 이메 일을 활용하는 것이 적절할 수도 있다. 중요한 것은 실제 세션이 진행되기 전에 많 은 것들이 논의되고 결정된다는 것이다. 의견 합의에 대한 예시는 부록 B(p.205)에 나와 있다.

사전 기획

일정이 정해져 있는 세션(들)에 어떤 결과가 기대되는가에 근거해서 계획을 짜 라. 기대치로부터 출발해서 퍼실리테이션 전에 끝내야 할 것이 무엇인지를 역순으 로 계산하라. 여러 상황들이 있겠지만, 여기서는 이 계획이 면대면 세션을 위한 것 이라고 가정해 보자.

논의　　　세션에 대한 계획(어떤 자료가 사전에 배포되어야 할지, 그리고 세션 전에 구성원들이 무엇을 해야 할지를 포함해서)을 세우기 위해 가능한 한 빨리 내 부 퍼실리테이터 혹은 그룹이 원하는 것을 잘 알고 있는 누군가와 함께 일하라. 결 정을 내리는 데는 정확한 정보가 필수적으로 필요하다. 이런 정보를 세션 중에 구 성원들로부터 들을 수도 있다. 그러나 주로 정보는 세션 전에 수집되고 배포되어야 한다. 예를 들어 컨퍼런스 장소를 결정하는 데 앞서 구성원들은 장소와 관련된 세 부 정보들 – 호텔 가격, 오는 길, 컨퍼런스에 사용될 장비들, 기타 등등 – 을 수집해 야 한다. 퍼실리테이터 이외의 누군가가 이런 세부 내용에 대해 책임을 질 것이다. 당신이 해야 할 일은 어떤 정보가 필요한지, 그리고 기한은 어떻게 되는지 구성원 들이 명확히 인지하게끔 하는 것이다. 내용 전문가들이 회의에 초청될 수도 있다.

또한 두 종류의 세션이 필요할 수도 있다. 하나는 의사결정의 범위를 결정하기 위한 것이고, 다른 하나는 데이터 수집 기간이 끝난 후 실제로 결정을 내리기 위한 것이다.

아젠다, 그리고 관련 정보 준비하기　　아젠다의 가장 기본적인 목적은 세션에 대해 설명하고 일정(언제, 어떤 일이 벌어질지에 관한 것)을 알려 주는 것이다. 이는 세션 전에 진행되는데, 얼마나 미리 진행되어야 하느냐는 참가자들이 준비하는 데 어느 정도의 시간이 필요하느냐에 따라 결정된다. 만일 세션 계획에 포함되어야 할 추가 정보나 피드백이 있다면 그들이 응답을 해 주어야 하기 때문이다. 만약 구성원 중 누군가가 늦게 도착하거나 빨리 떠나야 한다면, 모든 사람이 함께 참여할 수 있는 핵심 시간을 정해야 한다. 중요한 회의라면 모든 주요 참석자가 회의 시작부터 끝까지 함께 참여하는 것이 이상적일 것이다. 그러나 몇몇은 배경 설명을 하거나 질문에 대답하기 위해 배석할 뿐 실제 의사결정에는 참여하지 않는 경우도 있다. 참여자들이 회의 중 전자 기기 사용을 제한하는 것에 사전동의 하는 것은 점점 더 일반적인 현상이 되고 있다. 사람들은 휴식시간에만 이메일 체크를 하고, 긴급한 전화가 올 때만 전화를 받기 위해 회의 장소를 빠져나간다. 이러한 동의는 그 사람들이 속한 사회의 기준, 산업의 형태, 회의의 긴급함 등에 따라 달라진다. 이전에 어떻게 결정되었든지 회의 직전에 무언가 범상치 않은 일이 생긴다면, 모든 동의는 소용이 없어지고, 당신은 그냥 당신이 할 수 있는 최선을 다하면 된다.

내가 퍼실리테이션 했던 반나절 짜리 세션에서, 참여자들은 바로 전날 주요 고위 관리자가 이틀 내로 사전에 없던 방문을 할 것이라는 소식을 전해 들었다. 그 회의 시간을 잡기가 정말 힘들었기 때문에 우리는 회의를 그대로 진행하기로 했다. 시작 전 우리는 이 새로운 뉴스가 그날의 세션에 어떤 영향을 미칠지 이야기를 나누었다. 우리는 사람들이 이메일을 체크하고 중요한 통화를 할 수 있도록 두 차례의 휴식시간을 마련했다. 모든 사람들이 회의 진행 중에는 과업에 집중하는 것에 동의했다. 몇몇은 보고서를 쓰기 위해 회의실 뒤쪽으로 옮겨갔고, 우리는 전문지식이 필요할 때 그들을 불렀다. 실제로 그 세션은 매우 생산적이었다. 나는 그 특수한 상황이 우리가 원하는 대로 진행되었다고 믿는다. 참여자들은 그들의 시간을 잘 활용하기를 원했고, 그렇게 되었다.

아젠다 형식　　아젠다에 얼마나 많은 세부사항이 필요한가에 대해서는 여러 가지 의견들이 있다. 워크숍 혹은 반나절, 또는 하루 내내 진행되는 세션의 아젠다에서는 주로 세션의 전체 일정을 알려주고, 활동 시작시간, 휴식시간, 식사시간 등을 명시해 둔다. 이는 사람들이 언제 전화를 받을 수 있고 메시지를 체크할 수 있는지 사전에 알려주며, 음식과 음료를 언제 먹을지 결정하는 데도 필요하다. 일상적으로 진행되는 짧은 회의에서는 진행사항이 달라질 수 있다. 아젠다에는 그룹명, 회의 날짜와 시간, 다루어져야 할 안건 리스트, 그리고 필요하다면 다른 세부사항들도 포함되어야 한다.

아젠다 항목에 대한 선호도 역시 달라질 수 있다. 어떤 퍼실리테이터들은 한 개 혹은 두 개 정도의 간단한 아젠다 항목으로 서두를 연 뒤 곧바로 복잡하고 어려운 항목으로 들어가는 것을 선호하는데, 이는 충분한 시간을 확보하는 동시에 사람들에게 성취감을 주기 위해서이다. 또 다른 접근은 간단하고 반론의 여지가 없는 항목들을 모아서 한꺼번에 정리하고, 토론하는 데 많은 시간이 필요한 항목을 마지막에 배치하는 것이다. 어떤 접근법을 선택할 것인가는 당신이 각 그룹에 어떤 것이 최적일지 판단하는 데 달려 있다. 만약 가장 중요한 항목을 끝 무렵에 배치한다면 최종 마무리를 위해 3분을 남겨놓아야 한다는 것을 잊어서는 안 된다. 회의 시간이 끝날 때까지 중요한 논의가 마무리되지 못하고 계속 이어지는 것은 답답한 일이다.

또 다른 선택지는 얼마나 체계적으로 할 것이냐이다. 매우 체계적으로 진행되는 아젠다의 경우 각각의 아젠다 항목을 다루는 데 시간을 배분할 뿐 아니라, 정보 공개(I-information announcement), 토론(D-discuss), 투표와 같은 실행 항목(A-action item)이 포함되는지 여부를 알려주는 데에도 시간을 할애한다. 반면에 순서대로 할 일을 쭉 나열한 다음 정확한 시간을 정하지 않을 수도 있다. 첫 번째 방식의 장점은 일이 명확하게 진행된다는 것이고, 반면에 세션 중 어떤 일이 발생하느냐에 따라 선택지가 제한될 수 있다는 단점이 있다. 두 번째 방식에서는 중요하지 않은 항목에 과도하게 긴 시간을 사용해서 정작 중요한 토론 항목에 시간이 부족하게 될 수도 있다. 아젠다 항목은 명확하게 제시되어야 한다. 만약 그룹 구성원들이 어떤 항목을 듣고 놀란다면 근거를 제시해라. Seibold와 Krikorian(1997)은 재무위원회에 아래와 같이 아젠다 항목의 예를 들어주었다:

항목 3. 보험에 가입되어 있지 않거나 금액을 지불할 능력이 없는 사람들이 서비스를 요청할 때 어떤 정책으로 대응할 것인가

사유: 지난해 이후 이와 같은 케이스가 6% 증가했으며, 이사진이 운영 예산을 위해 이런 케이스에 얼마나 많은 비용이 소요될지 4월 1일까지 분석해 달라고 재무위

원회에 요청함(p. 282).

만약 사람들이 세션 중에 들락날락할 예정이라면, 투표가 언제 진행될지, 그리고 본인들이 가장 관심 있는 항목이 언제 논의될지 알려주기 위해 세션의 일정(타임라인)을 표시해 둘 필요가 있다. 구조화된 정도나 필요한 세부사항의 종류는 회사마다 다르며, 그룹은 속해 있는 조직의 특성에 기초하여 규범을 정하는 경향이 있기 때문에, 다른 방식으로 진행해야 할 특수한 이유가 없다면 그러한 특성을 파악하고 표준화되어 있는 절차를 따르도록 해야 한다.

만약 아젠다 항목 전체를 다룬 적이 있다면, 당신은 평균을 훨씬 웃도는 성과를 낸 것이다. 1995년에 진행된 연구에서는 35개의 조직에서 회의를 관찰해 보았는데, 그룹들 중 17%는 단 한 번도 아젠다 항목 전체를 다루지 못했다(Volkema & Neiderman, 1995). 또한 66%가 회의 중 아젠다를 공유하고 자료를 배포하였지만, 사전에 아젠다와 자료를 전달한 것은 26%에 지나지 않았다. 이 연구결과는 왜 사람들이 회의를 그렇게 답답해하는지, 그리고 왜 퍼실리테이터가 필요한지에 대해 시사점을 준다.

퍼실리테이터에 대한 정보 제공하기　　당신과 당신의 백그라운드에 대한 짧은 소개를 포함시켜라. 만약 당신이 구성원에게 아젠다에 대한 응답을 받을 예정이라면, 그때 이 자기소개 요약본(바이오스케치라고 불리기도 하는)을 제공할 수도 있다. 혹은 당신이 퍼실리테이터로 결정된 바로 그때 제공할 수도 있다. 중요한 것은 그룹 구성원들이 당신과 관련된 정보를 세션 시작 전에 미리 전달받아야 한다는 것이다. 당신 자신에 대한 이야기로 세션을 시작하기를 원하지는 않을 것이다. 바이오스케치에서는 당신의 정보 중 그 그룹과 가장 관련이 깊은 내용을 강조하라. 교사 교육 회의에서 퍼실리테이터/내용 전문가의 역할을 하고 있는 사람의 예시는 다음과 같다.

Janice Martin은 사회심리학 석사학위를 시작하기 전에 휴스턴에 있는 공립 학교에서 7년 동안 10학년을 가르쳤으며, 10년의 소그룹 퍼실리테이터 경력이 있다. 주특기는 그룹들이 더 협조적으로 일할 수 있도록 돕는 것이며, 특히 오늘 교사 교육의 주제이기도 한, 그룹 내에서 일어나는 비정상적인 행동을 다루는 방법을 찾는 데 전문성이 있다.

그 외의 정보　　기본 법칙은 "절대 당황하게 만들지 말라"이다. 만일 참여자들이 캐주얼한 복장을 하거나 특별한 것을 준비해 올 예정이라면, 또는 어떤 사항에 미리 동의가 되었다면 이 정보를 유인물에 명시해서 사전에 공지해야 한다.

참고: 복장 규정에 대해 미리 물어보고 얼마나 격식을 차려입을 지 혹은 편하게 입을지 적정한 수준을 결정하도록 하라. 나는 "양복을 입고 오지 마세요"라는 말을 들었던 적이 있다. 매우 좋은 조언이었던 것이, 그 세션에 참석한 모두가 캐주얼한 복장을 하고 왔다. 나는 면바지에 면티, 그리고 캐주얼한 재킷을 입고 갔었는데, 참석자들보다 조금 더 신경을 쓴 정도였을 것이다. 이렇게 입고 간 것은 매우 탁월한 선택이었고 혹시 내가 너무 신경 썼나 싶을 때는 재킷을 벗기만 하면 되었다. 당신의 복장은 참석자들에게 메시지를 던지기도 하고, 그날의 분위기를 좌우하기도 한다.

운영관리

장소와 공간　　세션이 어디에서 진행될 것인가? 장소는 얼마나 넓은가? 이동이 가능한 테이블이나 책상이 있는가? 테크놀로지를 활용할 수 있는 곳인가? 휴식과 식사 등의 조율은 어떻게 되어 있는가? 가능하다면 직접 가서 그 장소를 확인하도록 하라. 창문은 있는가? 창문이 열리는가? 그 장소 근처에서 소음이 발생할 만한 일은 없는가? 어떤 때는 온도가 이슈가 될 수도 있다. 드물게도 모든 사람들이 똑같이 너무 덥다거나 너무 춥다거나 하는 의견을 낼 때가 있다. 한 가지 규칙은 너무 더운 것보다는 추운 것이 낫다는 것이다. 만약 회의장소의 온도가 어떨지 전혀 모르겠다면 무더운 여름 날씨에도 두꺼운 스웨터를 껴입고 나타나는 베테랑들이 얼마나 많은지 떠올려 보라.

운영관리는 중요하다. 어떤 세션에서 내가 가장 심하게 항의를 받았던 것은 세션 시작 직전에 호텔 안에 있는 비교적 큰 회의실에서 협회 사무실에 딸린 작은 회의실로 장소가 바뀌었기 때문이었다. 나는 좀 더 큰 공간으로 장소를 옮겼지만, 몇몇 참석자들은 애초에 정해진 장소를 바꾸었다는 것에 대해 세션을 계획한 사람들에게 계속 화가 나 있었다. 세션의 목적은 달성했고 꽤나 즐거운 경험으로 기억할 수 있지만, 참석했던 모든 사람들에게 그날의 시작은 답답했을 것이다. 또 다른 회의에서는 점심 준비가 예상보다 30분이나 일찍 시작된 적이 있었다. 너무 시끄러워서 좀 조용히 해 달라고 요청해야 했다. 당연하게도 모든 사람들의 관심이 점심식사에 쏠렸고, 나는 어쩔 수 없이 하고 있던 것을 급하게 마무리할 수밖에 없었다. 다행히도 회의를 빨리 마무리한 것은 큰 문제가 아니었고, 그 호텔에서는 다음부터 회의장소 바로 옆에서 점심을 준비하지는 않을 것이다. 기억해야 할 것은 어떤 일들이 잘못될 수도 있다는 것을 사전에 염두에 두고, 장소 예약이나 난방, 배관 혹은 환기에 문제가 생겼을 때 연락할 수 있는 전화번호들(그리고 사람들의 정확한 이름들)을 꼭 가지고 있어야 한다는 것이다.

테이블 배치　　　테이블과 책상을 배치하는 데는 여러 가지 방식이 있다. 40명 혹은 그 이상이 참여하는 대규모 그룹에서는 둥근 테이블 여러 개에 사람들을 앉히고, 테이블 사이는 가깝게 하되 퍼실리테이터와 참여자들이 지나다닐 수 있도록 배치하는 것이 좋다. 이 방식을 사용하면 참여자들이 소그룹으로 참여하면서도 모두 함께 토론하기에 충분히 가까운 거리를 유지할 수 있다. 앞쪽에는 퍼실리테이터가 소규모 그룹에 활용할 수 있도록 두 개의 플립차트 이젤과 여분의 플립차트들이 준비되어 있어야 한다.

중간부터 보다 큰 사이즈의 그룹에까지 활용할 수 있는 또 다른 방법은, 퍼실리테이터를 앞에 두고 두 명에서 네 명 정도 앉을 수 있는 직사각형 테이블을 두 줄로 만드는 것이다. 이 방식은 퍼실리테이터가 회의 중 장시간 서 있을 경우, 그리고 퍼실리테이터가 퍼실리테이터/교육가 혹은 퍼실리테이터/내용 전문가의 역할을 수행할 경우에 효과가 좋다. 만약 퍼실리테이터나 참여자들이 오랫동안 앉아 있을 예정이라면, 테이블을 붙여 하나의 큰 사각형으로 만드는 것도 참여자들과 퍼실리테이터가 서로 마주 볼 수 있도록 하는 한 가지 방법이다. 이렇게 테이블을 붙이는 방식은 15명 혹은 그보다 더 적은 수의 인원에 가장 좋으며, 유인물을 둘 자리도 확보할 수 있다. 크고 둥근 테이블도 사용할 수 있다. 이와 비슷하게 퍼실리테이터를 앞쪽에 두고 테이블을 U자 형태로 배치하면 보다 유연하게 진행할 수 있다. 퍼실리테이터가 U자 끝부분에 서 있으면 모든 참여자와 소통할 수 있다. 참여자들은 서로 마주 볼 수 있지만, 테이블이 너무 길 경우 옆자리 참여자들과 잡담을 하는 등 주의력이 흩어질 수도 있다.

테크닉, 유인물, 준비물　　　이 책의 후반부에는 의사결정, 문제해결, 그리고 전략기획 등에 사용되는 다양한 테크닉이 나와 있다. 아마 이 책을 읽고 있는 여러분들에게도 각자가 선호하는 테크닉이 있을 것이다. 플립차트, 유성펜, 인덱스 카드 등 특정 물품이나 준비물이 필요한 테크닉도 있다. 나는 늘 필요한 것들을 모두 준비했는지 점검하기 위해 마음속으로 전체 프로세스를 한번 되짚어 본다. 또한, 혹시라도 필요할 때가 있을까봐 퍼실리테이션 세션에 갈 때는 항상 도구박스를 챙겨간다(표 4-2 참고).

▌표 4-2 도구 박스

✔플립차트 종이
✔유성펜
✔아이디어를 기록하고 붙일 수 있는 포스트잇
✔피드백을 주거나 아이디어를 조직화할 때 사용하는 인덱스 카드
✔테이프
✔투표를 하기 위한 동그란 스티커
✔리스트 작성을 위한 빈 종이(A6 크기)
✔네임카드
✔펜

나의 지론은 세션을 준비하고 세션에 필요한 물품을 미리 준비해 놓지만, 상황이 다른 방향으로 흘러가면 유연성 있게 대응할 수 있어야 한다는 것이다. 나는 사람들에게 인덱스 카드나 종이 위에 생각이나 피드백을 쓰라고 하고, 쉬는 시간 전에 테이블 중간으로 모아달라고 했던 적이 많이 있다. 그것은 질문에 대한 대답, 투표, 혹은 단순히 세션에 대한 피드백 등 다양한 형태가 될 수 있다. 물품을 준비해 가면 다양한 옵션들을 활용할 수 있기 때문이다.

또한 나는 세션의 제목을 써 놓기 위해 플립차트 종이가 구비되어 있는 이젤을 현장에 최소한 하나 이상 준비해 달라고 항상 요청한다. 나는 이젤 두 개를 선호하는데, 여러 테크닉을 사용할 때 아이디어를 재빨리 기록할 수 있게 해 주기 때문이다. 한 번은 다른 퍼실리테이터와 함께 세션을 진행했던 적이 있었는데, 우리가 진행하기로 했던 순서에 혼란이 있었다. 토론 하나가 순서가 바뀌었고, 프로세스 질문에 대해 준비해두었던 유인물들이 소용없게 되었다. 우리는 잠깐 쉬는 시간을 만든 다음, 플립차트 종이에 토론 질문들을 새로 썼다. 참여자들은 우리가 무엇을 바꿨는지조차 알아채지 못했으며, 새로운 토론 질문들은 우리가 원래 가려던 방향대로 정확하게 세션을 잘 이끌었다. 다시 한번 강조하는데, 활용할 수 있는 물품이 많을수록 선택의 폭이 넓어진다. 참여자의 관점에서 볼 때 모든 것이 부드럽게 흘러가야 한다. 프로세스를 가르치는 것이 목적이 아니라면 당신이 사용하는 테크닉과 도구들은 눈에 띄지 않아야 하며, 어떤 테크닉과 도구를 쓰느냐가 주목받는 것이 아니라 세션의 목적을 달성하는 데 효과적이어야 한다.

세션을 계획하기 위해 정보를 모은 다음에는, 어떤 절차와 테크닉을 사용할지를 고민해 보아야 한다. 각각의 장점과 단점을 생각해 보고, 특정 접근법이 적합한 지에 조금이라도 의심이 생기면 구성원들과 상의해라. 이것에 대해서는 제6장과 PART 3에서 매우 자세히 다룰 것이다.

세션 종료 후

세션에서 플립차트를 사용했다면, 세션이 끝난 후에 곳곳에서 기록된 각종 제안, 결정사항, 질문으로 가득한 몇 개의 플립차트가 남겨져 있을 것이다. 이것을 어떻게 해야 할까? 만약 운 좋게 도와줄 누군가가 있다면, 그 사람이 컴퓨터를 가져와 데이터를 입력해서 자료를 완성해 줄 것이다. 이 자료는 참여자들에게 이메일로 보낼 수도 있고, 웹사이트에 게시할 수도 있으며, 그냥 출력해서 나눠주어도 된다. 세션이 끝난 다음에 또 다른 절차가 남아있는가? 글쎄다. 계획되었던 세션이 종료된 후 퍼실리테이터로서 당신이 해야 할 일이 있는가? 물론, 이것은 프로세스 초반에 어떻게 합의되었느냐에 따라 달라진다.

세션을 계획할 때에는, 어떤 테크닉이나 절차를 선택하느냐에 상관없이 도출될 내용을 염두에 두고 있어야 하며, 참여자들의 결과물이 어떨지를 고려해야 한다. 만일 아무것도 결정된 것이 없다면 당신이 결정해야 한다. 그렇다면 어떻게 해야 하는가? 특히 하루종일 계속되는 회의에서는 매우 신중하게 테크닉을 선정해야 하는데, 그 기준 중의 하나는 결과물의 관리이다. 결론이 명확하게 내려졌다고 하더라도, 토론 중에 제시된 정보나 질문들을 받아보기를 원하는 사람들이 있을 수 있다. 물론 이것은 외부로 유출되면 안 된다. 유인물이 파쇄되어야 하는 경우도 있다. 요점은 어떤 자료를 어떤 방식으로 누가 보관할 것이냐이다. 회의 중 생성되었던 자료의 관리방식에 모두가 동의하는가?

요약

이 장에서는 퍼실리테이션 세션 기획 시 중요한 초기 단계들에 대해 설명했다.

적절한 질문을 던지면 접근법에 대한 계획을 결정하는 데 도움이 될 뿐만 아니라, 퍼실리테이션 세션 전에 참여자들이 미리 해 두어야 할 것이 있다면 어떤 것을 해야 할지도 결정할 수 있다. 반드시 회의 당일 이전에 참여자들에게 아젠다가 전달되어야 하고, 참여자들이 퍼실리테이션이 진행될 것을 알고 있어야 하며, 정보를 전달하거나 질문을 할 기회가 주어져야 한다. 이런 사전기획 단계는 매우 흔하며 일반적이다. 간과하기 쉬운 것은 회의 중 생성되는 정보와 자료에 대해 퍼실리테이터의 책임을 어떻게 할 것인가이다. 마지막 단계에서 기대되는 것이 무엇인지를 미리 파악해서 그것을 계획에 반영해야 한다는 것을 잊지 말아라. 다음 장으로 넘어가기 전, 커뮤니케이션의 중요성에 대해 생각해 보라. 퍼실리테이터로 일하는 모든 사람들은 언어적 또는 비언어적 요소, 혹은 두 가지 모두를 사용해 끊임없이 커뮤니케이션하고 있다. 제5장은 커뮤니케이션에 초점을 맞춘다.

제5장

커뮤니케이션

▌주요 개념

- 의미 ≠ 의미
- 경청, 다른 표현으로 바꾸기, 요약하기
- 이슈와 관점을 명확하게 하기
- 질문하기
- 비언어적 커뮤니케이션을 사용하고 관찰하기

우리가 하는 모든 행동에는 메시지가 있다. 우리는 늘 커뮤니케이션을 해야 한다. 특히 비언어적 커뮤니케이션에서, 메시지를 찾으려는 노력을 너무 많이 할 수도 있지만, 퍼실리테이터는 자신의 커뮤니케이션 행위가 어떤 효과를 일으킬지 주의를 기울여야 하며, 그룹 내 사람들의 행동 또한 눈치채고 있어야 한다. 커뮤니케이션은 그룹 퍼실리테이션의 모든 측면에 영향을 미친다. 이 장에서 초점을 맞추고자 한

것은 경청과 의미를 명확하게 하는 것, 그룹이 운영되는 목적을 보여줄 수 있는 질문을 하는 것, 그리고 비언어적 커뮤니케이션의 힘을 이해하는 것이다.

의미의 전이

내가 가장 좋아하는 격언이 있다. 의미는 의미와 다르다.

$$의미 \neq 의미$$

내가 이 말을 할 때마다, 사람들은 고개를 끄덕이며 의미가 사람들마다 얼마나 다르게 해석될 수 있는지 이야기하곤 한다. 이는 너무나 많은 사람들이 관여하게 된다는 특성상 그룹 커뮤니케이션과도 깊은 관련이 있다. 모든 사람들이 서로를 이해한다고 생각한다면 너무 순진한 것이다.

대화를 할 때마다 내가 깨달은 것은 당신이 말한 것은 원래 당신이 의도한 것일 수도 있고, 그렇지 않을 수도 있다는 것이다. 여기에는 수많은 이유가 있다. 만약에 당신이 "집에 올 때 우유 한 통 부탁해."라는 말을 오랫동안 함께 지냈던 파트너나 룸메이트에게 한다면, 부연설명은 그닥 필요 없을 것이다. 듣는 사람은 어떤 종류의 우유인지(일반우유, 2% 저지방, 1% 저지방, 무지방, 유기농), 어떤 브랜드인지, 그리고 어떤 종류의 포장방식인지 알고 있다. 만약 같이 산 지 얼마 안된 사람이 우유를 대신 사러 가 주었을 경우, 자세한 설명이 없으면 본인이 주로 마시는 우유를 사 오는 결과를 초래할 수 있다. 물론 하늘이 무너질 정도의 일은 아니다. 그러나 메시지를 듣는 사람은 이미 어떤 내용일 것이라고 가정하고 듣는 것이며, 이는 맞을 수도 있고 틀릴 수도 있는 것이다. 요즘 세상이라면 아마 그 사람이 마트에서 전화를 걸어 "어떤 우유를 사갈까?"라고 물어볼 것이다. 그러나 종종 메시지를 듣는 사람은 잘못된 해석이 일어날 수 있다는 사실조차 깨닫지 못한다.

더 중요하고 복잡한 메시지라면 얼마나 큰 오해가 생길 수 있을지 상상해 보라. 예를 들어 업무에 새로 투입된 사람은 오래 일했던 사람들이 가지고 있는 맥락이나 규범에 대해 전혀 모른다. 다른 사람들이 이미 다 알고 있을 것이라고 생각하는 순간이 얼마나 많은지 생각해보라. 당신의 직장생활 첫날, 그리고 첫 주를 떠올려 보고, 당신이 했던 그 모든 질문들을 생각해 보라. 사람들을 더 오래 알아갈수록 우리는 더 많은 것을 그들이 알고 있다고 가정하고 더 적게 설명한다. 이것은 자연스러운 행동이며 시간을 절약해 준다. 만약 당신이 나에게 회의 때 사용하기 위해 자료

10장을 복사해 달라고 요청했을 때 내가 "10장을 A4 사이즈로 복사해 달라는 것이죠?"라고 말한다면, 당신은 엄청나게 짜증이 날 것이며 아마도 내가 멍청이라고 생각할지도 모른다. 모든 메시지를 재확인할 필요는 없다. 그러나 마감기한을 맞추지 못하거나, 감정을 상하게 하거나, 매우 심각한 갈등들이 단순히 의미를 오해하는 데서 발생할 수도 있다. 누군가를 알게 되면, 그 사람이 무슨 의미로 말하고 있는지 알고 있다고 생각하게 된다. 일이 잘못되고 나서야 질문을 했어야 한다는 것을 깨닫는다.

위 예시들은 들었지만 이해하는 데에는 실패했다는 것을 의미한다. 그러나 귀기울여 듣지 않아 얼마나 자주 중요한 정보들을 놓치는가? 솔직히 말해서, 우리 중 대부분은 더 잘 경청할 여지가 있다는 것을 인정할 것이다.

적극적인 경청

적극적인 경청은 당신 자신에게, 그리고 그룹 구성원들에게도 중요하다. 적극적인 경청은 무엇을 의미하는가? 이 문구는 때때로 주어진 정보를 되풀이해 말하는 능력(다른 표현으로 바꾸기)을 일컫기도 하지만 그룹 업무 차원에서 내가 선호하는 정의는 아래와 같다.

- 적극적인 경청: 그 순간에 집중하고, 말하는 사람의 포인트에 깊이 주의를 기울이고, 스스로가 이해했는지 혹은 질문을 해야 하는지를 자문해 보는 것

듣기와 경청의 차이를 생각해 보라. 우리는 오랜 세월 동안 우리가 경청하고 있다는 인상을 주는 데 익숙해져 왔다. 실제 개인적인 문제나 남은 하루를 계획하는 데 마음을 빼앗겨 있는 동안, 우리는 말하는 사람을 보고, 고개를 끄덕이고, 얼마간의 관심을 쏟을 수 있다. 이는 게으른 경청, 혹은 부주의의 시작이라고 불릴 수도 있다. 말하는 사람을 무시하는 것이 아니라, 단순히 다른 문제에 관심을 쏟는 것일 뿐이다.

아마도 우리에게는 누군가가 말하고 있는 동안 딴짓을 한다거나 상대방이 말하기도 전에 무엇을 말하려고 하는지 아는 척을 하는 등의 불쾌한 습관이 있을 수도 있다. 공손한 사람이라면 상대방의 말을 자르지는 않겠지만, 뭐라고 해야 할지 이미 알고 있기 때문에 내심 빨리 요점을 말하기를 바랄 수도 있을 것이다. 우리는 경청하지 않으며, 말할 때를 노리고 있다. 본인이 얼마나 주의 깊게 듣고 있는지 잘 모

른다면 한 가지 실험을 해보라. 방금 당신이 들은 내용을 제 삼자에게 똑같이 알려주라는 요청을 받았다고 가정해 보자. 말하는 사람에게 최대한 집중하라. 얼마나 어려운가? 녹초가 될 지경이라면, 평소 경청 습관이 어떤지 가늠해 볼 수 있을 것이다.

퍼실리테이터로서 당신 자신의 경청 습관뿐 아니라 그룹 내 사람들의 경청 습관에 대해서도 알고 있어야 한다. 아래의 불쾌한 경청 습관 리스트를 살펴보고, 짜증이 날 만한 것들을 고른 다음 자신이 해당하는 것에 동그라미를 쳐 보라.

▌표 5-1 불쾌한 경청 습관

□ 1. 그는 늘 내 이야기를 앞질러 가서 내가 무엇을 말하려고 하는지 추측한다. 심지어는 가끔 나 대신 내 말을 마무리할 때도 있다.
□ 2. 그녀는 내가 말할 때 내 말에 끼어든다.
□ 3. 그는 내가 말할 때 절대 나를 보지 않는다. 나는 그가 내 말을 듣고 있는지 아닌지 알 수가 없다.
□ 4. 그녀는 끊임없이 연필을 돌리거나, 안경을 닦거나, 시계를 보거나, 딴짓을 한다.
□ 5. 그는 과하게 주의를 기울인다. 너무 많이 고개를 끄덕이고, "음음" 혹은 "그렇지"라는 추임새를 너무 자주 넣는다. 그가 진정으로 듣고 있는 것은 아니라는 느낌이다.
□ 6. 그녀는 절대 웃지 않는다. 그녀와 말하기가 무섭다.
□ 7. 그는 내가 말하는 모든 것이 의심스럽다는 듯이 질문한다.
□ 8. 내가 무언가를 제안할 때마다 그녀는 찬물을 끼얹는다.
□ 9. 그는 자신의 생각에 동의를 요구하는 질문을 던진다. 예를 들어 그는 무엇을 말하고 난 다음 "그렇게 생각하지 않아?" 혹은 "너도 동의하지?"라고 덧붙인다.
□10. 그녀는 자주 질문에 대한 답을 다른 질문으로 한다. 보통 내가 대답할 수 없는 것들이다. 창피하다.
□11. 그는 단어 하나, 혹은 아이디어 하나에 일일이 반응한다. 하려던 얘기를 마무리할 수가 없다.
□12. 내가 말하는 모든 것이 그녀가 이미 했던 경험 혹은 예전에 들어본 적이 있는 아이디어나 이야기를 떠올리게 한다. 그녀가 "내가 기억나는 것이 있는데…"라고 말하면서 계속해서 끼어들 때마다 화가 난다.
□13. 내가 좋은 아이디어를 말할 때마다 그는 "오, 그래! 나도 그런 생각을 한 적이 있어."라는 말로 슬쩍 숟가락을 얹으려 한다.
□14. 그녀는 내가 말할 때 나를 계속 응시하며, 내 눈을 똑바로 쳐다보기 때문에 너무 의식하게 된다.
□15. 그는 내가 진지해지려고 할 때 웃긴 말을 한다.

보통 사람이라면, 많은 항목이 자신에게도 해당된다는 것을 깨달을 것이다. 아마 다른 짜증나는 습관들을 추가할 수도 있을 것이다. 이를 참고로 하면 그룹 구성원들에게 어떤 행동이 기대되는지에 대한 좋은 아이디어를 얻을 수 있다. 몇몇 퍼실리테이터들은 "끼어들지 말 것"을 그룹의 행동 규범이나 규칙에 넣기도 한다.

제2장에서 행동 규범에 대한 이야기를 했다. 훌륭한 경청의 기준에는 서로 주고받으며 말하기, 상대방이 말하는 것을 방해하지 않기, 누군가 말하고 있을 때 잡담을 하거나 주의를 빼앗을 만한 행동을 하지 않기, 다른 사람이 할 말을 이미 알고 있는 것처럼 행동하지 않기, 그리고 당신이 주의를 집중하고 있다는 것을 보여 주는 질문 던지기 등이 포함된다. 다른 표현으로 바꾸기와 요약하기는 경청하기와 매우 밀접한 관련이 있다.

다른 표현으로 바꾸기와 요약하기

퍼실리테이터가 갖추어야 할 중요한 요건 중 하나는 그룹 대화에 사람들이 주의를 기울이도록 도와주는 능력이다. 다시 말해, 사람들이 더 좋은 경청자가 될 수 있도록 도와주는 것이다. 보통 여기에는 말한 것을 되풀이하는 것, 그리고 당신과 그룹 구성원들이 의미를 이해하고 있다는 것을 확실하게 하는 것이 포함된다. 아마 당신은 누군가가 말한 내용을 그룹에 속한 개인들이 각자 가지고 있는 단어의 정의에 따라, 또는 특정 단어에 대한 반응에 따라, 혹은 단순히 부주의하게 들음으로서 각자 다르게 해석한다는 것을 깨닫게 될 것이다. 아래 대화를 살펴보라.

Susan: 우리 이제 프로젝트 발표 자료를 준비해야 할 것 같은데. 어떻게 하면 좋을까?

Lee: 다른 사람들이 이야기할 수 있는 반대의견을 전부 생각해봐야 할 것 같아. 우려되는 점을 이야기해 보자.

Jim: 그건 아닌 것 같은데. 왜 다른 사람들이 우리 아이디어를 비판할 거라고 생각해? 그냥 강점에 초점을 맞추자.

Susan: 나도 짐의 의견에 동의해. 시간도 충분하지 않아. 왜 부정적인 것에 초점을 맞추지?

Lee: 우려되는 점을 이야기하자는 게 부정적인 것에 초점을 맞추자는 뜻은 아니었는데.

Jim: 그럴 시간이 없어. 이거 격식을 좀 차려서 해야되는 발표야?

Romina: 그래야 할 것 같은데. 유인물도 필요해. 모두 동의하는 거야?

고개를 끄덕인다 ─ 모두가 동의한다. 그들은 내용에 대해서 이야기하기 시작한다.

만약 당신이 퍼실리테이터라면, 이 대화를 어떻게 변형할 것인가? 그들은 모두 발표가 격식을 차린 형태로 진행되어야 한다는 것에 동의했다. 그들은 발표가 부정적이지 않기를 원한다는 것에 어느 정도 동의했다. 그러나 격식을 차린다는 것, 그리고 부정적이지 않게 되는 것이 무엇을 의미하는지에 대한 합의가 있었는가? 아마도, 대부분의 경우 그렇지 않을 것이다. 이 시점에서 유용한 행동이나 개입은 발표가 격식을 차리는 형태로 되어야 하는지에 대한 합의가 등장한다는 것을 말해 주는 것이다. 그것이 무엇을 의미하는지에 모두가 동의하는가? 격식을 차리는 발표를 묘사하는 단어는 어떤 것들인가? 사람들이 말하는 것을 리스트로 만들어서, 격식을 차리는 발표가 정확히 어떤 것을 의미하는가에 모든 사람들이 동의한다는 것을 확실히 하라.

내용을 작성하기 전에, 사람들에게 "부정적이지 않은" 것에 대한 발언을 다시 진술해주고, Lee에게 "우려되는 점을 이야기하는" 것이 무엇을 의미하는지 부연설명을 해 달라고 요청할 수도 있을 것이다. Lee가 예시를 들어줄 수 있다. 요청을 받았을 때 Lee는 아래와 같이 말할 것이다.

> 나는 이것을 예방적인 차원이라고 생각해. 프로젝트의 성공을 방해할 수 있는 요인들까지 우리가 검토했다는 것을 사람들에게 보여 주자. 다른 사람들이 문제를 제기할 때까지 기다리는 것 보다 우리가 그걸 먼저 짚어 주는 것이 훨씬 더 깊은 인상을 줄 거야.

그러면 당신은 퍼실리테이터로서 이 설명이 "부정적이지 않은" 것에 해당하는지 물어볼 것이다. 추후 어떤 대화가 진행되거나 어떤 결정이 내려지건 간에, 구성원들은 최소한 서로가 어떤 의미로 그 단어를 선택했는지, 그리고 어떤 이슈가 있는지 이해할 수 있다.

단어들은 종종 촉매 역할을 하거나 다양한 의미를 나타낼 수 있다. 제1장에서 "퍼실리테이트(촉진)"라는 단어가 얼마나 많은 의미로 사용될 수 있었는지 떠올려 보라. 퍼실리테이터의 중요한 역할은 사람들이 용어의 의미를 명확히 알고 서로를 이해하도록 하는 것이다. 그렇지 않으면 유인물도 없이 앉아있을 수는 없으니 괜찮게 만든 유인물 한 장 정도면 충분하다고 생각하는 사람들 앞에서 누군가는 엄청난 시간을 낭비해가며 복잡한 효과를 잔뜩 넣은 슬라이드로 "격식을 차린" 발표를 할 수도 있다.

이후의 발언들로 미루어 볼 때 리의 발언이 의견 충돌을 일으킬 정도로까지 보이지는 않지만, 의미를 명확히 해주었다. 의견 충돌은 사람들이 한 단어에 대해 똑같이 이해하지 않고 단어 해석을 제각각으로 하기 때문에 일어날 수 있다. 예를 들어 "갈등"이라는 단어를 사용하면, 일반적으로 이슈에 대해 갈등이 생기는 것은 긍정적인 그룹 행동이라는 함의가 있다고 하더라도 몇몇 사람들은 거부반응을 일으킨다.

의견 충돌 시 이슈와 관점을 명확히 하기

퍼실리테이터로서 당신의 역할은 그룹 구성원들 사이에서 의견 충돌이 생길 때 이슈들, 그리고 다른 사람들의 관점을 이해할 수 있도록 충분한 질문을 던지는 것이다.

예를 들어 아래와 같이 이야기할 수 있다:

제니퍼, 당신은 아시아-태평양 지역의 시장으로 뛰어들고 싶은거죠.
앨리스, 당신은 그리고 싶어 하죠. 당신들 둘 다 왜 그렇게 생각하는지 이유를
말해줄 수 있나요?

이렇게 다시 말함으로써, 표현을 바꾸어 말한 후 이슈와 의견 충돌을 명확히 하는 단계로 옮겨갈 수 있다. 관련된 모든 이슈를 끄집어낼 수 있을 정도로 가능한 한 많이, 상황을 명확하게 해 주는 질문을 하라. 그룹 구성원들에게 "제니퍼에게 질문이 있나요? 앨리스에게는요?"와 같은 질문을 해라. 그 이유를 모든 사람들이 확인할 수 있도록 리스트로 만드는 것은 언제나 괜찮은 아이디어이다. 당신의 목표는 이슈를 명확히 해 주고, "찬성 아니면 반대" 입장에 기반한 과도하게 감정적인 담화를 지양하며, 이슈 또는 우려되는 점에 대해 보다 이성적으로 대화할 수 있게 해 주는 질문을 권장하는 것이다. 그런 다음 의견 일치의 단계로 나아갈 수 있다. 그룹 전체의 의견이 반영될 수 있도록 토론을 확장하라. 무엇을 해야 할지 결정하기 위해 선택할 수 있는 접근법은 다양하지만, 거의 대부분의 접근법에서는 공통적으로 첫 번째 단계에서 모든 이슈들을 검토하고 이해하며, 의견 충돌 지점과 서로 간의 의견이 다른 이유를 분명히 짚고 넘어간다. 당신은 사람들이 자신들의 입장보다는 이슈에 초점을 맞추기를 바랄 것이다. "찬성" 혹은 "반대"는 강력한 힘을 발휘해 커뮤니케이션을 멈추게 한다. "나는 이 이슈에 대해서 확고한 생각이 있는데, 왜냐하면…"

과 같은 발언은 대화를 계속되게 한다. 어떤 입장을 왜 가지게 되었는지, 그리고 이슈에 대해서 왜 그렇게 생각하는지 토론하는 것은 모든 관련자를 만족시키는 접근법을 도출할 수도, 그렇지 않을 수도 있다. 앞의 예시에서, 제품군이 하나밖에 없는 아시아−태평양 지역의 시장으로 뛰어들지 말지를 탐구해보는 것은 해볼 만한 접근일 것이다.

퍼실리테이터로서 당신은 그룹 구성원들에게 진행속도를 늦추라고 요청하고, 그들이 이슈와 의견들, 관점들을 이해했는지 확인한다. 퍼실리테이터의 또 다른 중요한 역량은 과업 목표와 관계 목표 둘 다를 달성할 수 있는 질문을 하는 것이다.

질문하기

질문은 여러 가지 방식으로 표현되며 다양한 목적을 위해 사용된다. 퍼실리테이터는 어떤 질문을 언제, 어떻게 던질지 알아야 한다.

질문의 특징들　　질문은 닫힌 질문과 열린 질문으로 구분될 수 있다.

닫힌 질문은 보통 정보를 제공하거나 의견을 표시할 수 있는 짧고 특정한 대답을 요구한다. 예시는 아래와 같다.

펜이랑 연필 중 어떤 것을 사용하고 싶으십니까?
보고서 마감일이 언제까지입니까?
John의 아이디어에 당신도 동의합니까?

열린 질문은 대답할 수 있는 범위가 넓고 부연설명이 권장된다. 열린 질문의 예시는 아래와 같다.

이 제안에 대해서 어떻게 생각하십니까?
이 아이디어에 대한 찬성과 반대 의견에는 어떤 것이 있습니까?
어떻게 진행하면 좋을지 제안해주시겠습니까?

두 종류의 질문 모두 그룹 토론에 사용할 수 있다. "쉬기에 딱 좋은 타이밍이죠?" 는 유용하게 쓰이는 닫힌 질문이다. 어떤 이슈에 대해 꽤 긴 토론이 끝나고 질문이나 의견이 사그라드는 것처럼 보일 때, "다른 이슈는 없나요?" 혹은 "토론이 더 필요한가요?"와 같은 질문들은 토론이나 절차의 한 부분이 완료되었는지에 대해 동의를 구한다. 이런 질문들은 닫힌 질문처럼 보이지만, 토론을 더 연장하고 싶어하는 누군가가 더 상세하게 답변을 할 수 있다.

질문의 종류　Brilhart(1986)는 세 가지 종류의 그룹 프로세스 질문을 설명했다. 이것을 퍼실리테이터들이 활용할 수 있도록 약간 변형해 보았다.

- *방향을 찾기 위한 질문*은 구성원들이 주제와 상관없는 토론을 하는 것을 멈추고 주제로 돌아오게 하거나, 세션의 목적을 명확히 해 준다. 예를 들면, 이 토론을 통해 우리는 무엇을 얻고자 하는가? 이 토론이 지금 당장 도움이 되는가, 아니면 나중으로 미루어야 하는가? 우리의 목적은 최상의 정책이 무엇인지 의견일치를 보는 것인가, 아니면 이슈를 더 잘 이해하는 것인가? 등이 있다. 이런 질문 뒤에는 흥미로운 다른 많은 질문들이 뒤따르게 된다. 추후 활용하기 위해 이 질문들을 리스트로 만들어 놓고 현재의 이슈로 돌아가는 것이 나은가?
- *절차를 확인하기 위한 질문*은 제안되었거나 혹은 사용되고 있는 절차나 테크닉에 대한 질문, 또는 내용과는 상관이 없는 프로세스에 대한 일반적인 질문이다. 아래와 같이 정보를 주는 동시에 질문을 하는 것도 가능하다.

제가 칠판에 써 놓은 대로 차례로 한 사람씩 제안 하나를 해 봅시다. 혹은 인덱스 카드에 각자 제안을 써서 칠판에 붙일 수도 있습니다. 어떤 것이 더 좋으십니까?

절차상 이 단계는 보통 30분 정도 걸립니다. 지금 휴식시간을 좀 가지시겠습니까? 아니면 나중에 쉴까요?

사람들은 바보처럼 보일까봐 질문하는 것을 꺼릴 수도 있기 때문에, 프로세스를 진행하면서 절차를 충분히 설명하고 그룹 구성원들이 거리낌 없이 질문을 할 수 있도록 하라. "한 사람이 세 번 투표할 수 있지만 같은 항목에 세 표 모두를 선택할 수 없는 이유는 무엇일까요?" 같은 질문을 할 수도 있을 것이다. 이는 사람들에게 절차를 환기시키는 동시에 한 사람이 똑같은 해결책에 세 번 투표를 하는 것이 어떻게 결과를 왜곡하는지도 설명할 수 있다.

그룹 구성원들에게 특정 방식의 절차를 따르게 해야 할 이유가 있을 수도 있

다. 이러한 경우 그저 시작하기 전에 절차를 설명하고 질문이 있는지 물어보면
된다. Hirokawa(1980)의 연구에서는 절차에 대한 토론이 결과적으로 도움이
된다는 것을 밝혀냈다. 모든 사람들은 다음에 어떤 절차가 진행될지 이해하고
있어야 한다. 그러나 절차에 대해 과도하게 토론하는 것은 역효과를 불러 일으
키며, 토론과 문제해결에 써야 할 시간을 빼앗는다. 당신의 목표는 모든 사람
들에게 의사결정이나 문제해결 테크닉이 어떤 목적을 위해 어떤 단계로 진행
하는지 사전에 이해시키는 것이다. 이런 면에서 회의 전에 자료를 배포하는 것
은 유용할 수 있다. 각 단계를 부드럽게 연결해 주는 발언은 사람들에게 지금
까지 무엇을 했고 앞으로는 어떤 것을 할 것인지 환기시켜 줄 수 있다. 예를
들면, 지금까지는 기준을 확인했었고, 이제부터는 중요도에 따라 1부터 10까지
번호를 매겨보겠습니다. 이것은 조금 헷갈릴 수도 있습니다. 시작하기 전에 살
펴볼까요?와 같은 것이다.

- *관계와 관련된 질문*은 구성원들이 서로에 대해, 그룹에 대해, 퍼실리테이터에
  대해 어떻게 느끼는지를 확인하기 위한 것이다. 세션 초반에 당신의 역할에 대
  해 설명할 때, 그룹 안에서의 당신의 역할에 대해 질문이 있는지 사람들에게
  물어보았을 것이다. 만약 당신이 리더/퍼실리테이터와 같은 혼합된 역할을 가
  지고 있다면, 이 혼합된 역할을 그룹 구성원들이 보다 편하게 느낄 수 있도록
  당신이 할 수 있는 것이 있을지 물어보고 싶을 것이다. 그룹 규칙을 토론하는
  시간에 규칙이 어떤 것인지 질문하라. 예를 들어 누군가의 아이디어에 동의하
  지 않을 때 어떤 식으로 이야기할 것인가에 대해 질문을 해 볼 수 있다. 나는
  "그 아이디어는 당신이 이 주 전에 냈던 것보다 훨씬 별로잖아."라던가 혹은
  "그 제안은 전혀 말이 되지 않는군."과 같이 유머나 극단적인 예시를 사용하는
  것이 효과적이라는 것을 깨달았다. 다른 사람들의 의견에 동조하지 않을 때라
  도 그들의 감정을 고려하여 의견을 존중해 줄 수 있는 몇 가지 방법들이 있다.
  "당신이 무엇을 말하는지는 알겠지만, 그래도 나는 우리가 다른 선택지도 검토
  해 봐야 한다고 생각합니다."는 의견이 다르다는 것을 내비칠 때 사용할 수 있
  는 예시이다.

  관계와 관련된 질문에서의 마지막 요점은 퍼실리테이터가 그룹을 지칭할 때
  "우리" 아니면 "여러분"이라는 표현 중 어떤 것을 쓰느냐이다. 예를 들어 "우
  리가 결정을 내린건가요?"와 "여러분, 결정을 내리셨습니까?"의 차이이다. 퍼실
  리테이터는 어느 쪽이 적절해 보이고 편안하게 느껴지는지에 따라 결정을 내

제2부 퍼실리테이션의 프레임워크

려야 한다. 보통 나는 프로세스와 관련된 질문을 할 때 "우리"를 사용하는데, 개인적으로 내 자신을 그룹에 포함시키는 것이 좀 더 응집력 있는 분위기를 만드는 데 도움이 되고, 내가 적극적인 참여자라는 것을 보여 준다고 생각하기 때문이다. 그러나 내용과 관련된 질문에서 "우리"를 사용하게 되면, 퍼실리테이터의 지식과 참여 정도가 사실과 다르게 곡해될 수 있다. 예를 들어 "당신은 이 결정이 업무 일정에 어떤 영향을 미칠지 고려해 보셨나요?" 혹은 "당신은 해결책을 실행하는 데 얼마나 많은 시간이 필요합니까?"라는 문장에서 "당신"을 "우리"로 바꿔서 사용한다면, 퍼실리테이터가 그 결정에 영향을 받거나 혹은 그 해결책과 관련된 업무도 함께 한다는 것을 암시한다. 그러나 만약 퍼실리테이터가 실행과정에서 그룹과 계속해서 함께 일한다면, "우리에게 시간이 얼마나 남았죠?"와 같은 질문은 해도 무방하다.

그 밖의 예시들　　평상시 퍼실리테이터가 어떻게 질문하는지, 그리고 어떻게 커뮤니케이션 하는지는 그룹 구성원들에게 본보기가 된다. 대부분의 퍼실리테이터들은 유용하게 사용할 수 있거나 자신들의 커뮤니케이션 방식에 맞는 표현들을 알고 있다. 아래 리스트가 표현의 전부는 아니지만, 퍼실리테이터의 역할을 맡는 사람들이 주로 사용하는 질문이나 논평이 어떤 것인지 알 수 있을 것이다.

- 중요한 이슈들이 모두 제기되었습니까? 이 리스트가 완성된 것입니까?
- 그룹 구성원들이 나에게 화가 난 것 같다, 이 말이 적절합니까? 이유는 무엇입니까?
- Joon이 제기한 요점/이슈에 대해 질문할 사람이 있습니까?
- 이 아이디어가 선호되는 이유와 선호되지 않는 이유가 정확한지 한번 봅시다. 긍정적인 점들은 무엇입니까? 부정적인 점들은 무엇입니까?
- 휴식시간을 갖기에 적정한 때인 것 같습니다. 동의하십니까? 이후에 우리는...
- 우리가 이때까지 짚어왔던 이슈들은 흥미롭고 서로 연관이 깊은 것들이었습니다. 하지만 우리가 x에 너무 많은 시간을 써 버린다면 y를 시작할 수 없습니다. x에 시간을 쓸 필요가 있다고 생각하십니까? 그렇다면, 어느 정도가 필요하겠습니까?
- Maria, 계속 말씀해보세요. 어떤 뜻인지 설명해 주시겠어요?
- Joe가 _____라는 단어를 사용할 때 어떤 뜻으로 사용했는지 모두 알고 있나요? Joe, 어떤 뜻으로 사용했는지 우리에게 설명해 주시겠어요?

- Robert, 당신은 _____를 제안했지요. 당신 아이디어가 Peter의 아이디어와 어떻게 다릅니까? 두 아이디어를 토론하는데 필요한 정보가 우리에게 있습니까?
- 의견에서 사실을 분리했습니까? 우리가 사실이라고 생각하는 것들을 검토해 봅시다.
- 어떤 방식으로든 이 리스트에 있는 항목들을 묶어서 간략하게 만들 수 있겠습니까?
- 매우 빨리 결정을 내렸군요. 더 이상 토론할 이슈들이 없다는 뜻인 것 같습니다. 정말로 그렇습니까? 다음으로 옮겨 가도 되겠습니까?
- Rohan이 방금 한 이야기를 다들 들으셨습니까? Rohan, 다시 한번 말씀해 주시겠습니까?
- 다들 이 해결책을 좋아하는 것 같군요. 투표하기 전에 우리가 긍정적인 측면들과 부정적인 측면들을 전부 고려했다는 것을 확인합시다. 실행할 때, 장애물이 될 만한 것들이 있습니까? 이 장애물들을 어떻게 처리하면 좋겠습니까?
- Luis, Melissa가 당신의 질문에 대답했습니까? 다른 질문은 없습니까? 다른 분들 중에 추가 질문이 있는 분은 없습니까?

"최상의" 질문만 써져 있는 리스트는 없다. 모든 퍼실리테이터는 과업 혹은 관계 이슈를 관리할 수 있는 질문이 무엇인지 각자 결정해야만 한다. 반면에 같은 질문을 같은 순서대로 반복해서 던지는 것은 피해야 하는데, 당신이 기계적으로 반응하고 있다는 인상을 주기 때문이다. 어떤 질문을 해야 할지 결정하기 위해서는 반드시 주의 깊게 경청해야 한다.

침묵의 가치 이 장의 첫 부분에서 퍼실리테이터들이 말을 많이 한다는 인상을 받았을 수도 있을 것이다. 그러면 경청으로 되돌아 가보자. 경청은 퍼실리테이터들이 하는 일 중 가장 중요한 것이다. 주의 깊게 경청하지 않는 퍼실리테이터들은 그룹의 운영방식을 개선할 수 있는 기회를 놓치는 것이다. 그리고 퍼실리테이터들은 당연히 너무 많은 말을 하게 될 수도 있다. 한 번은 처음 회의를 퍼실리테이터와 함께 진행했으나, 이후의 회의는 비공식적으로 운영하기로 결정한 적도 있었다. 첫 번째 회의가 진행되는 동안 퍼실리테이터가 프로세스에 대해 너무나 많은 의견을 제시해서 우리는 방향을 잃었고 업무는 거의 진척되지 않았다. 돌이켜보면 퍼실리테이터는 좋은 마음으로 그랬던 것 같지만, 흠잡을 데 없이 프로세스를 진행해야 한다는 일념으로 그의 역할에 과도하게 몰입했던 것 같다. 어린 아이의 문법을 계속해서 고쳐주면 흥미를 잃고 더 이상 말을 걸지 않는 것처럼, 그룹 내에서 적절한 프로세스대로 진행되지 않고 있는 모든 것을 고쳐주는 것은 차질을 빚을 수 있다. 말하기 전에, 당신이 말하고 있는 것이 다른 이들에게 유용한지 결정해야 한다.

퍼실리테이터들은 세션이 시작될 때 프로세스와 절차를 설명하기 위해 상당히 많은 말을 하게 된다. 그들은 테크닉에 대해 설명하고, 그룹 구성원들이 그 테크닉을 따를 수 있도록 도와준다. 세션을 마무리할 때에는 다음에 무엇을 할지 모든 사람들이 알 수 있게끔 알려준다. 이외에는 필요할 때, 그리고 무언가를 명확하게 해야 할 때 말을 한다. 그러나 퍼실리테이터로서 우리는 침묵의 가치를 알아야 한다. 그리고 침묵을 할 때조차 우리는 여전히 커뮤니케이션하고 있다는 사실을 깨달아야 한다.

비언어적 커뮤니케이션의 중요성

"비언어적 메시지들은 언어적 메시지들보다 더 많은 것들을 전달한다(Peltier & James, 2008, p. 62)." 부하직원들에게 언제든 사무실에 방문하라고 하지만 문을 반쯤 열어놓고서 누군가가 노크를 하고 들어오려고 할 때마다 짜증스러운 표정을 짓는 상사를 생각해 보라. 사람들이 그 사무실에 가려고 하겠는가? 또는 "잘했네."라는 말이 얼마나 다양하게 쓰일 수 있는지도 생각해 보라. 이렇게 긍정적인 단어를 빈정대면서 말하면 부정적인 메시지를 전달하게 된다. 이메일을 쓸 때 이모티콘을 사용하는 것도 – :)[웃음], :([찡그림], ;)[윙크] – 비언어적 커뮤니케이션에서 감지되는 의미가 매우 중요하기 때문이다. 우리는 발화되는 단어들은 메시지의 일부분만을 전달할 뿐이라는 것을 알고 있다.

퍼실리테이터로서 당신은 당신 자신과 그룹 구성원들의 바디랭귀지에 대해 알고 있어야 한다. 두 가지 모두 분위기를 조성하는 데 중요하다. 그리고 그룹 구성원들 사이에서 발생하는 바디랭귀지를 알아차리는 데 실패하면 퍼실리테이터로서 부적절하고 형편없는 선택을 할 수도 있다.

표정/바디랭귀지

표정/바디랭귀지에 관한 연구는 동작학이라고 불린다. 동작학에는 아이컨택, 바디랭귀지와 몸의 움직임, 그리고 얼굴 표정이 포함된다. 여기에서 강조하고 넘어가야 할 점은 비언어적 커뮤니케이션과 행동 규범들은 문화마다, 그리고 사람마다 차이가 있다는 것이다. 어떤 사람은 자주 웃지만, 또 어떤 사람은 잘 웃지 않는다. 어떤 문화는 직접적인 아이컨택을 선호하지만, 또 어떤 문화는 그렇지 않다. Matsumono(1991)가 말한 것처럼, 얼굴 표정은 "시대적으로는 동일하지만 문화적으로는 특수하다(p. 128)."

아마 당신은 학창시절에 여러 가지 얼굴 표정들을 보고 그 사람이 행복한지, 슬픈지, 화가 났는지, 혐오감을 느끼는지, 혹은 그 밖에 다른 감정을 느끼는 것인지 맞춰 본 적이 있을 것이다. 이들 중 몇 개는, 예를 들어 누군가가 눈물을 흘리고 있다면 쉬워 보인다. 어떤 것들은 좀 더 어렵다. 예를 들어 혐오감을 느끼는 표정과 경멸하는 표정을 구분할 수 있겠는가? 요즘은 재판 증언이나 진술 시에 녹화된 자료를 일시정지할 수 있어서 순식간에 지나가 맨눈으로는 관찰할 수 없는 세세한 표정까지 평가할 수 있다. 이렇게 짧은 순간에 지나가는 표정들은 일반적으로 속마음을 반영한다고 여겨지며, 정직함 같은 것을 매우 정확하게 평가한다. 그러나 맨눈으로는 이러한 표정들을 볼 수 없으며, 우리는 여전히 표정의 원인을 파악하고 무엇을 의미하는지 판단해야 한다.

퍼실리테이터로서 당신은 과도하게 비언어적 신호에 의존하는 것을 경계해야 한다. 그러나 비언어적 커뮤니케이션이 메시지를 보내는 방법을 알아차리는 것은 중요하다. 바디랭귀지의 사용, 아이컨택, 목소리, 그리고 단어 사용과는 상관없는 말하는 패턴, 신체적 접촉, 공간의 활용 등은 모두 무언가를 의미하고 있다.

누군가의 얼굴 표정, 손동작, 자세 등은 그 사람의 감정을 매우 잘 표현한다. 그룹이 하나의 유기체처럼 어떤 감정을 느끼는지 실마리를 찾을 수 있는 종합적인 신호들이 있다. 마찬가지로 그룹 구성원들은 본인들이 알든 모르든, 퍼실리테이터의 바디랭귀지와 그 밖의 비언어적 신호에 매우 큰 영향을 받을 수 있다.

아이컨택　만약 몇몇 구성원들이 당신과, 혹은 서로서로 눈을 마주치는 것을 피한다면 토론 주제가 민감한 것일 수 있다. 그 이슈를 토론하기를 원하지 않는 사람들은 마치 수업준비가 안 된 학생이 교사의 눈을 피하는 것과 비슷한 행동으로 의사를 표출한다. 당신이 그 주제를 그대로 밀고 나갈지, 그리고 "토론하기 껄끄러운 것을 토론"할지 여부는 그 회의의 목적을 달성하는데 그 주제가 얼마나 중요한지, 그룹의 종류는 어떤지, 그리고 그룹의 맥락은 어떤지에 달려 있다. 누군가를 빤히 쳐다보거나 지나치게 아이컨택하는 것은 악의적인 행동 혹은 그 사람을 위축시키려는 것으로 보일 수도 있으며, 혹은 단순히 다른 문화적 기준에서 자란 사람의 행동일 수도 있다. 누군가를 정면으로 바라보는 것은 그 사람을 토론에 몰입하게 할 수도 있고, 부적절한 행동을 하는 것을 막아줄 수도 있는 효과적인 방법이다. 퍼실리테이터는 그룹 내의 모든 구성원들과 아이컨택을 해야 하며, 특정 사람들만 지목하거나 한쪽 방향만 계속 바라보는 것을 지양해야 한다.

몸의 자세와 움직임　　　만약 꽤 많은 사람들이 자리를 옮기거나, 스트레칭을 하거나, 심지어는 회의실을 나간다면, 휴식시간을 가질 때를 놓친 것일 수도 있다. 만약 물리적으로 시간이 충분하지 않다면, 사람들을 소그룹으로 쪼개거나 일어서서 움직일 수 있는 활동들을 시도해 보라. 다시 말해, 실제 휴식을 취하는 것이 어렵다면, 활동 안에서 변화를 꾀하라. 뒷짐을 지거나 두 손을 앞으로 모으고 오랜 시간을 서 있고 싶은 사람은 없다. 다친 곳을 회복 중이거나, 혹은 일어서거나, 앉거나, 일반적이지 않아 보이는 행동을 할 필요가 있을 때는 이를 그룹 구성원들에게 간략하게 언급해 주고, 당신의 움직임이 주의를 흐트리지 않게 하라. 또한 퍼실리테이터는 소그룹 토론의 진척사항을 확인하거나, 주제와 관련 없는 잡담이 발생하지 않게 하거나, 요점을 강조하기 위해 이리저리 옮겨 다닐 수 있다.

얼굴 표정　　　그룹 환경에 대해 느끼는 많은 것들이 얼굴에 드러난다. 이마는 찌푸리고 눈썹은 올라간 채 화, 놀람, 못마땅함을 전체적으로 표현하고 있으면서 입술만 올리고 있는 딱딱한 웃음이나 억지 웃음을 본 적이 있을 것이다. 갈등이 있는 상황이라면 특히 이러한 표정에 주의를 기울여야 하며, 다른 신호들과 더불어 이 실마리를 이용해 적절한 개입을 해야 한다. 만약 당신이 감정 표현이 풍부하고 과하게 표현하는 경향이 있다면, 가끔 책에 나오거나 경찰 업무에 등장하는 "경찰 얼굴"을 따라해 볼 수도 있다. 초보 경찰들만이 감정을 얼굴에 드러낸다. 좀 더 경험이 많은 경찰들은 무표정을 유지하는 법을 배운다. 물론 퍼실리테이터는 의심쩍은 것을 추궁하는 사람이 아니다. 우리는 감정을 표현할 수 있고, 또 그래야 하는 때도 있지만, 짜증나는 감정을 얼굴에 싣거나 토론 중의 사안에 대해 어떻게 생각하는지가 드러나는 표정을 지으면 안 된다. 다음 섹션에서는 비언어적 의미가 전달되는 또 다른 방식인 준언어의 사용에 대해 알아본다.

준언어-어떤 방식으로 말하는가

유명한 문구인 "당신이 무엇을 말하는가가 아니라, 그것을 어떻게 말하느냐가 문제다."는 중요한 포인트를 짚어 준다. 비꼬는 듯한 톤이 미치는 영향을 절대로 과소평가하지 말라. "왜 당신이 여기에 있습니까?"라는 질문을 생각해 보라. 질문에서 어떤 단어에 강세를 주느냐에 따라 의미가 달라진다. "*왜* 당신이 여기에 있습니까?"는 당신이 여기에 있는 이유를 물어본다. "왜 *당신이* 여기에 있습니까?"는 "다른 사람 대신 왜 당신이냐?"를 묻는다. "왜 당신이 *여기에* 있습니까?"는 "왜 다른 곳이 아닌 이곳에 있느냐?"를 뜻하는 장소에 대한 질문이다.

준언어란 목소리의 톤, 크기, 범위, 음색, 발성, 말하는 속도, "음" 혹은 "아"와 같은 말 이음새, 그리고 신음이나 한숨 같은 것도 의미한다. 만약 동료가 한숨을 쉬거나 신음소리를 내는 것을 들은 적이 있다면, 이런 행동이 미치는 영향력을 알고 있을 것이다. 의미심장한 침묵 역시 또 다른 준언어 신호이다. 만약 어떤 발언 이후 그룹 구성원들 모두가 곧바로 침묵에 빠진다면, 이 침묵에는 무언가 의미가 있는 것이다. 퍼실리테이터로서 당신은 이것이 의미하는 바를 해석해야 하고, 더 중요한 것은 당신이 이에 개입해야 하는지를 결정해야 한다. 초보 퍼실리테이터들은 이 침묵을 곧장 깨려고 한다. 보다 경험이 많은 퍼실리테이터들은 침묵이 깨지기를 기다린 후, 침묵이 지나간 다음 어떤 말이 오고 갔는지에 주의를 기울이는 것이 도움이 된다는 것을 안다. 비언어적 커뮤니케이션의 또 다른 분야는 물리적인 공간이 어떻게 활용되느냐이다.

공간학-공간의 사용

공간학(proxemics)은 개인이 공간을 어떻게 사용하는지 설명하기 위해 쓰이는 용어이다. 다시 말하지만, 사람과 사람 사이에서 개인의 공간이 어느 정도일 때 편안함을 느끼는지에는 문화적인 차이가 존재한다. 어떤 문화에서는 누군가에게 바짝 붙어 서 있지 않는 것이 무례하다고 여겨진다. 미국 문화에서는 다른 사람이 너무 바짝 붙으면 뒤로 물러서곤 한다. 서양 문화권에서의 그룹 토론에서 사람들 사이의 간격은 보통 18인치(약 46cm)에서 4피트(약 122cm)가량 된다(Lumsden & Lumsden, 1993, p. 25). 그러나 같은 문화권 안에서도 편안함을 느끼는 거리 정도는 개인별로 차이가 있다. 가끔 사람들이 회의 테이블에 처음 앉을 때 커피 컵을 한쪽에 두고 서류들을 반대쪽에 두는 것을 본 적이 있을 것이다. 이런 표식의 사용은 개인 공간을 확보해준다. 사람들은 이런 행동들을 인지조차 하지 못한다. 사람들 사이에 권력의 차이가 있다면 배당되는 공간의 정도에도 차이가 날 수 있다. 사람들이 어디에, 어떻게 앉는지, 누구와 함께 앉는지, 그리고 그들만의 경계선을 얼마나 확실하게 짓는지를 관찰하면 유용한 정보를 얻을 수 있다. 그렇지만 이런 행동들 중 몇 개는 습관적이거나 큰 의미가 없는 것일 수도 있다. 만일 가까이 붙어 있던 사람들이 뒤로 물러나거나 그룹에서 멀어지면, 이것은 "이 대화의 방향이 그다지 좋지 않군."부터 "등이 아프니 좀 쉬어야겠어."까지 다양한 것을 의미할 수 있다. 다시 말하지만, 비언어적 신호에 주의를 기울이되 과도한 관심은 금물이다.

신체적 접촉은 비언어적 행위의 한 측면이며, 개인의 공간과 관련이 있어 별도로 다룰 만하다. 오늘날 대부분의 기관에서는 성추행으로 보일 수 있는 신체적 접촉이 어떤 것인지 알려주기 위해 워크숍을 열거나 가이드라인을 제시하고 있다. 그 밖에도, 누군가의 관심을 끌거나 공감한다는 것을 보여주기 위해 어깨를 토닥이거나 팔을 만지는 것 역시 사람마다 불편하게 생각하는 정도가 모두 다르다. 어떤 문화에서는 남성과 여성 동료 간의 신체적 접촉을 허용하지 않는다. 그룹 구성원들에게 옆 사람과 악수를 하라고 하는 것이 구성원들의 가치관에 반하는 행동을 요구하는 것일 수도 있다. 구성원들에게 어떤 것을 하라고 할 때는 주의를 기울여야 하며, 그룹 구성원들에게 불편함을 느낀다면 즉시 그만두라고 뭉뚱그려서 이야기 할 수도 있다. 만일 당신이 다양한 문화, 다양한 국가에서 온 구성원들과 일한다면, 여러가지 관습에 대한 자료를 읽고(예시로 Martin & Chaney, 2006; Morrison & Conaway, 2006을 참고하라), 가능하다면 그룹 내의 다양한 문화, 다양한 국적의 사람들과 이야기를 나눠보는 것을 추천한다. 어떤 문화권에서 온 사람에게 특정한 관습에 대해 질문한다면, "나이 든 사람이나 믿는 이야기입니다." 혹은 "그건 괜찮습니다. 하지만 …는 하지 않도록 주의하십시오."라는 말을 들을 수도 있다. 이런 상황들은 활동 시작 시 또는 당신이 교육가/퍼실리테이터의 역할을 할 때 발생하지만, 서로 다른 문화권에서 온 남성과 여성을 소그룹에서 함께 활동하도록 하는 것도 어색한 상황을 만들 수 있다. 다양한 문화권에서 온 사람들과 함께 할 때는 비언어적 커뮤니케이션 메시지와 습관을 특히 주시해야 한다.

　오랫동안 그룹 활동을 진행해 온 퍼실리테이터들은 능숙하게 공간을 읽는데, 이는 그들이 비언어적 커뮤니케이션에 최적화되어 있다는 것을 보여준다. 물론 사람들이 무엇을 말하는가는 중요하다. 그러나 퍼실리테이터에게는 퍼실리테이터의 말과 행동에 다른 구성원들이 어떻게 반응하는가도 마찬가지로 중요하다. 그들의 얼굴과 바디랭귀지에서 드러나는 긴장감과 불편함은 적절한 프로세스를 결정하는 데 유용한 정보를 제공해 준다.

요약

　이 장 처음에 언급했듯이 커뮤니케이션은 퍼실리테이터의 역할에서 핵심적인 부분을 차지하며, 커뮤니케이션 하지 않는 것은 불가능하다. 이 장의 내용은 이렇게 마무리되었지만, 커뮤니케이션에 대한 것을 항상 염두에 두어야 한다. 우리가 무엇을 말하는지, 비언어적 요소들로 어떻게 커뮤니케이션하는지, 다른 사람들의 커뮤니케이션 신호에 어떻게 반응하는지는 전부 효과적으로 퍼실리테이션을 진행하는 데 영향을 미친다. 다음 장에서는 업무 완수 또는 목적 달성과 관련있는 과업 기능에 대해 알아볼 것이다. 대부분의 업무 그룹에서 과업 기능은 절대적으로 중요하며, 퍼실리테이터가 투입되는 주요 이유이다. 그룹을 자율적으로 내버려두면 과업에서 벗어날 수도 있다. 퍼실리테이터는 그룹이 계속 과업에 집중하도록 하기 위해 존재한다.

제6장

과업

그룹이 업무를 완수하도록 돕는 것은 퍼실리테이션의 전부라고 해도 과언이 아니다. 퍼실리테이터들은 초점이 분명하고, 계획적이고, 유연해야 한다. 미리 계획을 세워두었어도 목적을 더 잘 달성할 수 있는 방향이나 접근법이 있다면 변화를 주기도 한다. 이를 위해 이상적으로는 당신의 도구박스에 많은 아이디어와 선택지가 준비되어 있어야 한다. "만약 당신이 가진 것이 망치밖에 없다면, 항상 못을 찾아 헤멜 것이다."라는 말도 있다. 하지만 다양한 절차와 테크닉을 알고 있다면, 그들 중 몇 개를 골라 그룹의 과업에 잘 맞는 혼합된 테크닉을 만들어낼 수도 있다.

이 장은 당신이 면대면 그룹 세션을 계획하고 있다고 가정하고, 시작에서 마무리까지 전체를 다룬다. 세션 시작과 마무리 활동 사이에서는 기본 규칙, 적절한 테크닉, 그리고 그룹이 집중을 잃지 않도록 도와주는 방법을 다룬다. 또한 수행 패턴과 그룹의 과업 역할에 대해서도 설명할 것이다.

세션 시작하기

모든 주요 아젠다와 첨부 자료가 배포되었다. 활용할 테크놀로지와 스킬, 자료, 물품, 그리고 장소 준비까지 모두 마쳤다. 또한 회의실의 기능적인 부분 뿐 아니라 그 장소가 의미하는 메시지까지 고려해서 최선을 다해 장소를 선택했다. 이제 남은 것은 세션 그 자체다. 좋은 출발을 위해 아래와 같이 제안한다.

일찍 도착하라   일찍 도착하면 공간을 정비하고, 자료를 구성하고, 긴장을 풀고, 사람들을 맞이할 준비를 할 수 있다. 그러나 당신이 얼마나 일찍 도착하건 간에, 최소한 한 명의 참가자는 당신보다 먼저 와 있을 것이라고 생각하라. 내 경우에도 항상 그랬으며, 내 이야기를 들은 다른 이들도 모두 동의한다. 이를 긍정적으로 생각하라. 그룹 구성원들 중 한 명에 대해 먼저 알아갈 수 있는 기회이다. 그러나 자료를 만들거나 메모를 읽어볼 수 있는 개인적인 시간을 기대하지는 마라. 거의 불가능할 것이다.

이름을 외우고 활용하라   회의의 상황이나 형식에 따라, 이름표 또는 명패가 문 앞에 붙어 있거나 자리마다 이미 놓여 있을지도 모른다. 더 작은 규모의 회의라면 세션이 진행되는 동안 사람들의 이름을 부를 수 있도록 명패종이와 유성펜을 준비해와서 사람들에게 이름을 써달라고 요청할 수도 있다. 세션이 시작되기 전 몇 명의 이름은 외울 수 있도록 해 보라.

제 시간에 시작하라   유일한 예외는 극단적으로 날씨가 좋지 않거나 피치 못할 사정으로 대부분의 사람들이 늦게 도착할 때뿐이다. 휴식시간과 점심시간 이후에도 제시간에 시작하는 것이 중요하다. 매번 5분, 10분씩 늦게 시작한 것이 쌓이면 회의를 제시간에 끝내지 못하게 된다. 늦게 끝마치게 되면 세션에서 아무리 핵심 요점이 잘 정리된다고 해도 회의실 안의 모든 참여자가 불만을 품을 것이 확실하다.

목적을 다시 한번 말해주고 아젠다를 리뷰하라　　만약 사전에 아젠다를 배포했다면 아무도 놀랄 일은 없을 것이며, 세션의 목적과 계획을 다시 한번 짧게 언급해주기만 하면 된다. 만약 아젠다를 처음 듣는 구성원들이 있다면(가능한 한 피해야 할 상황이지만), 모든 사람들이 계획을 확실히 이해할 수 있도록 충분한 시간을 사용하라. 간식시간과 휴식시간, 그리고 어떻게 테크놀로지를 사용할 것인지에 대해 언급하라. 매 회의 휴식시간 이후, 정시에 시작한다는 것을 알려주어라. 문 옆의 자리 몇 개는 계속 전화통화를 해야 해서 늦게 들어오는 사람들을 위해 남겨놓는다는 것을 설명하라. 세션이 준비되었으므로 주어진 시간 안에 목적을 달성할 것이라는 사실을 강조하라. 보다 범위가 넓은 퍼실리테이션에서는 목적을 설정하고 기본 규칙을 세우는 것부터 세션에 포함되는 경우도 있다. 그러나 일반적으로 아젠다는 회의 시작 전에 이미 합의가 되어 있다.

소개는 어떻게 하는가?　　정기적으로 만나는 그룹이 아니라면, 일반적으로 소개를 먼저 하고 시작하게 된다. 회의 전, 참여자들이 서로 아는 사이인지, 각자 간단하게 어떤 부분을 소개하는 것이 세션에 유용할지 확인해보아라. 다음과 같은 소개도 가능할 것이다. "저는 수 스톰입니다. 여기에서 제 역할은 작년 설문조사 자료를 보여드리는 것입니다." 당신이 참여자들에 대해 더 많이 알고 싶다는 이유로 소개를 포함시키지는 말라. 소개는 중간에 중지시킬 수 없어 귀중한 시간을 잡아먹을 수도 있다. 3시간의 회의 중 45분을 자기소개에 쓰고 싶지는 않을 것이다. 만약 사람들이 이미 서로 알고 있고 미리 전달해 놓은 자료에 당신에 대한 소개를 해 두었다면, 당신의 이름만 간단히 이야기하고 곧장 과업 중심의 회의로 돌진할 수 있을 것이다. 그러나 만일 그룹이 보다 사회적인 이유로 모였고 민감한 자료를 다룬다면, 참여자들 사이에 관계를 형성하고 편안함의 정도를 높이는 데 보다 많은 시간이 필요하다. 무엇을 하든지 간에, 특별한 이유가 없는 한, 세션을 시작할 때 일반적으로 진행되는 사항에 반하는 행동을 해서 행동규범을 위반하고 싶지는 않을 것이다. 만약 그런 일이 생긴다면 다르게 진행하는 이유에 대해 언급해야 한다. 사람은 습관의 동물이기 때문이다.

오프닝 활동을 현명하게 활용하라　　오프닝 활동을 주의 깊게 설계하라. 어떤 사람들은 이것을 정말 싫어해서 이를 피하고자 늦게 도착하기도 한다. 특히 서로를 알아가기 활동을 좋아하지 않는 것 같다. 사교활동이 주요 아젠다인 그룹들은 그런 활동을 기대하고 환영한다. 보다 과업 중심적인 그룹은 심드렁할 수도 있다. 그러나 만일 그 날의 목표로 바로 돌입하게 해주는 다른 활동과 함께 진행된다면 서먹함을 깨고 중요한 이슈들을 바로 다룰 수 있게 해 준다. 예를 들어 "팀은 조직으로부터 어떠한 실질적인 지원을 받아야 하는가?"라는 것이 그룹의 중요한 이슈라면, 참가자들을 짝을 지어 이 질문에 답을 하도록 하는 것이다. 만일 당신이 퍼실리테이터/교육가의 역할을 하고 있다면 당신이 준비한 주제에 사람들이 몰입하도록 몇 개의 연습부터 시작할 수 있을 것이다. 내가 선호하는 것은 앞으로 토론할 예정인 주제와 관련이 있는 10개 정도의 문장에 찬성/반대를 표시하게 하는 것이다. 참여자들은 각자 찬성/반대를 표시한 다음 짝을 지어 반대하는 항목에 대해 토론한다. 토론할 시간을 충분히 준 다음, 나는 리스트 내용을 가지고 그룹 전체 토론을 주도한다. 만일 그 항목들이 중요한 이슈들을 끄집어낼 수 있게 설계된 것이라면, 이 활동은 약 한 시간 정도 소요된다. 나는 좀처럼 속마음을 드러내지 않는 참여자들도 이런 종류의 오프닝 연습을 잘 따라온다는 것을 발견했다. 그러나 나는 오프닝 활동이라는 명칭 대신 다른 이름을 사용할 것이다. 예시 질문은 아래와 같다.

찬성/반대 문장

　1. 아이디어를 도출하는 것이 목적이라면 규모가 큰 그룹이 가장 좋다.
　2. 그룹의 모든 결정에 의견일치는 필요하며 중요하다.
　3. 다른 구성원의 아이디어에 반대하는 것은 무례하다.

이 문장들은 해석의 여지가 있게끔 쓰인 것이다. 저 문장들을 논의할 때(디브리핑 시), 퍼실리테이터/교육가는 각 주제와 관련하여 발생하는 다른 이슈들에 대해 언급할 수 있다. 나는 주로 각 문장에 찬성과 반대의견이 얼마나 되는지 손을 들어보라고 하고, 몇 명에게 찬성하는 이유와 반대하는 이유를 말해달라고 요청한다. 찬성과 반대에 대한 간략한 내용은 아래와 같다.

1번 문장

찬성 – 많은 사람들이 모일수록 많은 아이디어가 도출된다.

반대 – 사람이 많을수록 개개인은 참여를 덜 해도 된다고 느끼고, 아이디어가 도출되지 않을 수도 있다. 여기에서 핵심 단어는 '큰'이다. 참여자들의 해석은 모두 다르며 이는 답변에도 영향을 미친다. 그룹은 목적을 충분히 달성할 수 있을 정도로 규모가 커야 하지만, 그 이상 더 클 필요는 없다.

2번 문장

찬성 – 의견일치는 중요하며, 어떤 결정이 구성원들의 헌신을 요구하는 경우에는 반드시 필요하다.

반대 – 의견일치는 시간이 많이 소요되고 일상적인 문제를 결정하는 데는 불필요하다. 여기에서 핵심 단어는 '모든'이다.

3번 문장

찬성 – 반대는 무엇을 말하느냐, 그리고 어떻게 말하느냐에 따라 무례하게 들릴 수도 있다.

반대 – 어떤 이슈에 반대할 수 있는 것은 중요하며, 개인적인 발언이 아닌 한 무례하다고 여겨지면 안 된다. 여기에서 핵심 단어는 '아이디어'이다.

기본 규칙은 과업과 관계 모두에 영향을 미치지만, 일반적으로 아젠다에 포함되어 있거나 회의 시작 직후에 논의되기 때문에 여기에서 다루겠다.

기본 규칙 정하기

제2장에서, 그룹 프로세스 및 산출에 영향을 미치는 투입 변수로서의 조직 행동 규범에 대해 논의했었다. 그룹 역시 상호작용, 프로세스, 그리고 효과성에 영향을 미치는 행동 규범들을 가지고 있다. 모든 사람이 회의에 제시간에 도착하는 것은 그룹 규범에 속한다. 불행히도 서로에게 훼방을 놓는 것도 그룹 규범일 수 있다. 생산성과 효과성이 매우 높은 것, 혹은 그럭저럭 문제가 생기지 않을 정도로만 일하는 것도 그룹 규범이 될 수 있다. 좋든 싫든 간에, 오랫동안 함께 시간을 보낸 그룹

들은 나름대로 일하는 방식을 정립한다. 새롭게 구성된 그룹이거나 일회성 그룹이라면, 주어진 목적이나 기능에 적절한 행동 규범을 퍼실리테이터가 그룹에게 제안할 수 있다. 오랫동안 함께 해 온 그룹의 경우, 퍼실리테이터는 이미 존재하고 있는 규범들은 바꾸기 어려울 수도 있다는 사실을 이해하고 있어야 한다.

기본 규칙이란 그룹이 더 잘 기능하도록 하기 위해 행동 규범을 공식적인 언어로 명시해 놓은 것이다. 짧은 회의에서는 나는 미리 배포된 아젠다에 기본 규칙이 명시되어 있고, 세션이 진행되는 동안 볼 수 있도록 플립차트에도 붙여놓는 것을 선호한다. 대부분의 일회성 세션에서는 리스트가 매우 간단하다. 만약 이런 기본 규칙들이 "안면 타당도"가 있다면—즉, 어떤 것도 새롭지 않고 기대하지 않았던 것이 아니라면— 규칙에 대해서 오랫동안 토론할 필요가 전혀 없다. 만일 사람들이 "규칙"이라는 단어에 부정적으로 반응할 것 같으면 다른 이름을 사용해도 된다. 나는 종종 프로세스 목표라고 지칭하곤 한다. 어떤 세션에서는 많은 수의 지역 주민들이 넓은 공간에서 소그룹으로 미리 동의를 얻은 주제에 대해 토론을 했었는데, 아래의 프로세스 목표가 각 아젠다 위에 명시되어 있었다.

- 모든 사람들이 참여한다.
- 적절히 고민하고 토론해서 아이디어를 도출해야 한다.
- 그룹은 과업에 집중한다.

그 상황에서 위 목표들을 세운 것은 적절했다. "모든 사람들이 참여한다."를 기본 규칙으로 사용하지 않고 목표로 설정했기 때문에 개방적인 토론을 할 분위기가 형성된 것이다. 이 때 참여했던 몇몇 퍼실리테이터들은 간단한 교육만 받았거나 경험이 부족했다. 이 목표들은 참가자들 뿐 아니라 그들에게도 큰 도움이 되었다. 나는 모든 퍼실리테이터들에게 그룹의 대화를 제대로 된 방향으로 이끌어주는 프로세스 목표를 사용했으면 좋겠다고 제안했다. 이것은 신참 퍼실리테이터들의 긴장감을 해소시켜 주었고, 동질성이 강한 그룹에도 잘 적용되어 마무리되었다. 사실 나는 그룹의 한 구성원이 다음과 같은 이야기도 했다고 전해 들었다. "제가 말을 너무 오래한 것 같은데, 다른 분들의 생각은 어떠십니까?" 경험이 풍부한 퍼실리테이터들도 그룹 구성원들이 기본 규칙에 동의하고 그것이 적절하다고 생각한다면, 서로를 모니터할 수 있다는 사실을 발견할 것이다. 특히 중요한 갈등사항이 포함되어 있거나 토론이 장기간 진행되는 경우, 참여자들은 퍼실리테이터가 주는 정보로 기본 규칙을 세울 수 있다. 이에 대해서는 제9장에서 다룰 것이다.

기본 규칙은 아래 <표 6-1>에 나와 있는 것처럼 그룹과 그룹이 처해있는 상황에 적절한 것이어야 한다.

▌표 6-1 전형적인 기본 규칙

** 과업에 집중하라. ** 사람이 아닌 이슈를 비판하라. ** 비난하는 용어 사용을 피하라. '당신' 대신 '나'라는 단어를 사용하라. ** 사람들이 방해받지 않고 말할 수 있도록 하라. ** 적절한 데이터를 활용하라. ** 의견에서 사실을 분리하라. ** 입장이 아닌 관심사에 초점을 맞추어라.

비난하는 용어는 "당신의 의견은 말도 안 됩니다."같은 것이다. 이런 단어를 선택하면 말하는 사람을 방어적으로 만들 수 있다. 만약 당신이 비난의 화살을 당신에게로 돌려 "말씀하시는 내용이 분명하게 이해가 안 됩니다."와 같이 이야기한다면, 다른 사람을 방어적으로 만들지 않고서도 똑같은 목적을 달성할 수 있다.

당신은 아마도 "휴대전화의 벨 소리를 모두 꺼 주세요."와 같은 절차적인 기본 규칙을 추가하고 싶을 수도 있겠지만, 여기에서 이 발언은 이미 논의된 내용을 환기시켜주는 역할을 해야 한다. 그렇지 않으면 이 규칙을 추가했을 때의 장점에 대해 논의하느라 세션에 배당된 시간을 허비할 수도 있다.

그룹이 구성되는 과정에 있다면 기본 규칙을 토론하는 데 상당한 시간이 소요될 수 있으며, 기본 규칙들이 보다 더 상세해질 수 있다. Schwartz(2002)는 아래와 같이 제안했다.

- 가정과 추론이 맞는지 검증해 보라.
- 관련된 모든 정보를 공유하라.
- 특정한 예시를 활용해서 중요 단어들이 무엇을 의미하는지에 모두가 동의할 수 있도록 하라.
- 발언에 대한 이유와 목적을 설명하라.
- 입장이 아니라 관심사에 초점을 맞추어라.
- 누군가에게 질문을 할 때는 그 사람의 입장에 지지를 표하면서 하라.

- 어떤 부분에 동의하지 않는지 확인하기 위해 이후에 진행될 단계와 방법을 혼합하여 설계하라.
- 토론하기 껄끄러운 주제들에 대해서 토론하라.
- 구성원들이 필요한 만큼 헌신하게 할 수 있는 의사결정 규칙을 사용하라.

많은 규칙들이 일반적이며 여러 목적으로 활용되지만, 그룹의 형태나 상황의 특수성에 따라 다른 기본 규칙들이 추가될 수도 있다. 보통은 퍼실리테이터가 몇 개를 제안하고, 다음 단계로 넘어가기 전 더 토론할 내용이나 추가할 사항이 있는지 구성원들에게 물어본다. 의사결정이나 문제해결 테크닉에 대해 설명해놓은 장을 보면, 문제를 해결하려고 하기 전에 그 문제에 대해 충분히 설명을 한다거나 창의성을 자극하기 위해 브레인스토밍을 활용한다거나 하는 것처럼 몇몇 테크닉들의 프로세스에는 기본 규칙이 포함되어 있다는 것을 확인하게 될 것이다.

적절한 테크닉 사용하기

그룹이 세션의 목적에 집중할 수 있도록 해 주는 방법 중 하나는 아젠다를 잘 정리하는 것이다. 제4장에서 논의된 바와 같이 아젠다에는 세션 운영 시간이 포함되어 있을 수도 있고 그렇지 않을 수도 있다. 어떤 경우든지, 퍼실리테이터는 시간을 잘 숙지하고 있어야 한다. 그렇지 않으면 세션을 매우 급하게 마무리하게 될 수도 있고, 그보다는 계획했던 것과 기대되었던 것을 달성하는 데 실패할 확률이 더 크다. 나는 목적달성에 실패한 그룹의 퍼실리테이터와 토론했던 것을 기억한다. 나는 그에게 어찌 된 일인지 물었다.

그의 대답은 그룹 구성원들이 갑자기 화제에 오른 어떤 것(세션의 요점과는 상관없는)을 매우 즐겁게 토론하고 있어서, 그 토론을 계속하게 하는 것이 중요하다고 생각했다는 것이었다. 결과적으로 원래 목표한 것을 달성하기 위해 추가적인 회의가 필요한 상황이 되었다. 그룹이 집중을 잃지 않도록 하는 것은 어려운 일이다. 특정한 테크닉을 사용하는 것이 그룹이 목적을 달성하는 것에 도움이 될 수 있다.

그룹의 의사결정이나 문제해결을 위한 많은 접근법이 있고, 개방적인 토론에 활용할 수 있는 다양한 선택지들이 존재한다. 때로는 기본 규칙을 토론하는 것만으로도 충분히 목적을 달성할 수 있기도 하다. 한편으로 그룹의 의사결정이나 문제의 성격에 따라, 그리고 그룹 구성에 따라 보다 구조화된 접근법이 필요하기도 하다. 어떤 접근법을 선택하느냐는 세션을 성공시키는 데 매우 중요하다. 제11장에서는

제2부 퍼실리테이션의 프레임워크

문제해결 프로세스의 원칙과 특정 테크닉을 사용하는 이유에 대해 설명한다. 제12, 13, 14장은 특정 목적을 위해 사용되는 테크닉을 다룬다. 이 책에서 나는 누군가가 개발해 명칭을 부여하고, 일반적으로 여러 단계로 구성되어 있는 정형화된 프로세스를 일컫기 위해 "테크닉"이라는 용어를 사용하였다. "절차"라는 용어는 아젠다 혹은 기본 규칙들과 같은 다른 도구들을 지칭할 때 사용하였다. 테크닉은 프로세스의 구조를 결정할 뿐 아니라 사람과 관련된 이슈들을 관리할 수 있게 해 준다. 예를 들어 제12장에 나와 있는 명목집단법(Nominal Group Technique)에서는 모든 사람들이 동등한 목소리를 가지며 비밀투표를 한다. 이는 특히 직위의 차이가 크거나 민감한 주제를 토론해야 하는 그룹에서 큰 효과를 발휘한다.

첫째로, 당연히 어떤 테크닉이나 접근법을 선택하든지 그것은 그룹이 받아들일 수 있는 것이어야 한다. 제12장에 나와 있는 케프너－트레고(Kepner－Tregoe) 분석처럼 수학적인 절차를 매우 창의적인 그룹에 사용한다면, 목적에 대해 설명을 듣고 장점을 알고 있다 하더라도 불편함을 느끼고 저항을 한다. 유사하게, 제13장에 나와 있는 피쉬본(Fishbone)과 같은 직선적인 의사결정 프로세스에 익숙해져 있는 그룹에게 제14장에 나와 있는 긍정탐구(Appreciative Inquiry)와 같은 기법을 소개하면, 특히 사전 공지가 되지 않았을 경우 불만을 품을 수 있다. 늘 그룹을 염두에 두어야 한다. 당신이 사용하고자 하는 접근법이 팀 내의 관행과 다를수록 사전에 공지해야 하며, 이는 참여자들에게 왜 해당 접근법을 사용해야 하는지 이유를 설명해주고 참여자들로부터 세션계획에 대한 피드백을 받을 수 있게 해준다.

당신의 창의성을 활용하라. 또한 그룹이 선호할 만한 테크닉을 만들어내기 위해 여러 접근법들을 혼합해서 사용할 수도 있을 것이다. 그룹이 익숙해져 있는 프로세스에 약간의 창의성을 추가하거나 긍정적인 이미지를 심어주는 것이 목적달성에 도움이 된다는 생각이 든다면 그렇게 하라. 하나의 프로세스를 과도하게 선호하는 것은 금물이다. 그렇게 되면 그 테크닉을 모든 상황에 적용하려 하게 된다. 가능한 모든 상황을 백지상태로 보고 그 그룹에 가장 잘 맞는 것을 고민해야 한다. 앞서 예시로 든 테크닉들은 다른 것들과 함께 이후 챕터에 수록해 두었다. 요즘에도 대부분의 회의에서는 여전히 화이트보드나 플립차트처럼 단순한 방법을 사용하고 있지만, 일을 하다 보면 좀 더 복잡한 테크놀로지를 활용하거나 그룹웨어 등을 사용해야 할 상황에 놓일 것이다.

테크놀로지/그룹웨어의 활용

만약 당신이 의사결정에 대한 퍼실리테이션을 하기 위해 어떤 테크놀로지를 활용한다면 미리 그것을 많이 사용해 본 상태여야 하며, 더 좋은 것은 그 시스템에 특화된 훈련을 받은 전문가가 프로세스에서 테크놀로지 적용이 필요한 부분을 관리하기 위해 대기하고 있는 것이다. 만약 당신이 퍼실리테이션과 테크놀로지 모두에 특화되어 있지 않다면, 그 둘을 함께 다루려는 시도는 하지 않는 편이 좋다. 대부분의 사람들은 테크놀로지에 문제가 있었던 회의나 세션에 참가했던 경험이 있을 것이다. 몇 분의 시간이 지났음에도 무언가가 작동이 잘 되지 않는다면, 계속 세션을 진행하되 가능하면 보다 간단하게 작동될 수 있는 시설을 사용하라. 만약 세션 전체가 특정한 테크놀로지-예를 들어 그룹 의사결정 지원시스템(GDSS), 혹은 일반적으로 그룹 지원 시스템(GSS)이라고 불리는-를 사용하는 것에 바탕을 두고 계획된 것이라면 가능한 모든 것을 동원해 문제를 해결하라. 보통의 회의 시설에는 GSS를 관리하기 위한 별도의 공간이 있으며, 그룹의 테크놀로지에 대한 얘기를 들으면 많은 사람들이 전자회의 지원시스템을 떠올린다.

그룹웨어는 이제 면대면 팀 및 가상의 팀을 지원해 주는 하드웨어, 소프트웨어, 서비스를 일컫는 일반적인 용어가 되었다(Coovert & Thompson, 2001). 이 용어들이 약간은 혼란스럽기 때문에 용어의 변천사를 알아보는 것이 도움이 될 것이다. 최초의 GDSS는 20년도 더 전에 등장하였고, 초기에는 구성원들을 아이디어 도출에 참여시키거나 대안을 선택하게끔 하기 위해 컴퓨터 네트워크를 활용하는 데 초점이 맞추어져 있었다(Andriessen, 2003). 이는 사람들이 같은 공간에 있든 멀리 떨어져 있든 간에 "사람들이 보다 효과적으로 협업하는 것을 테크놀로지가 어떻게 도와줄 수 있는가"를 의미하는 컴퓨터지원 공동작업(CSCW)을 시험해보는데까지 확장되었다(Coovert & Thompson, 2001, p. 2). CSCW는 일반적으로 10명 혹은 그보다 더 적은 수로 구성된 그룹을 대상으로 한다. 이후 초기의 전자지원시스템을 넘어서 테크놀로지에 더 확대된 초점을 두면서 GDSS에서 D가 사라지게 되었다. 하여 GDSS가 그룹지원시스템(GSS)이 된 것이다. GSS와 CSCW가 강조하는 부분이 다름에도 불구하고, 현재 둘 다 "그룹웨어"라는 용어를 사용한다(Grudin & Poltrock, 1997).

그룹의 상호작용과 과업 성취를 촉진시키는 테크놀로지는 매우 많으며, 모두 단점이 있다. 물론 이것은 그룹이 목적 달성을 위해 어느 정도까지 테크놀로지를 사용하는지, 그리고 얼마나 전문적으로 사용하는지에 따라 달라진다. 장점은 정보에 대한 접근도 향상, 정보처리능력 향상, 그리고 구성원들이 시간과 공간의 제약 없이 참여할 수 있다는 것이다. 단점은 면대면 회의에서 인지할 수 있는 커뮤니케이션 신호를 놓칠 수 있고, 결과적으로 정보의 풍부함이 사라진다는 것이다(Daft & Lengel, 1986; Hollingshead & McGrath, 1995). 사용할 수 있는 테크놀로지와 인기 있는 테크놀로지의 종류는 매달 달라진다. 그룹이나 팀과 관련된 커뮤니케이션 스킬을 논의할 때, Scott(2003)은 "오늘 새로운 것이 내일이면 전혀 새롭지 않다(p. 135)."라고 하였다. 그는 그룹과 팀에 가장 일반적으로 사용되는 커뮤니케이션 스킬의 네 가지 카테고리를 언급하고 각각의 예시를 들었다. (1) 일상적 그룹 커뮤니케이션 테크놀로지(전자메일, 음성메일, 메시지 전송) (2) 회의/프로젝트 시스템(음성회의, 음성/화상회의, 그룹 의사결정 지원시스템) (3) 자료 관리/보관 테크놀로지(자료작성 및 자료수정에 용이한 워드 작업 도구들) (4) 협업/협력 도구들(그룹 캘린더, 다양한 그룹웨어, 회의 시스템들)이다. 협업을 위한 테크놀로지에 대한 보다 자세한 내용은 Jones and Ruona(2006)를 참고하라.

만약 당신이 면대면 회의에서 테크놀로지를 활용할 때, 설사 그 테크놀로지가 교육가/퍼실리테이터로서의 혼합된 역할을 수행하며 자료 슬라이드를 보여주는 것 정도라 하더라도, 공간 배정을 적절히 해서 모든 이들이 스크린을 볼 수 있어야 한다는 것을 명심하라. 특히 조명이 어두운 곳에서 전자기기로 슬라이드를 보여주는 것은 격식을 차려 진행하는 것처럼 보이며 토론을 억제하는 분위기를 조성할 수 있다. 상호작용적인 태도를 견지하고 참여자들의 시야를 가리지 않도록 주의하라. 테크닉의 절차를 설명할 때는 포스터, 플립차트, 유인물 등을 사용하는 것이 효과적이며, 굳이 전자기기를 활용해 이런 정보들을 보여줄 필요는 없다.

어떤 보조기기를 사용하더라도 그룹의 규모와 좌석 배치와 잘 어울려야 한다. 가능하면 사전에 점검해 보고 공간이 당신이 기대했던 것과 다르면 조정을 하라. 만약 25명 이상의 그룹이 큰 공간을 사용한다면, 이젤과 플립차트가 회의실 곳곳에 배치되어야 하므로 여러 개 필요할 것이다. 아이디어를 기록하는 것은 그룹이 주의를 집중하는 데 도움이 된다. 이 간단하고 테크놀로지의 수준이 낮은 방법은 아이디어를 수집하는 데 매우 효과적이다. 그룹의 창의성을 고취시킬 수 있는 제안들은 제10장에 설명되어 있고, 아이디어를 생성해내는 테크닉의 활용은 제12장에 기술되어 있다. 테크놀로지와 보조기기들은 도구 이상의 의미를 갖지 않아야 한다. 열린 마음으로 사용가능한 것들을 고려하여, 그룹의 요구에 부합할 수 있도록 단독으로/

복합적일 때 가장 잘 적용되는 간단한/복잡한 테크놀로지를 사용하는 해결책을 선택하라. 어떤 것을 선택하든지 퍼실리테이터의 핵심 역할은 그룹이 집중을 잃지 않도록 하는 것이다.

그룹이 집중을 유지하게 하기

그룹을 과업에 집중하게 하는 것은 그룹 퍼실리테이터의 핵심 역할이다. 과업에서 벗어나지 않는다는 기본 규칙을 도입하는 데 더해, 그룹이 집중을 유지하게끔 해 주는 많은 도구와 절차가 있다. 의사결정 그룹이 가장 먼저 결정해야 하는 것 중 하나는 의사결정 결과를 수용하기 위해 어느 정도 수준의 동의가 필요한지 결정하는 것이다. 이것을 먼저 결정해주면 이후의 시간을 단축시킬 뿐 아니라, 의사결정 규칙을 주제와ー그리고 주제를 토론할 때 생길 수 있는 감정적인 부분과도ー분리시킬 수 있다.

의사결정 규칙을 결정하라　　동의/헌신이 어느 정도 필요한지 결정하는 것은 어떤 특정한 종류의 테크닉이 사용될지, 그리고 프로세스에 얼마나 많은 시간이 투입되어야 할지에 대한 결정에도 영향을 미친다. 만약 어떤 그룹이 정기적으로 회의를 진행하는 그룹이며 의사결정 방법에 대해 동의한 상태라면(다수결 규칙 등), 이 규범에 대해 언급하고 확인하는 것만으로도 충분하다. 그렇지 않으면 구성원들은 어느 정도의 동의가 필요한지에 대해 토론해야 한다. 만약 어떤 결정이 매우 중요하며 요구되는 헌신의 정도가 높다면, **의견 일치**를 봐야 한다. 의견 일치는 모든 구성원들이 결정에 동의하고 인정한다는 것이다. 모든 사람이 전적으로 동의하고 헌신한다는 것을 의미할 필요는 없고, 그런 일은 거의 일어나지도 않는다. 그렇지만 모든 사람들이 받아들일 수 있는 것이어야 하며 그저 끝나기만을 바라는 것 이상이 되어야 한다. 그러므로 의견 일치란 어떤 결정이 제대로 운영되게 하기 위해 힘을 보탠다는 것에 모두가 동의한다는 의미라고 볼 수 있을 것이다. **투표**는 보다 일상적인 결정이 필요할 때 진행되며, 주제가 민감할 때 혹은 그룹이 의견일치가 불필요하거나 불가능하다고 생각할 경우 이루어진다. 개개인의 투표는 개인적 혹은 익명으로 진행되거나(종이조각 등) 혹은 거수로 진행될 수도 있다. 어떤 방법을 선택하든지, 구성원들은 프로세스를 종료하고 결정을 내리기 위해 사전에 **과반 이상이 찬성하는 투표를 할지 혹은 3분의 2가 찬성하는 투표**를 할지 결정해야 한다. 앞서 논의된 것처럼, 프로세스 퍼실리테이터로서 리더/퍼실리테이터 역할을 수행하고 있지 않는 한 당신은 결정에 투표권을 행사할 수 없다.

아이디어를 기록하라　　대부분 회의에 대해 가지고 있는 이미지는 앉아 있는 사람들 앞에 어떤 사람이 서서 플립차트에 무언가를 쓰고 있는 것이다. 이 사람은 아마도 퍼실리테이터거나 아이디어를 기록하는 일을 맡고 있는 사람일 것이다. 아이디어를 기록하는 것은 말 그대로 기록을 하고, 참여자들을 고취시키고, 그룹이 방향을 벗어나지 않도록 하는 것이다. 15명에서 20명 이상인 그룹이라면, 사람들을 소그룹으로 나누어 진행하고 그들이 도출해 낸 리스트를 전체 세션에서 공유할 것이다. 이런 방식을 사용하면 그룹이 훌륭한 아이디어를 선택하도록 이끌 수 있다. 완성된 플립차트를 회의실 곳곳에 붙여 놓는 것은 그룹이 집중을 유지하게 하는 방법 중 하나이다. 각각에 제목을 써넣어, 그것을 읽는 사람들이 최초의 전개에서부터 세부 계획에 이르기까지 아이디어의 진전을 따라갈 수 있도록 보여주어라.

대기공간을 사용하라　　그룹이 노선을 이탈하지 않게 해 주는 또 다른 절차에는 대기공간을 사용하는 것이 있다. 이는 칠판, 플립차트, 컴퓨터 화면, 포스터 종이 등에 간단하게 사각형을 그리고, 중요하고 흥미롭지만 당장 과업과는 상관없는 이슈들이 세션 중에 발생했을 때 이들을 써넣는 것이다. 이것이 어떻게 사용될지 미리 설명하라. "과업에 집중하라"는 기본 규칙을 언급할 때, 중요하지만 관련이 없는 항목들이 발생하면 대기공간에 기록해 둘 것이라고 설명하는 것으로 충분하다. 당연히 이 이슈들은 어떻게 처리될 것인가? 라는 질문이 생길 수 있다. 선택지는 여러 개가 있다. 하나는 나중에 시간이 허락하면 세션에서 그 이슈들을 다루는 것이다. 내가 선호하는 다른 선택지는 회의의 목적에 따라 그 항목의 리스트를 경영진에게 전달해 나중에 다루어질 수 있도록 하겠다고 말하는 것이다. 내 경험으로 비추어 볼 때 사람들은 이에 만족해한다. 눈에 보이는 대기공간은 과업에 집중하는 것이 중요하다는 것을 환기시킨다. 만약 누군가 자신의 항목이 이 리스트에 올라가는 것에 반대한다면, 그 사람에게 즉시, 혹은 나중에, 그 이슈가 토론과 관련이 있다는 예시를 들어달라고 요청하라. 만약 구성원들이 즉각 그 항목이 이슈와 직접적인 관련이 있다는 것에 동의한다면, 그 항목은 대기공간에서 삭제되고 토론에 포함될 수 있다. 또한 대기공간은 지금은 관련이 없지만 나중에 중요해질 수 있는 이슈를 퍼실리테이터와 그룹에 상기시켜 줄 수 있다. 만일 그룹이 "대기공간"이라는 이름을 좋아하지 않는다면, "나중에 토론할 아이디어들"과 같은 다른 용어를 사용하라. 명칭은 중요하지 않다. 잠시 동안 옆으로 밀어 둘 필요가 있는 아이디어들의 리스트를 작성할 공간을 만들어 놓는 것이 집중을 유지하는 데 중요한 절차이다.

피드백을 수집하라 집중을 유지하는 또 다른 방법은 하루종일 진행되는 세션이라면 그때그때, 혹은 더 짧은 세션이라면 휴식시간 바로 전에 피드백을 요청하는 것이다.

이는 이때까지 세션의 방향과 활동에 대해 사람들이 얼마나 만족하는지에 대한 짧은 질문, 과업이나 프로세스 질문에 대한 반응, 또는 단순히 칠판에 있는 이슈 중 어떤 것을 다음에 다루고 싶은지가 될 수도 있다. 나는 이를 위해 작은 종잇조각과 인덱스 카드를 들고 다닌다. 또 다른 테크닉은 회의실 한쪽에 아이디어와 의견이 써져 있는 플립차트를 붙여 놓는 것이다. 그날의 진척사항에 따라 사람들은 이 종이 위에 쓰고 싶은 것이면 무엇이든 쓸 수 있다. 내 생각에 이것은 그룹의 통제 하에 있는 대기공간과 같은 종류에 가장 잘 적용된다. 사람들이 기억해 두고 싶은 생각이나 아이디어들도 여기에 쓸 수 있다. 구성원들은 휴식시간 전후로 무언가를 쓸 기회가 있다. 퍼실리테이터는 그곳에 그날의 계획 혹은 프로세스에 영향을 미칠 만한 무언가가 쓰여 있는지 확인하기 위해 그날의 진척사항에 맞추어 그것을 읽어둘 필요가 있다. 사전에 동의된 바에 따라 세션 끝 무렵에는 플립차트에 쓰여 있는 항목들이 그룹에 공유될 것이다.

필요한 만큼 조정하라 만약 제4장에서 다루었던 질문을 할 기회가 있었다면, 당신은 퍼실리테이션 세션에서 무엇을 달성할 수 있을 것인가를 명확히 알고 있을 것이다. 만약 구성원들이 계획수립에 참여했다면 모든 부분에서 명확한 기대가 있어야 한다. 그러나 때때로 생각지 못했던 이슈들이 발생하기도 하고, 기대되었던 결과가 여전히 가능한지, 다른 접근법이 그룹의 흥미에 더 잘 맞는 것은 아닌지 의문을 야기시키는 어떤 일이 발생할 수도 있다. 당면한 이슈와 관련되어 발생하는 일들이 생각보다 더 복잡할 때, 혹은 설명하기에는 너무 긴 시간이 소요되는 일들이 발생할 때, 당신은 구성원들에게 계획을 바꾸는 것에 찬성하는지 물어보아야 한다. 만약 그들이 찬성한다면, 그 세션에서는 어떤 결과가 도출되어야 하는가?

물론 세션에 참여하지 않은 사람들이 달라진 산출물에 만족하지 않을 수도 있기 때문에, 당신의 결정에 의문을 품을 사람들이 생길 것에 대비하고 있어야 한다. 예를 들어 그룹이 관련 없는 주제를 토론하게 두고 계획된 결과를 내지 못한 잘못을 했다면 소기의 과업을 달성할 때까지 세션을 진행해야 한다. 그런 상황을 원하는 사람은 아무도 없을 것이다. 사전기획 시 퍼실리테이터의 질문에 대답하기 꺼려하는 사람들에게는, 사전기획의 목적이 세션에 소요되는 시간을 현명하게 사용하고 원하는 결과를 현실적으로 달성하기 위한 것임을 상기시켜야 한다. 그러나 상황은 변하기 마련이다. 더 중요하고 관련이 깊은 이슈들이 발생할 때 당초의 계획만을 고수하는 것은 전문성이 없는 것이며, 그렇게 하는 것도 거의 불가능하다. 참여자들을 사전 계획에 참여시키는 것은 이러한 상황을 최대한 피할 수 있게 해준다.

그룹을 과업에 집중하게 하는 것이 퍼실리테이터의 핵심적인 기능이라고 하더라도 특히 장기간 진행되는 그룹의 경우 이 과업은 결과를 향해 단계적으로 차근차근 진행되지는 않는다.

수행 패턴

Tuckman과 Jensen(1977)은 많은 그룹들이 전형적으로 사용하는 프로세스를 5단계로 정립하였다.

- 형성기: 최초의 단계, 오리엔테이션, 서로에 대해 알아가기
- 폭풍기: 구성원들 사이의 의견 불일치, 갈등, 불만족
- 표준기: 일관성, 그룹 구성의 발전, 규범 · 규칙 · 관계의 생성
- 수행기: 실제 과업에 초점, 업무 수행
- 휴지기: 마지막 단계, 과업의 종료, 작별 인사

이 단계들은 기억하기 쉽기 때문에 일반적으로 인용되며, 그룹이 목표를 향해 어떻게 발전해 가는지 전반적으로 이해할 수 있게 해준다. 모든 그룹이 이 순서대로 단계를 거쳐 가거나 혹은 각 단계에 똑같은 시간이 배분될 것이라고 기대해서는 안된다. 덧붙여 Poole과 Baldwin(1996)은 그룹이 거쳐 가는 어떤 측면이나 단계에 과도하게 초점을 맞추는 것을 경고했다.

그러나 흥미로운 패턴도 있다. Gersick(1988)은 장기간 유지된 다양한 종류의 과업 중심 팀들을 관찰하여 모든 팀이 "**단속 평형** — 에너지와 변화가 폭발하여 관성이 깨지는 기간. 각 팀이 유지되는 기간의 정확히 반 정도 시점에서, 위기에 봉착해 있는 기간(Lumsden & Lumsden, 1993, pp. 94 – 95)"을 경험한다는 것을 밝혀냈다. 이는

제10장에서 묘사되어 있는 창의력과 관련된 프로세스와 비슷하다. 일은 단선적으로 진행되지 않는다. Gersick은 업무가 진행되는 기간의 중간 시점 정도에서 몇몇 종류의 위기나 혼란이 발생한다는 것을 연구했다. 나 역시 상당한 노력을 요하는 과업을 맡고 있던 그룹과 함께 일하면서 같은 것을 느낀 적이 있다. 가끔은 휴식이 필요하다. 우리가 퍼실리테이터로서 장기간 함께 하는 그룹이 처음부터 끝까지 직선으로 달려갈 것이라고 기대하지 않는다면, 프로세스를 좀 더 편안하게 다룰 수 있을 것이다. 장기간 유지되는 그룹에서 몇 년에 걸쳐 발생하는 프로세스와 수행의 변화에 대해 알고 있는 것(Katz, 1988) 또한 그룹의 요구에 적합하게끔 우리의 행동을 조정하는 데 도움이 될 것이다.

그룹의 구성원들 역시 그룹이 집중을 유지하도록 돕는 역할을 수행한다. 다음 섹션에서 이 내용을 다룬다.

구성원들의 과업 역할

나는 앞서 60년도 더 된 연구들이(Benne & Sheats, 1948) 그룹 내 구성원들의 역할을 설명하는데 여전히 유용하며 오늘날에도 활용되고 있다고 설명했다. 역할은 세 가지 종류로 나누어지는데, 이는 과업 역할, 유지 역할, 그리고 개인 혹은 자기 중심 역할이다. 과업 역할은 그룹이 목표를 달성하는 것을 도와주고, 유지 역할은 구성원들 사이의 사회적 지지와 긍정적인 관계를 촉진시키는데 자기 중심 역할은 개인적인 목표를 장려하기 때문에 그룹의 목표 달성을 저해할 수도 있다. 과업 역할은 아래 리스트에 나와 있다. 유지 역할과 자기 중심 역할은 다음 장에서 논의된다. 역할에 대한 지식이 있으면 그룹이 어떻게 운영되는지 이해하는 데 도움이 될 것이다. 아마 당신은 그 역할들이 퍼실리테이터가 수행하는 역할과 비슷하다는 것을 깨닫게 될 것이다.

❙ 표 6-2 그룹 구성원의 과업 역할들

선도자: 제안을 한다. 새로운 아이디어에 기여하고, 목표와 절차를 추천한다.
정보탐색자: 사실, 경험, 아이디어에 대해 질문한다. 명확함을 추구한다.
정보제공자: 사실, 경험, 아이디어를 제공한다. 적절한 데이터를 확인한다.
설명하는 자: 이미 제안된 의견을 바탕으로 작업한다. 예시를 제공한다.
의견탐색자: 특히 행동의 측면에서 의견, 가치, 타인의 믿음 등을 탐색한다.

의견제공자: 특히 행동의 측면에서 자신의 의견, 가치, 믿음 등을 제공한다.

방향제시자: 현재 진행되고 있는 일을 목표와 연결시킨다. 아이디어와 제안들을 요약한다.

조정자: 아이디어와 제안 사이의 연결고리를 제공한다. 항목들을 서로 묶는다.

활력을 불어넣는 자: 그룹의 활동을 증가시키거나 보다 더 높은 성취를 하게끔 고취시킨다.

평가자: 그룹의 성취를 평가하기 위해 기준을 적용한다.

절차전문가: 자료를 배포한다. 운영관리에 주의를 기울인다.

기록자: 기록한다.

출처: Benne, K., & Sheats, P. (1948). Functional roles of group members. Journal of Social Issues, 4, 41-49.

논의된 바와 같이, 퍼실리테이터로서 당신은 그룹 내의 의사소통 방식에 대해 모범을 보여야 한다. 만약 당신이 퍼실리테이터/교육가로서의 역할을 하고 있다면, 위의 역할들에 대해서 이야기를 나누고 구성원들 자신이 주로 어떤 역할을 맡는지 알아보도록 하고 싶을 것이다. 그들이 자신에게 가장 잘 어울리는 역할을 맡을 수 있도록 장려하라.

세션 마무리하기

만약 세션 내내 시간을 주의 깊게 관리했다면, 모든 사람들(당신도 포함하여)이 피곤해하고 깊은 생각이 필요한 토론을 시작하고 싶지 않을 막바지에 다다라 급하게 마무리하는 일은 없어야 한다. 이상적으로는, 당신은 사전에 동의되었던 결과(예를 들어, 결정을 내린다거나 혹은 의사결정의 두 번째 단계에서 사용될 기준을 명확히 정의한다거나 하는)를 도출해 낼 것이다. 그 이후의 마무리 활동은 간략해야 한다.

다음 단계는? 회의실 안에 있는 사람들과 당신을 고용한 사람들은 이 세션에서 기대했던 결과에, 그리고 다음번에 무엇을 할지에 모두 동의해야 한다. 마무리하는 시간은 오늘 생성되었던 자료들이 어떻게 처리될 것인지, 어떤 결정이 내려졌었는지, 그리고 각자가 후속조치로 무엇을 해야 하는지 사람들에게 상기시키는 데 사용하라. 만약 당신이 이후의 활동에도 참여하게 된다면, 다음 단계에 대해서도 명확히 설명하라.

평가/피드백　　회사에 세션 피드백에 사용하는 양식이 있는지 사전에 물어보라. 교육 세션에서 진행되는 것이지만, 몇몇 회사는 퍼실리테이터 혹은 연사를 초청한 다른 종류의 세션에서도 같은 양식을 사용한다. 만일 정해진 것이 없다면 당신이 준비한 양식을 가지고 와서 각각의 참여자들이 세션을 어떻게 생각하는지에 대해 간단한 피드백을 수집하라. 아래에 샘플이 있다. 양식은 간략해야 한다. "어떤 것이 잘 진행되었는가?" 혹은 "당신이라면 어떻게 다르게 진행했겠는가?"와 같은 것들이 좋은 질문이다. 머리말만 수정하면 그룹의 특성에 맞는 양식을 만들어낼 수 있다.

┃표 6-3　평가 양식의 예시

세션에 대한 당신의 솔직한 평가와 의견은 이후의 세션을 계획하는 데 도움이 될 것입니다. 아래 네 가지의 질문에 1(가장 낮은)부터 10(가장 높은)까지의 단계 중 당신의 생각을 가장 잘 드러내는 단계의 숫자를 써 주십시오.

1. 나는 세션의 목적을 이해했다.　　　　　　　　　　　　　　　_____
2. 나는 목적이 달성되었다고 생각한다.　　　　　　　　　　　　_____
3. 시간이 적절하게 사용되었다.　　　　　　　　　　　　　　　_____
4. 세션의 분위기는 참여자들을 고취시켰다.　　　　　　　　　　_____

아래 질문에 간단히 대답해 주시기 바랍니다.

5. 이 세션에서 가장 좋았던 것은 어떤 것인가?

_____

_____

_____

6. 한 가지를 바꿀 수 있다면 무엇을 바꾸겠는가?

_____

_____

_____

7. 이런 종류의 세션이 이후에도 있다면 어떤 것을 제안하고 싶은가?

_____

_____

_____

피드백을 주셔서 감사합니다.

"이 세션에서 가장 좋았던 점은?" 혹은 "무엇을 바꾸고 싶은가?"와 같은 질문 몇 개만 포함되어 있는 더 간단한 양식도 짧은 세션에서 사용할 수 있다. 다른 모든 사항들과 마찬가지로, 가장 마지막에 요청하게 되는 피드백 역시 그룹의 맥락에 맞는 것이어야 한다. 양식이 너무 길면 사람들은 끝까지 응답하지 않거나 혹은 크게 관심을 두지 않은 채로 기계적인 답변만 하게 될 것이다.

나는 세션이 끝난 후 어떤 것이 잘 되었고 어떤 것이 그렇지 못했는가를 성찰해 보는 시간을 얼마간 가지려고 노력한다. 만약 동료 퍼실리테이터와 함께 일했다면, 우리는 세션이 완료된 후 가능한 한 빨리 이런 시간을 가지려 한다. 세션이 완료된 직후, 피드백 결과를 읽어보는 것이 가장 좋을 것이다. 특히 당신이 그룹과 계속해서 업무를 진행할 계획이라면 이 짧은 시간이 매우 도움이 될 것이다.

요약

업무를 완수하는 것은 대부분의 과업 중심 그룹의 핵심 목표이다. 관계에 집중하는 그룹들조차도 어느 정도의 과업은 완수해야 한다. 이 장에서는 회의의 시작에서 마무리까지의 프로세스와 피드백 수집에 대해 다루었다. 기본 규칙과 적절한 테크닉의 사용, 그리고 그룹이 집중을 유지하도록 도와주는 방법에 대한 내용도 포함되어 있다. 또한 시간의 흐름에 따른 수행 패턴 및 그룹 과업 역할에 대해서도 설명하였다. 다음 장은 관계와 분위기를 조성하는 것에 초점이 맞추어져 있다.

제7장

관계와 분위기

┃ 주요 개념

- 지지하는 분위기 생성하기
- 그룹에 참여하고 주인의식을 가지게끔 독려하기
- 집단역학 주시하기
- 구성원들의 관계 역할
- 비능률적인 행동을 정의하고 다루기
- 퍼실리테이터의 선호사항

관계/분위기, 그리고 과업은 그룹 업무의 두 가지 핵심 요소이다. 두 가지 모두를 달성하기 위해서는 커뮤니케이션 스킬이 필수적으로 요구된다. 모든 그룹에는 과업과 관계 이슈가 있다. 그렇지 않은 것처럼 보일 때는 각각의 그룹에 맞도록 균형을 잘 잡았을 때이다. 사회적 지지 그룹에서는 관계와 분위기 둘 다 매우 중요하다. 사람들은 편안함을 느끼지 못하면 그러한 그룹에 다시 참여하지 않을 것이다. 또한 가장 과업 중심적인 그룹에서조차 관계와 분위기 이슈는 중요하다. 이 장에서는 지지하는 분위기를 생성하는 것에 대해 다루고, 그다음으로 그룹에 참여하고 주인의식을 가지게 독려하는 것과 관련된 이슈를 다룬다. 집단역학에는 상호작용 관리가 포함되는데, 이는 관계와 분위기에 큰 비중을 차지한다. 관계, 그리고 자기중심적인 그룹 역할과 비능률적인 그룹 역할에 대한 논의로 이 장의 내용은 마무리된다. 분위기는 관계가 발전하는 단계를 결정하기 때문에, 분위기에 대한 내용부터 시작하겠다.

지지하는 분위기 생성하기

그룹과 그룹 업무의 측면에서 분위기란 주로 구성원들이 편안함을 느끼는 지지적인 분위기를 일컫는다. Scheerhorn과 Geist(1997)는 분위기를 "구성원들 사이의 대인관계를 규정하는 상대적인 따뜻함 혹은 차가움에 대한 그룹 구성원들의 인식이며, 그룹의 분위기와 그룹 안에서 이루어지는 과업 및 사회적 커뮤니케이션 사이에는 상호적인 영향이 있다(p. 91)."라고 정의하였다. Larson과 LaFasto(1989)는 효율적인 팀들을 3년간 연구했는데, 여기에서 '(1) 협력적인 분위기는 함께 잘 일하는 데 필수적인 요소이다. (2) 함께 잘 일하는 것은 팀의 성공에 핵심적이다.'라는 것을 밝혀냈다. 그러므로 지지하는 분위기를 생성하는 것이 퍼실리테이터의 중요한 역량이라는 것은 놀랄 일이 아니다. 그렇지만 어떻게 해야 하는가? 또한 Larson과 LaFasto의 연구에서는 협력적인 분위기를 정의해 달라는 요청을 받은 사람들 거의 대부분이 **신뢰**를 언급했다.

"신뢰는 네 가지 요소가 포함되어 있는 분위기에서 생성된다. (1) 정직 – 진실, 거짓말하지 않기, 과장하지 않기 (2) 개방성 – 정보, 인식, 아이디어를 공유하고 받아들이려는 의지 (3) 일관성 – 예상가능한 행동과 반응 (4) 존중 – 품위 있고 공정하게 사람들을 대하는 것(Larson & LaFasto, 1989, p. 85)."

이 요소들을 퍼실리테이션을 받는 그룹에 연관지어 보자. 세 가지 – 정직, 개방성, 존중 – 는 일관성이든 길게 유지되든 상관없이 모든 그룹과 관련이 있다. 일관성은 팀 업무가 확장되어 구성원들이 계속해서 관계를 유지해야 하는 상황에서 보다 중요하다. 신뢰와 협력은 짝을 이룬다. 이는 일리가 있다. 만약 그룹 구성원들이 민감한 주제를 토론한다면, 그들은 그룹의 다른 이들이 자신들의 관점을 표현하는 데 정직하고 열려 있으며, 다른 이들의 관점을 존중한다는 것을 믿어야 한다. 구성원들 간의 신뢰가 클수록, 효과적인 의사결정을 도출할 수 있는 토론을 더 많이 하려고 할 것이다.

퍼실리테이터는 모범을 보여 이런 분위기가 형성될 수 있도록 한다. 그 중 가장 중요한 것은 존중이다. 그룹에 속해 있는 사람들은 서로 다른 아이디어나 의견을 제시할 때 부정적인 인신공격을 받지 않을 것이라고 안심할 수 있다. 정직과 개방성은 보다 어려우며, 주로 조직문화나 회의에 참석한 개개인의 히스토리에 크게 영향을 받는다. 만약 사람들이 어떤 이슈에 대해 솔직하게 발언함으로써 어떤 방식으로든 위협을 느끼거나 그들 자신 혹은 그들의 동료들이 위험에 빠진다고 생각하게 되면, 정직과 개방성을 기대하기 어려울 것이다.

제4장에서 논의되었던 질문들을 기억하라. 사전정보가 많을수록 신뢰의 부족을 메꿔줄 수 있는 전략과 테크닉을 더 잘 계획할 수 있다. 아마도 각자 개인적으로 이슈를 제기한 후 그룹에 공유하는 식의 토론 테크닉을 선택할 수도 있을 것이다. 만약 몇몇 솔직한 발언으로 토론이 시작되었으나 논점에서 벗어나는 것처럼 보일 때, "그룹이 이 이슈에 대한 이야기를 더 이상 진행하지 않게 하려면 어떻게 해야 할까요?"라는 질문을 개인적으로 하거나, 혹은 무기명으로라면 더 솔직하게 답할 수 있는 질문에 개인적으로 답변해 달라고 요청할 수 있다. 그 다음 당신이 받은 모든 대답들을 플립차트에 적을 동안 짧게 휴식시간을 가지라고 할 것이다. 당장의 상황에 적절한 테크닉을 선택하는 것이 중요하다. 보다 오래 진행되는 퍼실리테이션에서는 신뢰를 쌓을 수 있는 기회가 있다.

커뮤니케이션의 중요성   퍼실리테이터는 존중과 무시에 대한 모범을 보여주는 데, 이는 다른 사람들과 언어적, 비언어적으로 커뮤니케이션하는 방식에서, 기본 규칙을 선택하고 적용하는 것에서, 세션 중 사용되는 유머에서, 그리고 테크닉과 절차를 시행하는 데서 드러난다. 지지하는 분위기를 생성하는 데 있어서 커뮤니케이션의 중요성은 50년 전에 알려졌다(Gibb, 1961). 그의 연구는 커뮤니케이션 행위와 반응이 어떻게 지지적인, 혹은 방어적인 분위기를 이끌어 내는지와 관련되어 있다. 그는 **방어적인 행동**을 "개인이 위협을 받거나 혹은 그룹 내에서 위협이 예상될 때 일어난다."고 하였다(p. 141). 방어적인 행동은 적의로 나타난다. 반면에 **지지적인 행동**은 메시지를 받아들이는 사람이 "메시지의 구조, 내용, 인지적인 의미에 보다 더 집중할 수 있게" 해 준다(p. 141). Gibb는 지지를 증가시켜주는 여섯 가지 커뮤니케이션 행동을 분류하였다.

1. 판단하지 않고 설명하기
2. 문제의 근원에 초점을 맞추고 공통된 관심사를 강조하기
3. 자연스럽게 개방적이고 정직하며, 전략에 대해 걱정하지 않기
4. 공감하고 염려하기
5. 다른 사람들과 그들의 아이디어를 존중하여 평등하게 대하기
6. 새로운 정보를 받아들이는 데 열려있어, 여러 가지 관점들을 탐색하고 고려하기

이 중에서 공감과 염려는 앞에서 다루지 않았던 내용이다. 공감에는 다른 사람들이 어떻게 느끼는지 이해하는 것을 배우는 것이 포함되어 있다. 공감은 사람들이 왜 특정한 방식으로 행동하는지 단순히 이해하거나, 혹은 그저 이해하려 노력함으로써 다른 사람들에게 동의하는 것을 의미하지 않는다. 다른 사람들이 당신의 감정과 염려를 존중하고 이해하려고 노력한다는 믿음이 있어야 서로를 믿을 수 있는 분위기가 조성된다. 그룹 구성원들이 누군가 말한 것에 판단을 내리고 다른 사람들이 내놓은 의견을 그다지 중요하게 여기지 않는다고 느끼는 사람은 발언할 기회를 잡으려 하지 않으며, 정직하게 의견을 개진하는 것을 꺼린다. 구성원들 사이의 사회적 지지가 분위기에 영향을 끼친다.

사회적 지지　　　사회적 지지는 배려를 주고받고 다른 사람들의 안녕에 기여하도록 설계된 상호작용이다(Burleson, Albrecht, Goldsmith, & Sarason, 1994). Barnes와 Duck(1994)는 그룹 내에서 매일 이루어지는 대화에서 발견되는 여섯 가지 서로 연관된 지지적인 기능들을 설명하였으며, 이를 Scheerhorn과 Geist(1997)가 확장시켰다. 이 기능들은 정보, 간파, 표출, 거리두기, 영속, 그리고 규칙이다. 대화하는 동안 우리는 그룹 구성원들의 정보를 수집하고, 누군가의 감정 상태에 대한 실마리를 제공하는 신호들을 간파하고, 구성원들이 문제, 걱정, 스트레스 등을 표출할 수 있는 기회를 주고, 누군가가 스트레스를 받는 이슈나 사건에 대해 이야기하지 않음으로써 스트레스를 받지 않도록 해 주고, 그룹 업무 중 비교적 덜 중요한 세부사항에 대해서 이야기하거나 그룹 실습 때 농담을 던진다거나 하는 것을 통해 관계를 증진시키며 기억에 남을 만한 이야깃거리를 만들고, 구성원들이 실제 문제에 대해 부담없이 토론할 수 있도록 하여 수용, 자율성, 그리고 스스로를 드러내는 것에 대한 걱정

을 관리한다. 이러한 행동들은 지지적인 분위기를 생성하는 데 공조한다.

시너지와 라포　　이 책의 첫 장은 시너지－개인들이 협력하여 함께 노력한 것이 개개인이 단독으로 일한 것보다 더 클 때 나타나는 것－에 대한 논의로 마무리되었다. Wright(2005)는 구성원들 사이에서 관계 기술을 발전시키는 것의 중요성에 대해 언급했다. Wright의 연구는 Gilley, Morris, Waite, Coates, 그리고 Veliquette(2010)가 "긍정적이고 편안하며, 다른 사람들에게 위협적이지 않은 커뮤니케이션 분위기－조직의 이슈 또는, 다른 아이디어들에 대해 개방적이고 정직하게, 보복에 대한 두려움 없이 토론할 수 있도록 다른 사람들을 북돋워주는 것"을 발전시키는 데 있어서 관계의 중요성을 논의할 때 인용되었다(p. 23). 보다 이전의 Gilley와 Boughton의 연구(1996)에서는 이러한 분위기가 시너지가 될 수 있는 관계 프로세스를 촉진시키는 조건들을 만드는 것과 관련이 있다고 하였다. 이 프로세스에서 개개인들은 개인과 조직 모두에게 성장과 발전 기회를 주는 공동의 목표를 향해 상호 의존적으로 업무를 진행한다. Gilley와 그 외 연구자들(2010, pp. 23－24)은 "개인 간의 긍정적인(시너지가 될 수 있는) 관계의 결과가 라포로 알려져 있는데, 이는 서로에 대한 무조건적인 배려이며 더 나아가 다른 사람들의 안녕에 대한 깊은 관심으로 정의된다(Whichard & Kees, 2006)."라고 하였다. 협력적인 분위기의 토대가 되는 신뢰는 라포에서 생성된다.

현실적인 기대들　　생각해 보라. 모르는 사람들과 함께 세 시간 짜리 세션을 진행하게 되었다. 분위기에 미칠 수 있는 영향력이 얼마나 되겠는가? 현실적으로 무엇을 기대할 수 있는가? 짧은 세션이라도 분위기를 조성하기 위해 할 수 있는 것들이 있다. 당신은 세션에 기대되는 바를 명확히 정의해주고, 그룹의 목적에 맞게끔 적절히 적용되는 기본 규칙들을 세팅하고, 어떻게 다른 사람들을 존중하면서 이야기하고 반응하는지에 대한 시범을 보일 수 있다. 유머는 기본 규칙을 시행하는 데 도움을 줄 수 있다. 만약 누군가가 주제를 벗어나 집중을 유지해야 한다는 기본 규칙을 위반했다면, "규칙 3"을 의미하는 사인을 보여줄 방법을 찾을 수 있을 것이다. 퍼실리테이터들이 유머를 어떻게 사용하는가는 '그들이 얼마나 사람들을 잘 아는가', '얼마나 편안하게 유머를 구사하는가', 그리고 '당면한 상황에서 그 유머가 어느 정도 적절하다고 느끼는가'에 달려 있다.

만약 유머를 사용하는 것이 당신에게 맞지 않다는 생각이 들면 절대 사용하면 안

된다. 재미있게 하려고 애쓰는 대신, 구성원들 간에 마음이 따뜻해지는 상호작용을 증진시키는 분위기를 만들어라. 비꼬지 않도록 매우 주의를 기울여라. 의도한 대로 가장 잘 만들어진 상황에서조차 비꼬는 것은 역효과를 가져오고 오해를 불러일으킬 수 있다. 더 심각한 것은 대화가 끊어지고 그 방의 분위기가 완전히 바뀔 수 있다는 것이다. 무엇보다 퍼실리테이터는 그 방에 있는 개개인을, 그리고 토론 주제를 존중한다는 것을 보여줄 필요가 있다. 그룹과 한 번 미팅을 한다고 해서 그 그룹의 장기적인 분위기에 영향을 미치기는 어렵겠지만, 그 날의 과업이 달성될 수 있도록 일하는 분위기를 조성할 수 있다.

그룹에 참여하고 주인의식을 가지게끔 독려하기

만일 지지적인 분위기가 형성되었다면, 참여하는 데 방해되는 장애물이 제거된 것이다. 이전 장에서 논의되었던 절차와 테크닉들을 사용하면 참여를 더욱 독려할 수 있다. 한두 명의 그룹 구성원들이 독점하는 것을 막아주는 기본 규칙과 테크닉을 선택하라. 제5장에서 살펴보았듯이, 개개의 구성원들이 아이디어를 내고 제안을 하게끔 북돋워주는 언어적, 비언어적 커뮤니케이션을 하는 법에 대해 모범을 보여라. 지지적인 분위기를 조성하는데 있어서, 그룹 과업에 구성원들이 참여하려는 의지와 주인의식은 신뢰에서 비롯된다. 이 경우 신뢰에는 두 가지 측면이 있다. 그룹 과업의 목적과 결과에 대한 신뢰, 그리고 서로에 대한 신뢰이다(후자는 상호 관계가 발전하는 데에서 비롯된다). 신뢰는 서로의 마음의 벽을 허물려는 의지이다(Mayer, Davis, & Schoorman, 1995). Jones와 Couch, Scott(1997)은 모든 인간관계와 상호작용에 신뢰가 영향을 끼친다고 제안했다. 그룹 내에서 신뢰는 협력적인 행동을 증가시키고 상호간의 갈등을 없애며, 보편적으로 그룹 프로세스와 그룹의 운영에 긍정적인 영향을 미친다.

MaAllister(1995)에 따르면, 상호간의 신뢰는 인지적·감성적 토대 위에 있으며, 적절한 이유와 근거에 따라 그 사람이 믿을 만한지 판단하여 인식하는 것이다. 한편으로 신뢰는 개인들 사이에서 발생하는 감정적인 결속으로부터 생성될 수 있다(Lewis & Weigert, 1985). Pennings와 Woiceshyn(1987)은 사람들이 신뢰 관계 속에서 감정적인 결정을 내리고, 개개인을 연결해주는 감정적인 결속이 상호 신뢰의 기초가 된다는 것에 동의했다. 그룹의 개별 구성원들이 관계를 쌓을수록, 이 관계는 그룹 내의 전반적인 신뢰도를 향상시킨다.

더 나아가 과업에 대한 주인의식은 구성원들이 그룹 및 그룹이 내는 결과가 중요하고 적절하다고 믿는다는 것을 암시한다. 퍼실리테이터는 그룹의 프로세스를 관리하고 그룹이 과업을 달성하는 것을 도와주는 역할을 하지만, 프로세스 그 자체와 프로세스의 결과물은 구성원들애게 속할 것이다. 이는 퍼실리테이션 세션 이전에 구성원들의 참여로 시작된다. 구성원들이 목표를 계획하고 아젠다를 세팅하는 데 더 많이 참여할수록 세션의 목표와 프로세스에 주인의식을 가지게 되며 더 깊이 몰입되어 있다고 느낀다. 제4장에서 언급되었던 것처럼, 퍼실리테이션의 초기 기획 단계가 어떻게 진행되는지에 따라 그룹 활동 성공의 많은 부분이 결정된다. 만일 그룹이 조직으로부터 지원을 받지 못하고 특히 구성원들의 노력에도 불구하고 의미 있는 결과가 도출되지 않을 것 같다면, 주인의식의 개발은 불가능하거나 매우 어려울 것이다. 이와 유사하게, 기획된 내용이 조직에게는 중요하나 구성원들이 본인들 혹은 본인들이 매일 하는 업무와 관계가 없다고 느낀다면 이 또한 주인의식을 사라지게 할 것이다.

그러므로 참여와 주인의식은 내적, 외적인 요소 둘 다로부터 발생하는 것이다. 내적으로는, 그룹 구성원들 간의 신뢰를 지향하는 관계가 결과적으로 참여와 주인의식을 독려하는 협력적인 분위기를 조성할 수 있다. 그러나 이는 구성원들이 해야 하는 업무-외적 요소-에 대해 최소한 어느 정도의 헌신과 신뢰를 가지고 그룹에 참여했을 때만이 가능하다. 그것 없이, 그리고 제1장에서 언급된 투입 없이 참여와 주인의식이 가능할 지는 매우 의문스럽다.

실력 있는 퍼실리테이터라면 프로세스를 효과적으로 만들고 그룹에 성공적인 결과를 가져올 투입을 장려하는 데 온 힘을 다할 것이다. 외부의 자원과 도움을 그룹에 가져올 수 있는 그룹 리더의 중요성은 연구결과에 잘 나타나 있다(Ancona, 1990; Kolb, 1996; Thamhain & Wilemon, 1988). 이런 외부와의 연결고리는 때때로 경계 활동(Ancona & Caldwell, 1990)이라고 불린다. 보통 퍼실리테이터는 그룹의 리더가 아니지만, 연결고리를 만드는 역할은 여전히 유효하다. 어느 정도 관련이 있는지는 당신이 그룹 혹은 팀과 어떤 종류의 관계를 얼마나 오랫동안 맺는지에 따라 달라진다. 어떤 특정한 상황에서 퍼실리테이터는 헌신의 강도를 높이기 위해, 자원을 더 많이 배정받기 위해, 프로젝트에 소요되는 시간의 양을 늘리기 위해, 필요한 정보를 더 많이 얻기 위해 관리부서와 협력할 수 있다. 불행히도 그러한 대화에는 그룹에 예정된 투입으로는 원하는 것을 달성할 수 없을 것이라는 전문적인 의견을 주는 것도 포함된다. 보통 퍼실리테이터들이 사용하는 말은 "만일 제가 ……를 알았다면 좀 더 다르게 처리했을 것입니다."라는 것이다. 헌신, 참여, 주인의식 등의 이슈는 그룹을 맥락 안에서 살펴보는 것의 중요성, 그리고 그룹의 프로세스와 결과에 영향을 미치는 내적, 외적 요인들을 가지고 있는 개방 시스템으로서 그룹을 인지하는 것의 중요성을 강화시킨다. 퍼실리테이터는 그룹의 요구와 그룹에 내재된 한계를 고려하여, 그룹의 과업 달성을 독려하는 프로세스와 분위기를 조성하기 위해 최선을 다한다.

집단역학 주시하기

집단역학은 구성원들 간의 상호작용을 관리하고, 그룹 프로세스에 긍정적인 영향을 미치는 행동을 장려하는 것과 관련이 있다. 여기에는 구성원들이 그룹 커뮤니케이션과 상호작용 스킬을 개선할 수 있도록 해 주는 기본 규칙을 사용하는 것이 포함되어 있다.

기본 규칙의 활용   이전 장에서 논의되었던 기본 규칙들 중 세 가지의 예시가 아래에 제시되어 있다. 각각에는 특정한 기본 규칙에 반하는 최초의 행동을 "교정하기" 위해 퍼실리테이터가 어떻게 반응해야 하는지를 묘사해두었다. 효과적인 그룹 프로세스를 촉진하는 행동이 어떤 것인지 퍼실리테이터가 보여 주면, 구성원들은 그들의 행동이 어떤지 관찰하기 시작할 것이다. 아래의 예시 대화를 읽으면서 각각의 케이스에 당신이라면 어떤 반응을 보일지 생각해 보라.

과업에 집중하기
Mary: (과업과 전혀 동떨어진 발언을 한다)
퍼실리테이터: 메리, 다른 주제를 토론하자고 제안하는 것입니까? 현재 우리는 X에 대해서 이야기하고 있습니다.
Mary: 아닙니다.
퍼실리테이터: 당신의 발언이 현재 주제와 어떤 관련이 있는지 명확하지 않은 것 같습니다. 과업에 집중한다는 우리의 기본 규칙을 기억해 주십시오.
Mary: 알겠습니다. 지금은 관련이 없습니다.
퍼실리테이터: 당신의 아이디어를 대기공간에 써 놓으면 잊어버리지 않을 겁

니다. Y라고 이야기했지요, 맞습니까?

사실과 의견을 분리하기
Joshua: 말도 안 되는 아이디어입니다.

퍼실리테이터: 조슈아, 그렇게 말씀하시는 이유가 무엇입니까?

Joshua: 일정을 맞추지 못할 겁니다.

퍼실리테이터: 좋습니다. 그 부분에 대해 이야기해 봅시다. 일정에 대해 어떤 정보를 가지고 있습니까?

사람들이 방해받지 않고 말할 수 있도록 하기
Don: (Hong의 말을 끊는다)

퍼실리테이터: Don, Hong이 말을 끝맺을 수 있도록 해 주시기 바랍니다. 그런 다음 말씀해 주십시오.

혹은 (Don이 말을 끝내도록 한 다음 아래와 같이 말하기)

퍼실리테이터: Hong, 끝까지 말씀해 주시겠습니까.

말을 끊는 것은 그룹에서 흔히 일어난다. 누군가가 끼어들면, 가능한 빠르게 끼어들기가 발생하기 전에 말을 하고 있던 사람에게 다시 집중하라. 말을 끊은 사람 ─ 위 경우에서는 돈이다 ─ 이 대화를 독점하게 둠으로써 그 사람의 행동을 강화시키거나 보상을 주고 싶지는 않을 것이다. 만약 끼어들기가 그룹 내에서 빈번하게 발생한다면 기본 규칙을 되짚으며 구성원들에게 말을 끊지 않기가 중요하다는 것에 동의하는지 다시 물어보고 싶을 수도 있다. 만약 그들이 동의한다면, 누군가가 끼어들었을 때 그 습관을 깰 수 있도록 손을 들거나 혹은 다른 수단을 통해서 알려달라고 요청하라. 그룹 구성원들은 보통 이것을 꽤 즐거워하고, 따라서 퍼실리테이터는 다른 것들에 집중할 수 있다. 극단적인 경우 혹은 그룹이 커뮤니케이션의 속도를 늦출 필요가 있다고 느낄 때, 발언할 사람에게 동전이나 어떤 다른 물품을 건넬 수도 있다. 사람들은 물품을 쥐고 있을 때만 발언한다. 짧은 시간동안만, 그리고 특정한 목적을 위해서만 이 방법을 사용하라.

피드백 주기   위 예시와 같이 그룹 프로세스에 피드백을 줌으로써, 퍼실리테이터는 구성원들이 스킬을 개선하는 데 도움을 준다. 어느 정도까지 피드백을 주어야 하는지는 퍼실리테이션의 목적, 그룹 회의에 배정된 시간, 그리고 당신의 역할에 따라 달라진다. 당신은 매번 언제 개입해야 할지를 결정해야 하며, 당신의 행동이 목적을 긍정적으로 이끄는 데 도움이 되는가라는 기본 규칙에 근거하여 행동을 취해야 한다. 짧게 한 번만 만나는 그룹에게 기본 규칙을 너무 많이 강조하는 것은 모든 사람들을 짜증나게 할 뿐 아니라 그룹 프로세스에 부정적인 영향을 가져온다. 사람들은 간단히 말하는 것을 멈춰버릴 것이다. 토론 중간에 있는 휴식시간을 기다렸다가, 다시 시작하기 전에 기본 규칙을 한번 더 강조할 수도 있다. 짧은 기간 지속되는 그룹에서는 실시하는 데 너무 많은 시간이 소요되는 여러 가지 항목보다는 모든 사람들이 지지하는 몇 개의 규칙들이 훨씬 유용하다.

앞 장에서 언급되었던 과업 역할과 더불어, Benne와 Sheats(1948)는 그룹 유지 혹은 관계 역할을 정리하였다. 이 역할들은 집단역학, 그리고 분위기와 관계를 조성하는 데 영향을 미친다. 다음으로, 그들이 설명한 세 번째 역할인 자기 중심적 역할에 대해 논의하겠다. 짧은 기간 지속되는 그룹에서는 이 역할에 관심을 집중시키거나 구성원들이 스스로 의식하도록 두고 싶지 않을 수도 있지만, 한편으로는 긍정적인 역할을 장려할 수 있으며 부정적이거나 비능률적인 역할을 발견했을 때 그것을 저지시킬 수 있다.

구성원들의 관계(유지) 역할

Benne와 Sheat의 연구에서 언급된 역할들 중 몇 개가 퍼실리테이션과 유사하다는 것을 눈치챘을 것이다. 만약 그룹 구성원들이 이 역할들을 제대로 수행한다면, 퍼실리테이터의 일은 훨씬 수월할 것이며 그룹의 참여 또한 활발해질 것이다. 그러나 논의가 필요한 일이 있음에도 구성원의 어떤 행동으로 인해 그룹의 주의가 분산된다고 느껴지는 순간들이 있다. 예를 들어 타협자의 경우 모든 아이디어가 탐색되기도 전에 타협점을 찾으려 너무 빨리 개입할 수도 있다. 그러므로 이 역할들이 긍정적으로 고려되더라도 타이밍이 중요하며, 퍼실리테이터는 이 부분에 관심을 기울여야 한다.

┃ 표 7-1 그룹 구성원 유지 역할들

격려자: 동질감을 표출한다. 다른 사람들을 격려한다. 칭찬을 한다

화합자: 다른 의견들을 조정하고 화해시킨다. 서로 동의할 수 있는 의견을 제안한다. 긍정
　　　 적인 방법으로 의견이 다른 부분을 찾아낼 수 있도록 제안한다.

타협자: 타협점을 찾는다. 과업과 관계 이슈 둘 다를 지원한다. 모든 사람에게 적용될 수
　　　 있는 해결책을 찾으려고 노력한다

문지기: 참여하지 않은 사람들의 의견을 묻는다. 사람들을 말하게 한다. 그룹의 상호작용
　　　 을 촉진한다

그룹 관찰자: 상호작용을 주시한다. 그룹에 피드백을 제공한다

추종자: 그룹의 결정을 따른다. 다른 사람들의 아이디어를 받아들인다. 다른 사람들의 의
　　　 견에 귀를 기울인다. 그룹의 결정을 지지한다

출처: Benne, K., & Sheats, P. (1948). Functional roles of group members. Journal of Social
Issues, 4, 41-49.

　　그룹 구성원들이 함께 일하면서 자연스럽게 리더가 추대될 수도 있는데, 이는 공
식적으로는 권한이 없는 창발적 리더(emergent leader)이다(Kolb, 1999). 이런 리더
들은 일반적으로 과업과 관계 기능 모두를 수행하며 그룹을 앞으로 나아가게 이끈
다. 창발적 리더십 역할은 공유될 수 있으며, 오랜 기간 지속되는 그룹에서는 그때
그때 그룹에 필요한 스킬을 보유하고 있는지에 따라 바뀔 수 있다.

비능률적인 행동을 정의하고 다루기

　　그룹 업무에 있어서, 우리는 개인이 긍정적 혹은 부정적 역할 모두를 다양하게
수행한다는 것을 알고 있다. 부적절한 농담을 계속하거나 과도하게 관심을 받고 싶
어 하는 몇몇 행동들은 신경에 거슬리며 비능률적이다. 누군가 업무에서 자신의 몫
을 다하지 않거나 그룹을 개인적인 목적에 활용하는 것은 그룹 운영의 핵심 본질에
영향을 미치며, 그룹의 분위기나 프로세스, 결과에 심각한 피해를 줄 수 있다.

　　Benne와 Sheats가 정의한 마지막 역할은 개별적 혹은 자기 중심적 역할이다. 이
는 <표 7-2>에 나타나 있다.

▌표 7-2 개별 구성원의 개별적/자기중심적인 역할들

방해자: 대부분의 아이디어와 가능성이 있는 해결책에 부정적으로 반응한다. 지속적으로
　　　 이의를 제기한다. 부결된 아이디어를 다시 언급한다

공격자: 그룹을 공격한다. 다른 사람들의 상태에 비판적이다. 공격적으로 농담한다

지배자: 우월한 어투로 통제하려 한다. 주도권을 포기하고 싶어하지 않는다. 끼어든다

인정 추구자: 개인적인 성취를 자랑함으로써 자신에게 주의를 집중시킨다. 뻐기는 말투로
　　　 이야기한다. 우월하게 행동한다

도움 추구자: 그룹으로부터 공감을 사려고 한다

특정 이익 호소자: 개인의 아이디어를 특정 이익집단의 아이디어와 연결시킨다. 더 큰 집
　　　 단을 대변하는 양 아이디어를 내고 우려를 표시한다

자기 고백자: 그룹의 집단토의 방식을 이용해 그룹의 이슈나 과업과 관계없는 의견을 개진
　　　 한다.

출처: Benne, K., & Sheats, P. (1948). Functional roles of group members. Journal of Social
Issues, 4, 41-49.

　　퍼실리테이터의 선택지　　개별적/자기중심적 역할은 신경에 거슬리고, 시간을 낭비하고, 일반적으로 그룹 운영에 지장을 주며 해를 끼칠 수도 있다. 퍼실리테이터로서 우리는 가끔 피곤할 때나 다루기 힘든 그룹과 업무를 진행할 때, 그러한 행동에 대해서 과잉반응 할 수 있다. 우리는 개인으로부터 행동을 분리하는데 주의를 기울여야 하며─다시 말해, 개인에게는 긍정적인 입장을 견지해야 하며─동시에 개인의 행위가 그룹에 끼친 부정적인 영향은 제거해야 한다. 이러한 종류의 문제들을 어떻게 다룰지 아래에 제안해두었다.

　　방해자　　방해자의 행동 결과 중 하나는 그 사람이 주목을 받는다는 것이다. 그 사람이 방해하는 행동을 시작할 때, 이렇게 주목을 받기 때문에 행동을 하게 되는 것인지 혹은 그 사람이 실제로 심각하게 제기할 만한 이슈들이 있는 것인지 구별하기가 힘들다. 지속적으로 이의를 제기하거나 부정적인 발언을 할 때만이 그 사람이 훼방을 놓고 있다는 사실이 보다 명확하게 드러난다. 위험한 점은 이 사람이 좋은 제안을 했을 때에도 퍼실리테이터와 그룹이 무시할지도 모른다는 것이다. 거짓 경고를 남발하는 사람이나 너무 자주 이의를 제기하는 사람에게 하는 것과 비슷하게, 우리가 주의를 기울여서 듣지 않음으로써 결과적으로 가치 있는 요점을 놓칠 수도 있다. 그렇지만 사실 이러한 행동은 그룹에 영향을 미쳐 구성원들이 침묵하도

록 만들 수 있는데, 이는 구성원들이 그들의 아이디어가 비판받기를 원하지 않기 때문이다. 상호작용을 제한하거나 구성원들이 순서대로 차근차근 진행되는 프로세스를 밟도록 이끌어줄 수 있는 특정 테크닉들을 사용하면 그런 행동의 부정적인 효과를 제거할 수 있다. 또 다른 방법으로는 개진되는 의견을 보드에 적는 등의 임무를 이 사람에게 주는 것이다. 처음에는 가능한 모든 개입 중에서 가장 낮은 수준의 접근법을 선택하는 것이 좋다. 방해자에게 이목이 쏠릴 수 있는 조치를 취하기 전에, 애초에 그런 일이 발생하지 않도록 프로세스의 변화를 시도해 보라.

공격자　　공격자의 행동은 방해자의 행동과 비슷하지만 보다 공격적이고 개인적인 발언을 더 많이 하는 경향이 있다. 만일 프로세스를 바꾸는 것이 부정적인 발언을 감소시키지 못한다면, 공격의 정도에 따라 퍼실리테이터는 공격자와 개별적으로 대화를 나눠봐야 할 수도 있다. 모든 사람들에게는 일진이 나쁜 날이 있다. 한두 마디 정도는 기분이 나쁘더라도 들어줄 수도 있을 것이다. 만약 그것이 계속된다면, 그룹 전체에 어떤 영향을 미칠지 생각해보아야 할 것이다.

지배자　　지배자는 그저 단순히 이야기하는 것을 즐기는 것일 수도 있다. 그것과 마찬가지로 신경에 거슬리는 것은, 과업 달성에는 해가 되지만 그룹 내의 개인들에게는 거의 상처를 주지 않는다는 것이다. 때로는 방해자에게처럼 지배자에게 어떤 일을 맡기는 것이 효과가 있다. 모든 사람들이 골고루 발언해야 한다는 규칙을 일깨우기 위해 앞서 언급된 것과 같이 동전을 건넨다거나 하는 대화 통제 장치를 잠시 동안 사용할 수도 있다. 혼자서 떠드는 것을 막기 위해, 퍼실리테이터는 "혹시 또 의견이 있는 분이 있습니까?" 혹은 "이쪽 방향에 계신 분들로부터도 이야기를 들어봅시다."와 같이 보다 구체적인 발언을 할 필요가 있다. 그 사람이 수그러들 기미가 보이지 않는다면 퍼실리테이터는 기본 규칙을 깨고 끼어들 필요도 있다. "Liz, 고맙습니다. 하지만 다른 분들께도 의견을 피력할 기회를 드려야 합니다."와 같은 발언이 도움이 될 수 있다. 또한 몇몇 개인의 독점을 막기 위해 고안된 특정한 기법들도 이런 상황에서는 유용하다.

인정 추구자　　인정 추구자는 지배자와 유사하며 비슷한 방식으로 다룰 수 있다.

도움 추구자　　도움 추구자가 그룹에 도움이 되는 아이디어를 제시하면 콕 집어서 칭찬해 주어야 한다. 본인이 발언한 내용에 대해 더 설명해달라고 요청하면 스스로를 칭찬하려는 행동을 하지 않도록 주의를 돌릴 수 있다.

특정 이익 호소자　　특정 이익 호소자는 그룹의 입장을 대변하는 대신 아이디어에 대한 주인의식을 가질 필요가 있다. 이 사람은 특정한 이익이라는 더 큰 맥락 속에 의견을 숨기는 것이 아이디어를 각인시키거나 의견을 존중받을 수 있는 유일한 방법이라고 생각할 수도 있다. 의견을 피력할 때 "나" 중심의 발언을 하라고 그룹 내의 모든 사람들을 독려하는 것이 도움이 될 수 있다. "Shawn, 이 이슈와 관련해서 어떤 경험을 한 적이 있습니까?"라고 물어보아라.

자기 고백자　　자기 고백자는 자기를 드러냄에 있어서 그룹의 다른 구성원들이 용납가능한 한계가 있다는 사실을 깨닫지 못한다. 만약 그 사람이 매우 개인적인 감정을 드러낸다면, 퍼실리테이터가 그룹은 과업에 집중할 필요가 있다고 발언하는 것이 매몰차 보인다. 집중이 흐려진다는 점 이외에도, 개인을 도와주려고 모인 것이 아닌 그룹 내에서 과도하게 개인적인 발언을 하는 것을 퍼실리테이터가 장려하지 않는 다른 이유들이 있다. 간단히 말하면, 그런 발언들을 다룰 시간과 전문성이 부족하기 때문이다. 화제를 전환하는 것이 효과가 있을 수 있다. 또한 그 사람이 그러한 발언을 하면 사실에 대해서 질문하거나, 그 발언을 현재 토론과 연계해 주는 또 다른 질문을 던져라.
　　우리가 퍼실리테이터로서 하는 어떤 행동도 비능률적이라는 이야기를 듣고 싶지 않지만, 우리 모두는 선호하는 것들이 있고, 이는 일하는 방식을 결정한다.

퍼실리테이터의 선호사항

　　나는 예전에 어떤 지역의 그룹 회의를 종료하고 떠나면서, 그룹의 긴장도가 너무 높아 딱딱함을 깨기가 힘들었다고 친구에게 말한 적이 있다. 내 친구는 "어떤 긴장감? 나는 아무것도 못 느꼈는데."라고 말했다. 그룹 내에 불화가 있다는 추측이 지속적으로 언론에 보도되었기 때문에 긴장이 있다는 내 의견이 아마도 맞았겠지만, 똑같은 회의에 대한 두 가지 다른 해석이 늘 기억에 남았다. 일반적으로 거친 단어들은 참석한 모든 사람들이 알아채고 기억하기 때문에, 아마도 나의 해석은 비언어적 커뮤니케이션을 관찰한 결과에 영향을 받았을 것이다. 또한 나는 그룹과 업무를 하고 공간을 훑는 데 익숙하다. 이것은 얼굴 표정, 몸의 긴장감, 너무 오래 지속되는 침묵들, 다른 사람들과 눈을 맞추지 않으려는 행동을 알아채는 것이다. 만약 다른 퍼실리테이터가 함께 있다면, 우리가 받았던 인상을 서로 비교해 보는 것도 흥미로울 것이다.

퍼실리테이터들마다 관찰하는 내용이 다르며, 그에 따라 무엇을 해야 할지 결정하는 것에도 차이가 있다. 퍼실리테이터가 결정을 내리기 어려운 것은 주로 언제 명백하게 드러나지 않는 긴장감과 불화를 언급할지, 변화가 분위기를 개선시킬 것이라는 기대 하에 언제 변화를 주어야 할지, 언제 침묵을 지키고 언제 과업을 계속 진행할지이다. 어떤 것을 하거나, 하지 않을지는 어느 정도 상황에 따라 달라지기도 하고(당장의 과업을 진행하는 데 분위기가 어느 정도 중요한가, 해도 되는 분위기인가?), 또 어느 정도 퍼실리테이터의 경험이나 퍼실리테이터가 편안함을 느끼는 정도에 따라 달라지기도 한다.

과업 이슈를 다룰 때는 이런 것들을 고려할 여유가 없다. 과업 외의 행동을 무시하는 퍼실리테이터는 보통 좋지 않은 성과로 끝을 맺는다. 그러나 최소한 분위기가 나쁘지는 않지만 개선될 수 있는 상황에서는 분위기 이슈에 대해 해석의 여지가 있다. 분위기에 영향을 미치는 관계 역시 마찬가지다. 비슷한 상황에 놓인 두 명의 퍼실리테이터를 비교해 보면, 한 명은 협력적인 분위기를 조성하고 신뢰와 관계를 개선하려고 노력하는 적극적인 역할을 하는 반면, 다른 한 명은 그저 순서에 맞춰 과업을 진행하고 눈에 띄는 이슈들만 처리하려고 하는 바람에 과업의 달성을 저해하는 경우가 있다. 어떤 행동을 취하기 전에 가장 먼저 해야할 일은 당신이 생각했던 것이 맞는지 그룹과 확인하는 것이다. 당신이 관찰한 것과 비언어적 행동을 해석할 것만 가지고 그룹에 긴장이 있다고 가정하지 마라.

우리가 사람들과 일할 때는 항상 우리 자신이 가지고 있는 이슈와 선호사항을 이해하고 있는 것이 결정을 내리는 데 도움이 될 것이다. 그룹이 어떻게 운영되어야 한다고 생각하는가? 그룹이 어떤 상황에 있을 때 당신이 어려움을 느끼는가? 어떤 상황이 추진동력을 주는가? 이런 이슈들은 가치와 윤리를 다루는 다음 장에서, 그리고 이어지는 갈등을 다루는 장에서 좀 더 자세히 다뤄진다. 대부분의 퍼실리테이터들은 과업 중심 그룹과는 그럭저럭 잘해 나가기 때문에 대인관계 갈등, 빗나가는 행동, 혹은 비능률적 행위들을 다루는 경험이 부족하다. 사실 특정한 상황에서 오랫동안 일한 퍼실리테이터들은 이 장, 그리고 이어지는 장에서 논의되는 부정적인 상황들을 거의 경험하지 못할 수도 있다. 한편으로 또 다른 퍼실리테이터들은 퍼실리테이션을 받는 그룹들 내에서 의견 불일치와 감정적인 폭발을 일상적으로 경험하기 때문에 그런 상황을 당연시하기도 한다.

어떤 일이 발생하든지 언제 반응하고, 언제 개입하고, 언제 발언을 하고 침묵을 지키면서 무슨 일이 일어나는지 지켜봐야 할 지 알기 위해서는 경험이 많이 쌓여야 하며, 개인적 소견으로는 퍼실리테이터의 기질로부터도 영향을 받는다. 자신에 대해 잘 아는 것은 중요하다. 만약 갈등의 여지가 다분한 퍼실리테이션을 수락하게 되었다면, 그런 상황에 익숙한 동료 퍼실리테이터와 함께 일하는 것도 한 가지 선택이다. 이는 분위기와 관계 이슈들이 수면 위로 떠오르는 어색한 상황들을 개선할 수 있는 방법이다. 사실 나는 보유하고 있는 스킬 또는 편안함을 느끼는 정도와 상관없이, 어려운 퍼실리테이션 상황에 직면했을 때는 누구나 다른 사람과 짝을 지어 일해 보라고 제안하고 싶다. 물론 우리가 어떤 그룹의 퍼실리테이션을 시작할 때는 어떤 일이 발생할지 예측할 수 없으며, 일상적인 회의라고 생각했던 상황에서도 어려움이 발생할 수 있다.

요약

이 장에서는 협력적인 분위기, 그룹의 참여와 주인의식, 집단역학, 그룹 관계와 자기 중심적 역할 혹은 비능률적인 역할 등을 다루었다. 또한 분위기와 관계 이슈를 다룰 때의 퍼실리테이터 선호사항에 대한 토의로 마무리하였다. 다음 장에서는 가치와 윤리와 관련하여 그룹 내에서 발생하는 상황을 중점적으로 다룬다.

제8장

가치와 윤리

　가치와 윤리 이슈는 소그룹 퍼실리테이터의 역할과 깊은 관련이 있다. 퍼실리테이터는 그룹과 함께 그룹을 위해 일하며 그룹의 이익에 가장 잘 부합하도록 결정을 내린다. 이 장에서는 퍼실리테이터의 역할에 도움을 주는 가치들, 의사결정 그룹을 위한 윤리적 가이드라인, 그리고 수습 퍼실리테이터들의 윤리적 고민거리들에 대해 다룬다. 마지막으로 가치를 실천하는 것을 다루었다. 첫째로, 가치와 윤리는 어떻게 다른가?

정의

가치는 방향을 설정해주는 원칙이라고 할 수 있다. Joseph DeVito(1976)는 "가치는 태도가 구조화된 체계이다… 또한 가치는 우리에게 행동에 대한 가이드라인을 제공한다; 실제로 가치는 우리의 행동을 결정하기 때문에, 이는 우리가 가지고 있는 목표의 가치를 성취하는 것과 동일선상에 있다(p. 416)."라고 정의하였으며, 이는 태도, 가치, 그리고 행동 사이의 관계를 강조한다. Johannesen(1983)은 가치와 윤리의 차이를 밝히는 데 있어서 "현대 미국 문화에서 물질적인 성공, 개인주의, 효율성, 검소함, 자유, 용기, 근면, 사려깊음, 경쟁, 애국심, 타협, 시간엄수 등의 가치 기준은 영향도가 모두 다르다. 그러나 우리는 이것들을 옳고 그름의 윤리적인 기준이라고 여기지는 않는다(p. 1)."라고 말한다. 그러나 그는 몇 개의 가치 기준에 대해서는 "정직, 솔직함, 공정함, 그리고 인간성 등은 인간 행동에서 옳고 그름의 윤리적인 판단을 내리는 데 사용된다(p. 1)."라고 언급하였다.

이 장에서 나는 **가치**를 그룹이 업무를 진행하는 방식에 대해 우리가 어떻게 이해하고 행동해야 하는지를 알려주는 개인적인 믿음 또는 태도라고 정의한다. 또한 다음과 같이 Trevino와 Nelson(1999)의 윤리에 대한 정의를 인용한다. **윤리적인 가이드라인**은 개개의 그룹 구성원들, 전체로서의 그룹, 그리고 그룹과 함께 업무를 진행하는 퍼실리테이터를 지배하는 원칙, 규범, 기준이다.

퍼실리테이션의 방향을 결정하는 가치들

당신이 의식하고 있든 그렇지 않든 간에, 당신 안에는 퍼실리테이터의 역할이 어떠해야 한다는 개념에 영향을 미치는 개인적 가치들이 자리 잡고 있다. 이러한 믿음은 그룹구성원들이 어떻게 함께 일하는지, 그리고 퍼실리테이터가 어떻게 그룹과 업무를 진행하는지와 관련되어 있으며, 당신의 업무 진행 방식을 결정하는 원칙들을 만들어낸다. 당신이 사용하기로 선택한 기본 규칙들에는(제6장 및 7장) 어느 정도 당신이 가지고 있는 가치들이 반영되어 있다. 당신이 어떤 가치들을 중요하게 생각하는지 알아보기 위해 Auvine, Densmore, Extrom, Poole, 그리고 Shanklin(1978)이 정리한 아래의 그룹 업무의 가치를 살펴 보라.

민주성: 모든 사람들은 참여할 기회를 가진다. 회의 계획은 퍼실리테이터와 참여자들에게 개방되어 있고 공유된다. 세션이 진행되는 동안에는 위계적인 조직

구조가 작동하지 않는다.

책임감: 모든 사람들은 자신의 행동에 책임을 진다. 퍼실리테이터로서, 당신은 당신의 행동과 그 행동이 참여자들에게 미치는 영향에 대해 책임이 있다.

협동심: 퍼실리테이터와 회의 참여자들은 집단 목표 달성을 위해 함께 일한다.

정직성: 퍼실리테이터로서, 당신은 당신 자신과 당신이 보유하고 있는 스킬에 대해 솔직하게 털어놓아야 한다. 당신은 당신이 가지고 있는 스킬의 한계를 이해하고 있다. 당신은 당신의 감정, 걱정, 우선순위를 솔직하게 이야기하고, 다른 사람들도 솔직해지기를 기대한다.

평등주의: 모든 구성원들은 어떤 부분에든 기여할 수 있으며, 그렇게 할 수 있는 기회가 주어져야 한다. 퍼실리테이터와 참여자들은 서로에게서 배운다. 또한 모든 참여자들은 언제라도 참여하지 않을 권리가 있다.

가치에 대한 또다른 논의는 미국 내에서 이루어지는 그룹업무에 영향을 미치는 가치들과 관련되어 있는데, 이는 Stech와 Ratliffe(1987)가 정리한 민주성, 개인주의, 개방성, 그리고 충실함이다. 이는 제4장에서, 그리고 그 외 여러 부분에서 논의되었던 주제인 문화적 차이를 주요 포인트로 짚는다. 가치는 국가의 문화에 영향을 받으며, 더 좁게는 조직이나 그룹의 문화에도 영향을 받는다. 예를 들어 몇몇 아시아 문화권에서는 연장자 또는 높은 직위의 사람들을 우대하기 때문에, 그들의 발언은 그룹 내 다른 사람들의 의견보다 더 중요하게 여겨진다.

이 두 가지 연구로부터 아이디어를 종합하면, 미국에서는 민주성을 그룹 내의 가치로 보고 있다. 두 연구의 가치 리스트 모두에 민주성이 언급되어 있다. 게다가 Stech와 Ratliffe가 개인주의를 정의하는 방식은 Auvine과 그 외 연구자들이 설명한 평등주의의 개념과 매우 유사하다. 모든 개인은 의견을 가질 권리와 그 의견을 표현할 권리도 가지고 있다. 두 번째 연구에서의 개방성은 Stech와 Ratliffe가 정직성을 "완전히 개방적이고 솔직한 것이 항상 잘 받아들여지거나 현명한 것은 아니다(p. 32)."라고 평가한 것을 제외하고는 정직성과 유사하다. 충실함은 개인적으로 협동심 이상의 것을 함축하고 있다고 생각한다. Stech와 Ratliffe는 책임감은 언급하지 않는다.

이 리스트들을 종합하고 내 의견을 더해서 <표 8-1>에 미국 문화의 영향을 받는 퍼실리테이션 그룹에 적용가능한 가치 리스트를 제안해 놓았다. 퍼실리테이터로서 당신의 업무에 도움을 주는 다른 가치들을 추가하고 싶을 수도 있을 것이다. 리스트 뒤에는 각각의 가치에 대한 설명이 있다.

▌표 8-1 미국 내 그룹들의 가치

```
** 민주적인 프로세스
** 개인에 대한 존중과 품위
** 개방성
** 공동의 책임감
```

민주적인 프로세스　　　모든 사람들의 발언은 동등하게 중요하다. 모든 구성원들은 프로세스 진행 시 동등한 참여자가 된다. 평등의 원칙에 예외가 생기면 이를 모두 공지하고 동의를 구한다. 퍼실리테이터는 그룹과 권위를 공유하며 가능한 지시하지 않고 조언을 제공하는 방향으로 업무를 진행한다. 퍼실리테이터는 그룹 프로세스 중 내려지는 결정을 투명하게 공개한다(개방되어 있으며 숨겨진 아젠다가 없음).

개인에 대한 존중과 품위　　　모든 아디이어와 의견은 가치가 있다. 구성원들과 퍼실리테이터는 서로를 존중하고 품위있게 대한다. 개인의 선택이 그룹에 방해가 되지 않는 선에서 특정 활동이나 실습에 "참여하지 않을" 수 있다.

개방성　　　이슈를 오픈하는 것이 권장된다. 맥락에 따라, 또는 프라이버시를 지켜주어야 한다면 개인적인 이슈는 오픈되지 않는다. 퍼실리테이터는 구성원들이 원하는 정도 이상으로 개방적이 되라고 압박하지 않는다. 구성원들과 퍼실리테이터는 그룹의 목적에 맞게끔 적절한 정도로 스스로를 개방해야 한다. 순수하게 프로세스와 관련된 역할만을 수행하는 퍼실리테이터들은 그룹의 효과적인 운영과 관련이 있을 때만 개인적인 의견을 공유한다.

공동의 책임감　　　퍼실리테이터는 세션을 잘 준비하고 프로세스 퍼실리테이터의 역할을 맡을 시 중립을 지키는 등을 포함하여, 업무에 최대치의 능력을 발휘해야 할 책임이 있다. 구성원들 역시 가능한 한 최대한으로 참여할 의무가 있다. 양측 모두에 서로가 동의할 수 있는 목표를 설정할 책임이 있다. 퍼실리테이터에게 추가로 요구되는 책임은 경험과 자격에 대해 솔직해야 하는 것이며, 의뢰된 일이 전문성 밖의 일이면 수락하지 않는 것이다.

아마 업무진행 방식을 결정하는 다른 가치들도 떠올릴 수 있을 것이다. 특정한 요구사항이나 이슈가 있는 그룹과 함께 일할 때는 당신에게 내재되어 있는 가치들이 당신이 일하는 데에 어떻게 영향을 미치는지를 고려하라. 예를 들어 갈등에 대해 당신이 가지고 있는 가치들은 당신이 사용하는 테크닉에, 그리고 세션 중에 발생하는 갈등에 어느 정도까지 개입해야 할지에 영향을 미칠 수 있다.

우리 각자가 퍼실리테이션을 받는 그룹에 대해 가지고 있는 가치들 이외에도, 의사결정 그룹을 위해 정리된 윤리적인 고려사항과 가이드라인이 있다.

의사결정 그룹을 위한 윤리적 가이드라인

많은 연구자들이 의사결정 그룹과 문제해결 그룹에서 발생하는 윤리적인 문제들에 대해 토론하였다. Bormann(1981; 1990)은 소규모 토론 그룹을 위해 아래와 같은 여덟 가지 윤리적인 가이드라인을 제안하였다.

1. 결정을 내릴 때 강요하거나 조종하지 않기
2. 개인 잠재력의 발전을 촉진시키기
3. 타당한 이유를 설명하고 적절한 가치 판단을 내리기
4. 아이디어가 아닌 개인적인 이슈에 초점을 맞추는 갈등을 피하기
5. 이기적인 관심사로 다른 구성원들을 변질시키지 않기
6. 공정하고 정확하게 정보를 제공하기
7. 다른 사람들이 나에게 커뮤니케이션 해 주기 바라는 방식으로 다른 사람들과 커뮤니케이션 하기
8. 그룹 커뮤니케이션을 판단할 때 윤리적인 기준을 사용하기

이와 연관된 연구에서, Gouran(1990)은 소그룹 의사결정 프로세스에서의 다섯 가지 윤리적인 책임감을 언급하였다. (1) 의사결정의 결과로 파생될 수 있는 우려를 공개하기 (2) 최대치의 역량으로 이슈를 탐구하기 (3) 잘못된 정보제공 및 정보 활용을 피하기 (4) 참여자들의 자존감을 보호하기 (5) 서로를 존중하기이다.

이들 중 몇 가지는 그룹이 사용하는 일반적인 기본 규칙에 반영되어 있으며, 앞에서 많은 부분이 이미 토의된 바 있다. 참여자들의 자존감을 보호하는 것은(#4, Gouran) 특별히 논의되지는 않았다. 퍼실리테이터로서의 행동이라는 측면에서 볼 때 이것은 무엇을 의미하는가? 여러 가지 해석이 가능하다. 많은 이들이 동의하는

해석은 다른 이들을 존중하며, 구성원들을 부끄럽게 하거나 불편하게 만드는 방식이나 그룹 구성원들이 누군가에게 부정적인 시선을 던질 만한 방식으로 그룹에 영향력을 행사하려 하지 않는다는 것이다.

때로 그룹과 관련된 우리의 가치와 믿음은 어떤 특정한 상황과 맞닥뜨리기 전까지, 또는 다른 퍼실리테이터들과 토론하면서 서로 어떻게 다른 믿음을 가지고 있는지 비교해보기 전까지 표면 위로 드러나지 않는다. 만약 당신이 다른 퍼실리테이터와 함께 일할 예정이라면 이런 토론을 해 볼 것을 권장한다. 그렇지 않으면 세션의 반 이상이 지나서야 당신과 당신의 동료 퍼실리테이터가 그룹을 보는 시각과 퍼실리테이터의 역할을 보는 시각이 다르다는 것을 깨닫는 상황이 생길 수도 있다. 이것은 당신이 간과하고 넘어갔던 행동을 동료 퍼실리테이터가 개입을 하는 정도의 별것 아닌 차이가 될 수도 있지만, 퍼실리테이터가 개인적인 의견을 피력해서 그룹의 결정이나 결과에 영향을 미치는 등의 보다 심각한 이슈가 될 수도 있다.

아이디어가 아닌 개인적인 이슈에 초점을 맞춤으로써 야기되는 갈등을 피하는 방법과 최대치의 역량을 활용해서 이슈를 탐구하는 법에 대한 가이드라인은 갈등 및 의사결정 테크닉을 다루는 다음 장에 설명되어 있다. 퍼실리테이션에는 선택을 내리는 것도 포함된다. 어떤 선택으로 인해 퍼실리테이터의 윤리 기준이 바뀔 수도 있다.

퍼실리테이터의 고민거리

나와 내 동료(Kolb, Jin, & Song, 2009)는 퍼실리테이터의 윤리적 의무에 따라 행동하는 경험이 풍부한 퍼실리테이터들로부터 데이터를 수집하여 연구했다. 이 그룹은 제3장에 등장했던 모델을 발전시키는 데 참여한 퍼실리테이터들 중 일부(20명)로 구성되었다. 우리는 응답을 분석하고 주제와 내용에 따라 분류하였다. <표 8-2>는 퍼실리테이터들이 중요도를 매긴 결과에 따라 중요도가 높은 순으로 여섯 개 주제를 나타낸 것이다. 윤리적 이슈를 보다 면밀히 검토하기 위해서는 후속 연구가 필요하겠지만, 이 연구에서 퍼실리테이터들이 본인들의 윤리적인 의무에 대해 어떻게 생각하고 있는지를 가늠해 볼 수 있다.

✔ 비밀을 엄수할 것
✔ 프로세스 및 결과의 질을 높이기 위한 전문적인 기준을 정립하고 유지할 것
✔ 솔직하고 개방적일 것
✔ 중립을 유지할 것
✔ 사람과 이슈를 존중할 것
✔ 결과를 미리 결정해 놓고 그에 맞춰 진행하라는 압력에 저항할 것

출처: Kolb, J. A., Jin, S., & Song, J. (2009). Ethical responsibilities identified by small group facilitators: Implications for teamwork instruction and training. Journal of Business and Training Education, 18, 61-70.

비밀엄수   퍼실리테이터들의 60%가 언급한 첫 번째 주제인 비밀엄수에서, 응답자들은 그룹 내에서 언급된 것은 그룹 내에서만 공유될 것이라고 믿으며 비밀엄수를 실천하고 모범을 보여야 하는 의무를 설명했다. 그들은 또한 자신들의 발언으로 발생할 수 있는 앙갚음으로부터 구성원들을 보호하는 것에도 신경을 썼다. 이런 우려들은 그룹에서 발생하는 일에 대한 비밀엄수, 퍼실리테이터가 그룹 외부의 사람들과 무엇을 논의해도 되고 논의하면 안되는지, 그리고 그룹 구성원 개인이 퍼실리테이터에게 비밀리에 말한 것들과도 관련이 있다.

비밀엄수는 보통 그룹 운영의 가이드라인이나 기본 규칙이라고 여겨진다. 특히 민감한 이슈를 토론할 때 발언내용이 밖으로 새어 나가지 않는다는 확신이 어느 정도 있다면 구성원들은 안심할 것이다. 이때 발생할 수 있는 위험이나 어려움은 그룹 외부에서 일어나는 일에 대해서는 퍼실리테이터가 전혀 통제할 수 없다는 것이다. 비밀엄수에 대한 기본 규칙이 있는 경우 구성원들은 안전하다고 착각할 수 있으며, 따라서 끊임없이 재생산될 여지가 있는 이야기를 하거나 그룹 외부의 사람들과 마찰이 생길 수 있는 내용들을 말해 버릴 수도 있다. 이것이 내가 제6장의 기본 규칙에 비밀엄수를 포함하지 않은 이유이다. 그러나 비밀엄수는 중요하며, 토론 주제가 민감한 것일 때는 비밀엄수의 한계에 대해 논의해야 한다. 그룹 구성원들, 퍼실리테이터, 그리고 그룹과 이해관계가 있는 사람들은 모두 비밀엄수에 어떤 한계와 예외가 있는지에 대해 사전에 동의할 필요가 있다. 그룹 구성원들이 비밀엄수에 취약할수록, 퍼실리테이터는 개개인의 응답이 비밀로 지켜질 수 있는 절차들을 선택해야 한다. 또 다른 이슈로는 그룹 밖의 사람들이 개인적이라고 생각하는 것을

그룹 내의 구성원들이 이슈로 제기할 때, 그룹 밖의 사람들의 비밀에 대한 권리를 침해한다는 것이 있다.

구성원 개인과 퍼실리테이터 간의 사적인 커뮤니케이션이 어느 정도 적절한지에 대해서 퍼실리테이터들은 모두 다른 생각을 가지고 있다. 어떤 퍼실리테이터는 구성원 개개인에게 세션 중 토론될 이슈에 대해 우려사항이 있으면 미리 알려달라는 요청을 할 수도 있다. 그 후 우려되는 사항들을 한꺼번에 정리한 다음 그 리스트를 세션에서 공개하거나 배포한다. 이 방법은 특정 구성원이 이슈를 제기하지 않아도 모든 우려사항들이 건의될 수 있도록 해 주는데, 이는 한 조직안에서 지위나 권력이 다른 사람들이 같은 그룹에 배정된 경우에 중요할 수 있다. 회의 시 지위가 가장 낮은 사람이 우려를 제기한다면 상사가 제기하는 것 보다 관심을 덜 받을 것이다. 이 경우에는 개별적으로 커뮤니케이션을 진행하는 특정한 사유가 있는 것이며, 모든 구성원들은 리스트가 생성되는 방법과 그 이유에 대해 알고 있다. 정기적으로 모임을 갖는 그룹의 경우 그룹이 명시적으로 모든 이슈들을 다 제기하도록 하는 방식을 택할 수도 있지만, 특정 주제로 한 두번의 회의만 하는 그룹에서는 공개적으로 이슈를 제기한다는 기본규칙을 세우는 것보다 모든 정보를 다 꺼내놓는 것이 더 중요할 수 있다. 맥락이 중요하다.

구성원 개인이 퍼실리테이터에게 어떤 사항을 사적으로 이야기해야 한다고 결정하는 경우, 다양한 상황이 발생할 수 있다. 만약 이 정보가 건강과 같은 개인적인 이슈와 관련이 있다면, 퍼실리테이터는 당연히 응해야 한다. 예를 들어 어떤 사람이 건강상의 문제가 있어 하루종일 신경을 써줘야 할 수도 있다. 보다 걱정되는 부분은 어떤 개인이 다른 사람 또는 그룹에 대한 정보를 퍼실리테이터와만 공유하려고 할 때이다. 언젠가 한번은 누군가가 내게 그룹 내에 트러블메이커가 있다고 "경고"를 한 적이 있었다. 그 일은 내가 무슨 일이 일어났는지 알아차리기도 전에 복도 한 가운데서 일어났는데, 나는 이것이 그룹을 걱정해서라기보다 둘 사이의 개인적인 적대감이 원인이지 않을까 강하게 의심했다. 트러블메이커라고 지적되었던 사람은 세션이 진행되는 동안 쾌활했고 그룹에 기여하는 구성원이었다. 회의실 밖에서 두 사람 사이에 어떤 일이 일어났는지에 대해서는 알 길이 없다.

내가 좀 더 경험이 많았으면 좋았을 또 다른 상황도 있었다. 휴식시간 중 두 사람이 내게 회의가 다시 시작되면 그룹 전체에 질문을 하나 해줄 수 있겠느냐고 요청했다. 그것은 직전에 다루었던 이슈에 대해 순수하게 긍적적 혹은 부정적 경험을 물어봐 달라는 요청처럼 보였다. 그러나 나는 회의를 다시 시작하자마자 내가 던졌

　　　　　　　　제2부 퍼실리테이션의 프레임워크

던 질문으로 인해 몇몇 사람들이 동요하고 있다는 것을 즉시 알아챌 수 있었다. 몇몇은 몸을 돌려 다른 사람들을 날카롭게 쏘아보았다. 그 이슈와 관련된 일련의 사건들이 있었음이 명백했다. 나는 그 두 사람에게 휴식시간이 끝난 후 그들 스스로 질문을 할 기회를 주겠다고 말했어야 했다. 다른 누군가가 개인적으로 건의한 내용을 질문으로 던진 것은 부적절한 것이었다. 그날 나는 복도에서 이루어지는 대화에 대해 중요한 교훈을 얻었다.

프로세스 및 결과의 질을 높이기 위한 전문적인 기준을 정립하고 유지하기　　퍼실리테이터들의 35%가 여기에 정리되어 있는 이슈들을 언급했다. 전문적인 기준은 기존에 약속된 것을 전달하는 것에서부터 그룹에 도움을 주기 위해 성실하게 노력하고 퍼실리테이션 스킬을 향상시키기 위해 평가와 피드백을 찾아다니는 것까지 전부에 적용된다. 제4장에서 조직과 기획에 관해 언급된 많은 자료들은 업무 전, 후의 이슈를 설명한 것이다. 전문적인 기준을 정립하고 유지하는 것은, 무엇이 기대될 수 있는지 알기 위해 충분한 질문을 한 후 그룹 구성원들이 지정된 목표를 달성하는데 도움이 되는 세션을 기획할 때 당신의 전문성을 발휘한다는 측면에서 중요하다. 퍼실리테이터는 그룹의 이익에 근거하여 프로세스를 선택하고 결정을 내려야 한다.

솔직하고 개방적이기　　퍼실리테이터들의 35% 또한 이 주제를 언급하였다. 여기에서 나온 의견들은 그룹 구성원들을 솔직한 태도로 대하고 의사결정의 투명성을 유지하는 것이 필요하다는 것이었는데, 간단하게 말하면 왜 당신이 특정한 프로세스나 절차, 테크닉 사용을 선택했는지를 숨기지 말라는 것이다. 퍼실리테이터는 그러한 결정에 영향을 미치는 아젠다를 숨기면 안 된다. 이와 관련된 연구에서 Frey(2006)는 퍼실리테이터들이 직면하는 가장 어려운 윤리적인 이슈가 "팀 구성원들이 제안한 것을 어떻게 솔직하고 개방적으로 다룰 것인가"를 결정하는 것이라는 사실을 발견했다(p. 38). 퍼실리테이터가 구성원들과 관리자들이 부딪히는 이슈에 대한 토론을 진행할 때, 그 관리자들이 퍼실리테이터를 고용한 사람이라면 상황은 더 복잡하고 민감해진다. 실질적으로 이해 충돌이 발생가능한 모든 맥락에서 솔직하고 개방적인 태도를 유지하기란 쉬운 일이 아니다. 퍼실리테이터는 무엇을 공유할 수 있고 무엇을 공유할 수 없는지에 대해 솔직하고 개방적이어야 한다. 만약 공개되지 않는 정보의 양이 퍼실리테이션에 영향을 미칠 정도라면, 이 윤리적인 이슈는 퍼실리테이터가 그 일을 수락할지 말지를 결정하는 이유 중 하나가 될 수도 있다. 이 주제는 바로 다음 내용과 연결된다.

중립 유지　　퍼실리테이터들의 30%는 중립에 대해 언급했다. 사람들은 퍼실리테이터들이 이슈에 대해 중립을 지키고, 공정하게 균형을 잡고, 개인적인 아젠다가 아닌 그룹의 이익을 위해 일하기를 기대한다. 제1장에서 논의된 바와 같이 중립성은 소그룹 프로세스 퍼실리테이터를 정의하는 데 필수적인 요소이다.

퍼실리테이터들은 중립 원칙을 위반하면 어떤 어려움이 생기는지 알고 있어야 한다. 중립은 퍼실리테이터가 그룹의 성장을 위해 개입, 테크닉, 프로세스를 선택할 수 있도록 자율성을 보장해 주기 위한 것이다. 그룹이 그룹과 그룹의 상황에 적절한 프로세스 결정을 내릴 때, 퍼실리테이터의 전문적인 판단을 신뢰할 수 있어야 한다. 그러나 만약 퍼실리테이터가 어떤 특정 결과를 선호한다면, 특히 그 결정이 퍼실리테이터 개인에게 이익이 된다면 프로세스에 대한 결정은 왜곡될 수밖에 없을 것이다. 예를 들어 혁신적인 해결책을 선호하는 퍼실리테이터의 경우, 의식적 혹은 무의식적으로 혁신적인 선택을 할 가능성이 적은 단선적인 테크닉보다는 다양한 선택지를 도출할 수 있는 브레인스토밍을 독려하는 테크닉을 선택한다.

퍼실리테이터들은 진행 중인 사항에 대해 개인적인 의견이 있더라도 전문적인 자세를 견지하면서 퍼실리테이션을 할 수 있다고 믿을 수도 있다. 각자는 특정 상황에 대해 알려진 모든 것을 고려하여 이 결정을 내려야 한다. 이익이 충돌되는 부분이 있다면 숨겨서는 안 된다.

사람과 이슈에 대한 존중 표시　　퍼실리테이터들의 15%가 사람, 이슈, 그리고 퍼실리테이션의 전체 프로세스에 존중을 표시하는 것을 언급했다. 거기에는 구성원들 간의 차이점을 존중하고, 모든 사람을 정중하게 대하며, 구성원들에게 선입견을 갖지 않고, 사람과 주제를 이해하고 지속적으로 존중하는 것 등이 포함되었다. 퍼실리테이터로서 당신이 조성하는 분위기(제7장), 그리고 절차와 테크닉에 대한 당신의 선택(제6장)은 회의실 내의 사람들과 토론 중인 이슈들을 당신이 얼마나 존중하고 있는지, 또는 존중하는 데 얼마나 실패하고 있는지를 알 수 있게 해준다.

결과가 이미 정해져 있다는 압력에 저항하기　　퍼실리테이터들 중 15%가 이 주제에 대해 언급했다. 여기에 나온 응답들은 그룹 외부로부터의 압력, 그리고 퍼실리테이터를 개인적인 아젠다를 해결하는 데 이용하고 싶어하는 사람들과 관련되어 있었다. 이것은 비밀보장이 되는 복도에서의 대화와는 다른데, 왜냐하면 퍼실리테이터로서 나는 그 요청이 발생했을 당시 두 사람에 대한 아젠다를 몰랐기 때문이다. 또한 그 두 사람에게는 회의실 안에 있는 다른 사람들에 대한 책임이 없었다. 자신들의 신분을 완전히 공개하지 않고 이슈를 제기하기를 원했을 뿐이었다. 그러나 과도하게 압력이 가해지는 상황이라면 퍼실리테이터는 결과에 영향을 미칠 수 있도록 고의적이고 은밀하게 무언가를 하도록 요청받는다. 퍼실리테이터는 누군가가 원하거나 기대하는 결정 혹은 결과를 귀뜸받을 수도 있고, 그룹을 특정한 방향으로 끌고 가도록 영향력을 행사하라는 요청을 받을 수도 있다. 되짚자면 제4장에 나와 있는 질문들은 퍼실리테이션에 대한 이야기가 처음 나왔을 때 숨겨져 있는 아젠다들을 끄집어내는 데 도움을 줄 수 있다. 만약 퍼실리테이터로서의 당신의 역할이 처음부터 명확하게 정의된다면 문제가 생길 소지가 있는 아젠다들을 보다 쉽게 피할 수 있을 것이다.

여기서 압력은 중요한 단어이다. 결정이 이미 내려져 있는 상황이거나 혹은 그룹이 어떤 이슈나 우려를 제기하는지에 상관없이 관리자들이 결정을 내릴 예정일 때, 조직에서 그룹이나 팀으로 일해 본 경험이 있는 사람이라면 때때로 그룹이 "정해진 대로 흘러간다."는 것을 알고 있을 것이다. 이런 일들은 생기기 마련이다. 이 연구에서 퍼실리테이터들의 15%만이 결과에 영향력을 행사하기 위한 외부 압력을 느꼈다고 대답한 것은 고무적인 일이다. 이와 연관된 또 다른 걱정스러운 점은 퍼실리테이터가 전혀 모르고 있거나 혹은 사실이 아니라고 믿는다 하더라도, 고용인들이 이미 정해진 결과가 있다고 스스로 믿어버리는 것이다. 고용인들의 이러한 믿음은 그들의 참여의지에 영향을 미치며, 만약 퍼실리테이터가 사전 기획 시 이를 발견한다면 이슈를 제기해야 한다. 무엇을 하든지 간에 그룹과 일할 때에는 가능한 한 투명하게 진행하고 싶을 것이다. 만일 그렇지 못할 경우 윤리적인 문제가 생길 수 있을 뿐 아니라 당신의 효율성도 순식간에 떨어질 수 있다.

당신이 아는 것이 적을수록 윤리적인 딜레마나 갈등도 적어질 거라는 생각이 머리를 스칠 수도 있을 것이다. 많은 질문을 하지 않는다면 외부 요인이나 제약에 대해서도 잘 모를 것이며, 그룹과 더 자유롭게 일할 수 있을 것이다. 이런 의견은 퍼실리테이션의 토론거리가 될 수 있다. 그러나 상황마다 다를지라도 관련 정보를 알지 못하는 것이 좋은 선택인 경우는 없을 것이다. 때때로 매우 촉박하게 안내사항을 듣고 퍼실리테이션을 시작해야 하거나, 누가? 무엇을? 언제? 어디서?와 같은 기본적인 질문밖에 할 기회가 없을 수도 있다. 아니면 당신에게 주어지는 상황이 쉽지 않다고 느껴질 때 스스로에게 다음과 같은 질문을 던져보라. 그룹에게 정보를 주지 말라는 요청을 받고 있는 상태인가? 만약 그렇다면, 당신에게는 해결해야 할 문제 혹은 딜레마가 있는 것일지도 모른다. 잠재적으로 발생할 수 있는 윤리적인 이슈에 대해 토론해 보는 것은 퍼실리테이터들이 무엇을 예상해야 하는지 아는데, 그리고 그런 상황들을 더 잘 다룰 수 있도록 준비하는 데 도움이 될 수 있다.

가치를 실천하기

짧은 시나리오와 삽화를 활용하여 다양한 윤리적인 상황에 노출되는 훈련을 마친 참가자들은 윤리적인 이슈에 대한 인식이 향상되었다(Frisque & Kolb, 2008). 그저 어떤 이슈가 발생할 수 있을지 생각해 보는 것만으로도 윤리적인 결정을 내려야 할 때를 대비할 수 있는 좋은 연습이 된다. 다양한 분야와 직업군에서의 가상 상황은 직장에서 발생하는 윤리적인 상황을 더 민감하게 인지하고 더 잘 해결할 수 있도록 도와주는 도구로써 자주 활용된다(Frisque, Lin, & Kolb, 2004; Moon & Woolliams, 2000; Sanyal, 1999). 윤리적인 딜레마에 빠져 있는 사람들은 종종 선택지가 한두 개뿐이라고 생각한다. 곰곰이 생각해 보면 당장에는 명확하지 않았던 선택지들을 발견할 수 있다. 이를 염두에 두고 두 개의 시나리오를 아래에 제시해 놓았다. 이것을 읽어보면서 무엇을 할지 당장 결정하는 대신 다음과 같은 질문들을 스스로에게 던져 보라.

표 8-3 윤리적인 고려사항들

> ** 관련된 이슈들은 무엇인가?
> ** 이 장에서 논의되었던 윤리적인 이슈들과 그룹 업무 가치들이 이 시나리오에 어떻게 영향을 미치는가?
> ** 내가 선택할 수 있는 것들은 무엇인가?
> ** 각 선택지의 파급효과와 결과는 무엇인가?
> ** 무엇을 할 것인가?

시나리오 1   6개월 가량 지속되고 있는 일상적인 그룹 회의에서, 그룹 구성원 중의 한 명인 Kate는 그룹의 휴식시간이 끝난 직후에 늦게 합류했다. 그녀는 상사와의 회의를 끝내고 곧장 오는 길이었고 누가 봐도 꽤 들떠 보였다. Kate와 같은 부서에서 일하는 Carol이 그녀에게 무슨 일이 있었는지 물었다. Kate는 재빨리 누가 들어도 중요하다고 여길 만한 대화 내용을 상세히 풀어놓기 시작했는데, 그 상사는 아마도 본인이 나누었던 대화가 그룹 토론 주제가 되리라곤 생각하지 못했을 것이다. 그녀가 말을 끝내자마자 당신은 휴식시간 이전에 토론했던 이슈로 돌아갔다.

시나리오 2   David는 오랫동안 지속되었던 프로젝트 그룹의 구성원인데, 그의 평소 행동과는 다르게 행동을 하고 있다. 그는 또 다른 구성원인 Jack이 비교적 부드럽게 발언을 했음에도 매우 화가 나서, 최근에 그룹에 합류해 다른 사람들을 잘 모르는 Marilyn에게 날카롭고 상처가 될 만한 발언을 했다. 그 후 David는 침묵에 빠졌다. 휴식시간이 되자마자 그는 회의실을 빠져나갔다. 휴식시간에 당신은 Jack이 David의 일로 Marilyn에게 사과하면서 David가 개인적인 문제가 있으며 평소보다 술을 더 많이 마시는 것 같다고 이야기하는 것을 보았다.

시나리오 토론   각각의 상황을 살펴보고 아래 내용을 읽기 전에 당신이라면 어떻게 했을지 생각해 보라.

시나리오 1은 비밀엄수, 전문적인 기준, 그리고 개방성과 관련되어 있다. Carol과 Kate의 상사가 같고 모두 같은 회사에서 일하고 있긴 하지만, Kate가 제공한 정보는 그 그룹 구성원들과는 관계 없는 이슈에 관한 것이었다. 그룹 구성원들이 하는 이야기들이 Kate 상사의 귀에 들어가 Kate가 곤경에 처할 수도 있다. 또한 Kate의 상사가 기밀이라고 여기고 있는 정보를 그룹이 알고 있다는 점도 걱정스러울 것이다.

당신의 선택지에는 아무것도 하지 않기, Kate에게 먼저 말하지 않고 그룹에 비밀엄수 이슈를 제기하기, Kate와 먼저 이야기한 후 휴식시간 이후에 그룹과 이슈에 대해 이야기하기, 그룹 세션이 끝난 후 Kate와 개인적으로 대화를 나누기, 그룹 세션이 끝난 후 Kate와 Carol과 함께 대화를 나누기, Kate에게 회의 중 무엇을 이야기했는지 그녀의 상사에게 말하라고 요청하기, 당신이 Kate의 상사에게 사적인 정보가 그룹 회의 도중 예상치 못하게 발설되었다는 것을 이야기하기, 혹은 이런 행위 중 몇 개를 섞어서 하기, 또는 이외 다른 방법을 선택하기 등이 있다.

물론 이상적으로는 당신은 그룹 회의 중 발설된 기밀 정보 때문에 Kate나 그룹 구성원들, Kate의 상사, 또는 회사의 누구에게도 해를 끼치고 싶지 않을 것이다. 만약 당신이 좀 더 재빨랐다면, Kate에게 Carol과 나중에 이야기하라고 제안할 수도 있었을 것이다. 그러면 그들이 잠시 진정한 후에 얘기했던 내용을 고쳐 말했을 수도 있다. 그러나 시간을 되돌려 없던 일로 만들기엔 너무 늦었다. 그러면 이제 어떻게 해야 하는가? 아무 조치도 취하지 않는다면 발설된 내용이 점점 더 재생산될 것이다. 그 상사에게 무언가를 말하거나, Kate에게 회의 도중 그녀가 정보를 발설했다는 것을 상사에게 말하라고 요청하는 것으로 인해 Kate에게 불이익이 갈 수도 있다. 상사에게 이야기해주지 않는다면 그 상사가 곤경에 처할 수도 있으며, 해당 부서 혹은 회사에도 해가 될 수 있다. 당신은 어떤 행동을 취할 것인가?

시나리오 2는 존중, 개방, 비밀엄수, 전문적인 책임감, 타인에 대한 존중, 그리고 공동의 책임감과 관련이 있다. David가 즉시 자리를 떴기 때문에, 당신이 그룹 세션을 마친 후 그를 찾지 않는 이상 그와 개인적으로 이야기할 방법이 없다. 그는 심각하게 우울해 할 것이며 도움이 필요할 수도 있다. 만약 그가 업무 중에 술을 마신다면 당신은 이것을 보고할 의무가 있지만, 그가 술을 마시는 것이 사실인지는 알 수 없다. 그것은 Jack의 의견일 뿐이다. Marilyn 뿐 아니라 다른 그룹 구성원들도 발생했던 일에 대해 언짢을 수 있다. 당신의 선택지에는 아무것도 하지 않기, David의 행동에 대해 이야기하기 위해 그와 연락하기, Marilyn에게 오늘과 같은 일이 이례적이라는 것을 따로 설명해 주기, 일반적으로 어떤 행동들이 다른 사람을 상처 입히면 어떤 영향이 있는지를 전체 그룹과 이야기해 보기, 더 많은 정보를 얻기 위해 그룹 세션이 종료된 후 Jack과 이야기하기, 이와 같은 문제를 해결할 책임이 있는 인사부서의 담당자와 이야기를 나누기, 혹은 이런 행위 중 몇 개를 섞어서 하기, 또는 이외 다른 방법을 선택하기 등이 있다. 여기에서 가장 신경 써야 할 문제는 당신이 David에게 어떤 책임이 있느냐는 것이다. 그의 개인적인 부분을 침해하지 않으면서 할 수 있는 것이 무엇인가? 당신은 그의 행동이 본인 혹은 다른 누군가와 이야기를 해 보아야 할 정도로 심각하다고 생각하는가? 그렇지 않으면 신경 쓸 필요가 없는 것인가? 당신은 어떻게 할 것인가?

만약 이 상황이 실제로 일어났다면, 현실에서는 좀 더 많은 정보를 가지고 있거나 아니면 최소한 어떤 맥락에서 그런 일이 발생했는지 좀 더 자세히 알고 있을 것이다. 이 두 케이스에서 우리가 관심을 기울여야 하는 부분은 무슨 결정을 내렸느냐보다는 그 결정을 내리는 데 어떤 사고 프로세스가 영향을 미쳤느냐이다. 사람들과 밀접한 관계를 맺고 일한다면 누구나 — 이 설명은 퍼실리테이터들에게 완전히 들어맞는다 — 해결하기 어려운 이슈 혹은 과제와 맞닥뜨릴 것이다. 명확하게 딱 떨

제2부 퍼실리테이션의 프레임워크

어지는 해답은 없다. 모든 선택지들은 나름의 영향력을 가지고 있으며 그것들을 저울질해 보아야 우리가 무엇을 할 지 결정할 수 있다. 우리가 어떤 상황에 직면하게 되면, 무엇을 할지 결정하기까지 몇 초의 시간밖에 주어지지 않는다. 가치에 대해서 미리 고민해 보는 것은 적절한 행동이 무엇인지 결정해야 할 때 고뇌의 시간을 줄이는 데 도움이 된다.

요약

이 장에서는 퍼실리테이터의 역할에 기준이 되는 가치들, 의사결정 그룹을 위한 윤리적인 가이드라인, 현역 퍼실리테이터 그룹이 언급한 특수한 윤리적인 고민거리들, 퍼실리테이터로서 우리의 직업을 수행할 때 가치를 어떻게 적용할 것인가에 대해 다루었다. 다음 장에서는 갈등에 대해 다룰 것이다. 그룹 내에서 갈등을 어떻게 다루는지는 우리가 갈등을 얼마나 중요하게 생각하느냐를 반영한다. 이를 다르게 말하면, 그룹 내의 갈등에 대해 우리가 어떤 가치를 부여하는가를 의미한다.

제9장

갈등

앞서 논의되었던 관계와 분위기에 대한 내용은 이 장의 중요한 배경지식이다. 갈등은 어떻게 발생하는가, 갈등에는 가치가 있는가 혹은 지양되어야 하는가, 갈등이 다루어지는 방식이 분위기에 영향을 미치고 분위기로부터 영향을 받는 등의 내용이 있었다. 이 장에서는 가장 먼저 갈등의 본질에 대해서 논의한 다음, 분위기와 기본 규칙의 중요성, 이슈 또는 개인과 연관되어 일어날 수 있는 갈등의 종류, 어떤 이슈에 대해 "찬성" 혹은 "반대"를 선택하지 않고 초점을 맞추기, 그리고 집단적 사고를 피하기 위해 취할 수 있는 행동에 대해 논의할 것이다. 마지막에는 퍼실리테이터들이 갈등을 해결하기 위해 어떤 선택을 하는가로 마무리할 것이다.

갈등의 본질

"갈등"이라는 단어에는 종종 부정적인 의미가 내포되어 있다. 하지만 어떤 이슈에 대해 그룹 구성원들이 서로 다른 의견을 갖는 것은 그룹의 의사결정을 개선시키며, 일반적으로 긍정적인 영향을 끼친다고 여겨진다. 갈등은 본질적으로 상호적이다. 이 상호적인 본질로 인해 최초 발언－반응－재반응(Folger & Poole, 1984)의 사이클이 생성된다. 이 사이클에서 커뮤니케이션은 세 가지 방식으로 핵심적인 역할을 수행한다.

- 커뮤니케이션 행위는 종종 갈등을 생성한다.
- 커뮤니케이션 행위는 갈등을 반영한다.
- 커뮤니케이션은 갈등을 생산적 혹은 비생산적으로 관리하는 수단이다.

(Hocker & Wilmot, 1991, p. 13)

그룹 안에서 이슈에 대한 갈등은 생산적인 방식으로 다루어질 때 긍정적으로 받아들여지며, 일반적으로 구성원들이 성과에 관심을 가지고 노력을 기울이고 있다는 것을 의미한다. 그러나 개인의 본성에 대한 갈등은 그룹의 에너지를 고갈시키고 논점을 흐릴 수 있다. 퍼실리테이터의 중요한 업무는 그룹의 이슈와 절차적인 부분에 대해서는 서로 다른 의견을 개진하도록 장려하고, 당장 과업과 연관이 없는 개인적인 이슈에 대해서는 갈등을 지양하도록 하는 방식으로 그룹 내의 커뮤니케이션을 설계하고 관리하는 것이다.

구성원 사이의 갈등은 단 두 명 사이의 갈등이라 하더라도 그룹 전체를 흔들어놓을 수 있으며, 구성원들이 제각기 의견을 제시하거나 해당 갈등과 대상자들에 대해 판단을 내리는 등 전체 그룹 구성원들 간의 관계에 영향을 미칠 수 있다. 장기간 지속되는 그룹의 경우, 퍼실리테이터는 구성원들이 개인적인 불협화음을 해결할 수 있는 방법을 찾아야 한다. 그러나 단기간 지속되는 그룹의 경우 제한된 시간 내에 과업을 달성하는 데 초점을 맞추어야 하기 때문에, 과업과 관련 없는 개인 간의 갈등에 많은 시간을 쏟는 것은 배제된다. 이슈와 관련된 의견과 개인적인 의견을 분리하면 생산적인 의견 불일치를 장려할 수 있다. 예를 들어보자. 만약 그룹 구성원 중 한 명인 John이 "여기에서 하는 일에 동의할 수 없어. 접근법이 마음에 들지 않아."라고 말한다면, 그룹의 과업과 관련된 내용이 포함되어 있기 때문에 그는 토의가 필요한 이슈를 제기한 것이다. 만약 William이 "John의 말은 무시해. 그는 항상 불평을 해."라고 말한다면, John에 대한 개인적인 의견이 포함되어 있다 하더라도 이 또한 그룹에 대한 이슈이다. 퍼실리테이터는 이러한 개인적인 의견에 대해 아래와 같이 이야기해 주어야 한다.

> 퍼실리테이터: William, 기본 규칙은 아이디어를 비판하는 것이지, 사람을 비판하는 것이 아니라는 사실을 기억하십시오. John, 이 접근법이 왜 마음에 들지 않는지 이야기해 보십시오. (John이 이유를 말한다. 퍼실리테이터는 의견이 아닌 사실적인 정보를 조사한다.)
>
> 퍼실리테이터: 여러분들은 John이 제기한 우려에 대해 어떻게 생각하십니까?

그러나 만약 John이 William에게 개인적인 모욕감을 주는 방식으로 대답하고 William이 비슷한 방식으로 응답할 경우, 두 사람 사이의 갈등은 당면한 과업의 범위를 넘어선 것이다. 단기간 지속되는 그룹이라면 퍼실리테이터는 John이 접근법에 대해 말하는 것에 집중하고 두 사람에게 개인적인 대화는 따로 나누라고 할 수 있을 것이다. 개인 간의 갈등을 어디까지 그룹 내에서 다루어야 하느냐에 대해서는 의견 차이가 있는데, 이 부분은 이 장의 후반에서 다루도록 하겠다. 갈등의 상호적인 본질로 인해 순식간에 통제불능의 발언-반응-발언이 계속될 수 있다.

Folger와 Poole(1984)은 이 토론에 유용하게 사용될 수 있는 갈등의 상호작용에 대한 네 가지 원칙을 요약해 두었다.

1. 갈등에서의 행동 패턴은 스스로 지속되는 경향이 있다.
2. 갈등의 상호작용이 아무리 무의미하고 혼란스러워 보여도, 그것을 이해할 수 있는 일반적인 방향이 있다.
3. 갈등의 상호작용은 참여자들의 작용과 반작용에 의해 유지된다. 작용과 반작용은 참여자들이 발휘하는 파워에 기반한다.
4. 갈등의 상호작용은 참여자들의 관계에 영향을 미친다(p. 44).

Folger와 Poole이 언급한 파워는 효과적으로 행동할 수 있는 범위를 나타내는 것으로 긍정적인 의미를 가진다. 그런 의미에서 누군가가 효과적으로 행동한다면 그 또는 그녀의 관점을 다른 사람들이 받아들이도록 영향을 미칠 수 있다. 사람들이 그 파워를 어느 정도 받아들이냐에 따라 갈등의 양상이 달라진다.

퍼실리테이터는 개인의 파워를 완화시키고 모든 아이디어를 탐색하도록 장려하는 접근법을 선택할 수 있다. 마찬가지로 특히 장기간 지속되는 그룹에서 분위기는 발생할 갈등의 종류, 구성원들이 제기하는 아이디어나 우려를 존중하는 것, 그리고 갈등이 해결되는 방법에 영향을 미친다.

분위기와 기본 규칙의 중요성

분위기와 갈등은 상호적인 관계이며, 서로에게 영향을 미친다. 구성원들 간의 상호작용과 관계를 기반으로 그룹의 분위기가 형성된다. 장기간 지속되는 그룹에 존재하는 행동 규범들은 의견 불일치를 다루는 방식에 영향을 미친다. 그리고 의견 불일치가 다루어지는 방식은 시간이 지날수록 분위기에 영향을 미친다. 단기간 지속되는 그룹의 경우, 참고할만한 선례가 부족하기 때문에 퍼실리테이터의 행동이, 그리고 지지적인 의사소통을 하는 것과 기본 규칙을 적절히 사용하는 것이 보다 중요하다.

생산적인 갈등을 위한 기본 규칙 제7장의 분위기에 대한 토론에서 처음 기술된 지지적인 행동에는 판단없이 묘사하기, 문제의 근원에 초점을 맞추고 공동의 이익을 강조하기, 개방적이고 정직하기, 공감과 걱정을 표현하기, 다른 사람들과 그들의 아이디어를 가치 있게 여기기, 다른 관점을 추구하고 고려하기 등이 포함된다(Gibb, 1961). 이러한 행동들은 다양한 관점을 가지게 해주는 열린 토론을 장려하는 분위기를 형성하는 데 일조한다. 이 지지적인 행동들은 제6장에서 논의된 기본 규칙들과 어느 정도 공통된 부분이 있다. 아래 <표 9-1>에 두 가지를 종합해 두었다.

▎표 9-1 갈등 해결을 위한 기본 규칙들

---

1. 문제에 초점을 맞추기
2. 공동의 이익을 정의하기
3. 가능한 모든 관점에서 열린 토론을 장려하기
4. 판단하지 않는 묘사적 언어를 사용하기
5. 사람이 아닌 아이디어를 비판하기
6. 아이디어나 사람을 무시하는 비언어적 커뮤니케이션을 피하기
7. 사실과 의견을 분리하기
8. 모든 정보를 검증하기
9. 같은 단어나 용어를 다른 의미로 사용하지 않기
10. 입장이 아닌 이익에 초점을 맞추기

의견 차이가 큰 토론을 시작할 때, 기본 규칙을 상기시켜 주거나 붙여놓는 것, 그리고 추가적으로 필요한 기본 규칙에 대해 구성원들과 토론하는 것은 중요한 단계이다. 만약 당신이 특정 접근법을 사용한다면, 기본 규칙들이 그 프로세스 안에 포함되어 있을 수 있다. 그 경우 나는 "사람이 아닌 아이디어를 비판하기", "아이디어나 사람을 무시하는 비언어적 커뮤니케이션을 피하기" 이 두 가지 기본 규칙을 짧게 상기시키라고 조언한다. 갈등 상황에서는 눈을 굴리는 것, 한숨 쉬는 것, 신체 언어, 비꼬기 등이 많은 의미를 전달한다. 가능한 당신은 지지적이고 생산적인 언어적, 비언어적 커뮤니케이션 사용을 장려하고 싶을 것이다.

적절하게 반대의 목소리 내기   "사람이 아닌 아이디어를 비판하기"라는 그룹 규범은 존중하는 태도를 견지하면서 다른 의견에 대한 목소리를 내는 데 도움을 준다. 퍼실리테이션 전에 하는 질문들이(제4장) 명백하게 그룹에 민감한 이슈들을 끄집어냈을 때, 한발 앞서 생각하는 퍼실리테이터라면 세션 중에 반드시 갈등이 발생하리라고 예측하고, 계획을 세우고, 기본 규칙을 세팅하고, 그에 따른 접근법을 선택할 것이다. 그러나 갈등은, 뻔하다고 생각했던 과열된 갈등조차 예측하지 못한 방향으로 전개되어, 언제든 의견 불일치나 반대를 만들어낼 수 있는 잠재적인 이슈들을 건드리기도 한다. 이전에 우리가 토론했던 "당신이 무엇을 말하는가가 문제가 아니라, 어떻게 말하느냐가 문제이다."라는 내용을 기억해 보라. 장기간 지속되는 그룹에는 보통 이슈나 절차에 반대할 때 누군가를 무시하지 않고 우려스러운 부분만 집어서 설명하는 등의 규범이 존재한다. 그러나 일회성이거나 단기간에만 지속

되는 그룹의 경우 참고할 수 있는 선례가 없으며, 기본 규칙이나 구성원들의 합의에 의존해 어떤 발언이 받아들여질 수 있는지 없는지를 판단하게 된다.

악마의 변호인을 활용하기   어떤 이슈에 대해 부정적인 측면을 드러내는 역할을 하는 "악마의 변호인"은 많은 사람들이 알고 있을 것이다. 그룹 구성원들은 "만약 내가 잠시동안 악마의 변호인 역할을 한다면…"이라는 말로 시작할 수 있을 것이다. 자유롭게 이의를 제기하고 우려의 목소리를 낼 수 있는 것은 긍정적인 규범이다. 퍼실리테이터로서 당신은 다양한 종류의 질문을 던져 반대의견을 장려할 수 있다. 만약 어떤 이슈에 대해 긍정적인 내용만 논의되고 있다면 "부정적인 이슈는 무엇입니까? 부정적인 영향은요?"라고 질문할 수 있다. 부정적인 요소가 발생할 여지가 전혀 없는 명확한 결정은 거의 존재하지 않는다. 또한 구성원들에게 부정적인 이슈를 고려해 보라고 요청하는 퍼실리테이터는 반대의견을 피력할 수 있도록 해준다. 이후의 장에서 다루어지는 테크닉들 중 다수에는 각각의 선택지들마다 긍정적인 부분과 부정적인 부분을 모두 고려해야 한다는 것이 절차에 포함되어 있다.

정보를 검증하고 용어를 명확하게 하기   앞에서 언급되었던 기본 규칙 8과 9에 대해 좀 더 자세히 알아보자. 제2장에서 논의되었던 것처럼, 정보가 불충분할 때조차 그룹은 결정을 내리려고 한다. 이것만큼 화가 나는 것은 그룹 구성원들이 잘못된 정보를 토대로 의사결정을 내리는 더 나쁜일이 생길 때이다. 이 정보는 근거 없는 소문일지도 모른다. 계속 진행하기에 앞서, 그룹은 활용되는 정보가 정확한지 확인해야 한다. 이 장의 후반부는 퍼실리테이터가 고려해야 할 사항이 나와있는데, 의사결정 전에 필요한 정보의 양이 생각보다 더 많다는 것이다. 이런 경우, 정보가 누락되는 것을 피하기 위해 전문가가 투입되며, 그룹 구성원들은 이슈를 보다 완벽하게 이해할 수 있게 된다. 흔히 발생하는 또 다른 문제는 용어에 대해 사람들이 제각각 다른 정의를 가지고 있다는 것이다. 언어가 오해를 불러일으켜 갈등의 씨앗이 된다고 하면 갈등을 너무 단순화하는 것일 수 있지만, 구성원들이 토론에서 사용되는 용어나 구절의 의미에 동의하는지 확인하는 것은 중요하다. 용어를 명확히 정의하는 것만으로도 쉽게 해결될 수 있는 토론을 반복하는 데 그룹의 에너지를 낭비하지 말라.

사전에 조치하기   Kolb와 Rothwell(2000)의 연구에서 퍼실리테이터들은 종종 갈등이 심화되기 전에 무언가 행동을 취했어야 했다고 언급했다. 상황이 좋아지기를 바라며 마냥 기다리는 것은 좋은 생각이 아니다. 신중하게 접근법을 고르고, 특히 참여자들이 비판적인 목소리를 낼 때 그룹 규범을 상기시켜 주고, 토론이 진행될수록 그룹의 "맥을 잘 짚어야"한다. 퍼실리테이터로서 우리는 이슈에 기반한 갈등이 생성되길 바라는데, 이는 일반적으로 사람들이 좋은 결과를 내기 위해 노력하고 주의를 기울이고 있다는 것을 의미하기 때문이다. 우리가 원하지 않는 것은 건설적이지 않은 갈등, 성격에 기반한 갈등이다. 운 나쁘게도 그룹 안에서는 두 종류의 갈등이 모두 발생한다.

갈등의 종류

Putnam(1986)은 갈등의 종류를 설명하기 위해 "실질적인", "절차상의", "정서적인"과 같은 용어를 사용한다. 실질적인 갈등에는 구성원들의 아이디어나 그룹 이슈들에 대한 의견 불일치가 포함된다. 절차상의 갈등은 그룹 구성원들이 그룹이 목표를 달성하기 위해 따라야 하는 프로세스의 방식에 동의하지 않는 것이다. 정서적인 갈등은 사람들의 감정이나 서로 관계를 맺는 방식과 관련이 있다. 실질적인 갈등과 절차상의 갈등이 과업과 연관되어 있기 때문에, 이 둘을 묶어서 그룹 내의 갈등을 논의할 것이다.

실질적인/절차상의 갈등   과업 이슈와 관계된 다양한 의견들(실질적인/절차상의 갈등들)의 발생은 건강한 것이며 성과를 개선시킬 수 있다. Kolb와 Rothwell(1999)은 갈등을 다루는 퍼실리테이터들에 대한 연구를 하였는데, 여기에서 다루는 내용과 관련이 있어 그 중 하나를 아래에 각색해 두었다.

어떤 그룹이 특정한 교육 프로그램을 계획하기 위해 방문했는데 접근법에 동의하지 않았다. 몇 번의 논의를 거친 후, 퍼실리테이터는 잠시 휴식을 가진 다음 제기되었던 우려들을 다시 모으고 요약해 주요 이슈를 명확하게 하기 위한 질문을 던졌다. 추가적인 정보를 제공해주기 위해 전문가들이 불려왔다. 결과적으로 구성원들은 서로가 무엇을 우려하는지 보다 잘 이해하게 되었고 진행을 계속할 수 있었다. 이 상황을 잘 나타내주는 퍼실리테이터의 발언은 다음과 같다. "나는 근본적인 원인을 알아내기 전에 문제를 해결하려고 노력했다. 만약

내가 질문을 하고 그룹이 이야기를 하게끔 하면 윈-윈하도록 이끌 수 있다고
믿었다(p. 514).”

사업상 또는 그 밖의 상황에서 “윈－윈(Jandt & Gillette, 1985)”은 모두가 받아들
일 수 있는 해결책을 찾는 것이 목적일 때 주로 사용되는 단어이다. 이것은 이슈의
초점이 명확할 때 사용될 수 있는 접근법이다. 위의 예시에 등장한 이슈는 그룹의
목적과 관련이 있었고 모든 구성원들에게 해당되는 것이었다. 다음에 등장하는 갈
등은 그룹 과업과 관련이 없으며 몇몇 구성원들과만 직접적인 연관이 있다. 이런
갈등은 정서적인 갈등 혹은 개인 간의 갈등으로 분류된다.

정서적인/개인 간의 갈등　　　정서적인 갈등은 사람들의 감정, 그리고 구성원들이
서로 관계를 맺는 방식과 관련되어 있다. 실질적인 이슈들에 대한 갈등에서도 사람
들의 감정과 관련된 부분이 포함되어 있지만, 개인간의 갈등은 다른 어떤 갈등보다
감정 또는 관계와 관련되어 있으며, 짐작하다시피 그룹의 이슈나 과업과 직접적으
로 연관되어 있지는 않다. 그룹의 시간과 에너지가 이런 개인적인, 때로는 감정적인
전투에 소모된다면 그룹의 목적은 달성될 수 없을 것이다. Kolb와 Rothwell(1999)
의 연구를 각색한 예시는 아래와 같다.

몇몇 그룹 참여자들 사이에서 개인적인 갈등이 발생했다. 퍼실리테이터는 휴식
을 선언하고 그 사람들만 따로 모아 별도의 세션을 구성하여 문제를 다루었다.
해당 세션에서 갈등은 제거되었지만, 그 문제를 해결하기 위해서는 별도의 추
가적인 세션이 더 필요했다. 회고할 때 퍼실리테이터는 다음번에도 같은 선택
을 할 것이며, 전체 그룹이 해당 세션에 참여하는 것은 좋은 생각이 아니라고
지적하였다.

어떻게 다룰 것인가?　　　실질적인 갈등은 과업과 관계, 그리고 그룹의 운명과 성
과를 개선하는 데 중요한 영향을 미친다. 대부분의 퍼실리테이터들은 실질적인 이
슈들을 언급하고 해결하는 것은 그룹의 시간을 잘 활용하는 것이라고 생각할 것이
다. 개인 간의 갈등은 좀 다르다. 개인 간의 의견불일치는 그룹 운영에 부정적인 영
향을 줄 확률이 다분하다. 그러나 갈등을 토론하고 해결하는 데 그룹 구성원들을
포함시킬지 말지, 그리고 그룹의 시간을 쓸지 말지는 퍼실리테이터가, 그리고 가끔
은 그룹이 결정을 내려야 한다. 고려해야 할 요소들은 그룹의 목적(특히 그룹의 목적

중 하나가 프로세스를 개선하는 것일 경우), 그룹 구성원들이 가진 스킬, 사용 가능한 시간, 그룹 구성원들의 수, 그리고 퍼실리테이터가 보유하고 있는 스킬 등이다. 조직적인 맥락에서 짧은 기간 동안 진행되는 퍼실리테이션이라면, 앞의 예시에서처럼 퍼실리테이터는 관련자들만 모아서 해당 갈등을 사적으로 처리하기로 결정할 것이다.

이런 종류의 갈등을 해결하고자 하는 퍼실리테이터들은 종종 유지관리 프로세스 개입자(Reddy, 1994) 또는 심화 수준의 개입자(Schwarz, 1994)라고 불린다. 그룹 프로세스 개선이 목적인 그룹에서 개인 간에 발생하는 개인적인 갈등들을 논의할 때, Schwarz(1994)는 "이 일이 발생했을 때 Joe와 Bob에게 어떤 감정을 느꼈습니까?" 혹은 "Bob, 왜 당신이 그룹의 다른 구성원들보다 더 자주 갈등에 빠진다고 생각합니까?"와 같은 질문을 던짐으로써 그룹 구성원들을 참여시킨다(p. 113). 두 명의 그룹 구성원들 사이에 발생하는 갈등을 전체 그룹과 논의하는 것은 그룹이 과업보다 관계 중심적일 때, 그리고 프로세스를 개선하는 것이 그룹의 목표이거나 여러 목표 중 하나일 때 효과적이다. 이와 다르게 짧은 기간에만 지속되거나 보다 과업 중심적인 그룹의 경우, 감정적인 영역을 파고드는 것은 조직의 퍼실리테이션 범위를 넘어선 것이며, 그룹 구성원들과 퍼실리테이터의 역량을 벗어난 것일 수 있다.

개인들 간에 발생하는 개인적인 갈등을 어떻게 다룰지 결정하는 데에는 맥락을 아는 것이 매우 중요하다. 퍼실리테이터가 그룹 안의 사람들을 얼마나 잘 아는가, 구성원들이 서로를 얼마나 잘 아는가, 그룹이 얼마나 큰가, 갈등이 얼마나 심각한가 등은 모두 퍼실리테이터의 선택에 영향을 미친다. 만약 당신이 그룹에 대해 잘 알고 있고 두 사람이 개인적인 이슈에 대해 막 말싸움을 시작한 상황이라면, 주제에 대해 토론을 계속해야 한다고 이야기하고 그들이 제기한 이슈들 중 그룹이 고려해야 할 부분이 있는지 물어보는 것만으로도 충분히 그들을 멈추게 하거나 개인적인 의견을 피력하는 것을 중지시킬 수 있다.

앞서 두 번째로 제시되었던 예시에서 퍼실리테이터가 언급한 것처럼, 퍼실리테이터들이 보편적으로 선택하는 방법은 휴식을 선언하는 것이다. 물론 이 방법만 계속 쓸 수는 없으며 그룹이 몇 시간 동안이나 휴식을 취할 수는 없다. 그렇지만 휴식을 잘 활용하면 짧은 시간 동안 흥분을 가라앉히고, 다시 생각해보고, 그룹을 재구성할 수 있다. 또한 퍼실리테이터는 그룹 구성원들과 개별적으로 짧게 이야기할 시간도 가질 수 있다. 명심해야 할 것은 개인적인 갈등을 그저 피상적인 것으로 무시해서는 안 되며, 그룹의 시간과 에너지를 그 문제에 많이 쏟아서도 안 된다는 것이다. 이제 실질적인 갈등−그룹의 과업이나 운영과 직접적으로 연관된 이슈들에 대한 갈등−과, 입장보다는 이익에 초점을 맞추는 데 기반한 접근법으로 돌아가 보자.

입장보다 이익에 초점을 맞추기

윈−윈이라고 명명되어 이 장에서 인용된 첫번째 예시에서 퍼실리테이터가 사용했던 접근법 또한 입장보다 이익에 초점을 맞춘 것이다. 두 방식 모두 모든 사람이 동의할 수 있는 해결책을 찾고자 하는 시도이다. 목적은 사람들을 어떤 이슈나 행동계획에 대해 "찬성" 혹은 "반대"의 입장을 고수하지 않게 하고, 이익에 대해 설명하거나 왜 특정한 입장을 고수하는지 이유를 밝히게 하는 것이다. 이익에 초점을 맞춘다는 것은 갈등관계에 있거나 의견이 다른 사람들 모두가 원하는 것을 전부 다 얻을 수 있다는 것을 의미하지 않는다. 각자가 제기한 이슈들을 모두 고려해 합의에 다다르려는 시도를 한다는 뜻이다. 목표는 "이쪽으로 가면 이기고, 저쪽으로 가면 진다."라는 결정을 피하는 것이다. 다른 사람들이 얼마나 가져가느냐에 따라 내 몫이 정해지는 "정해진 파이" 대신, 그룹 구성원들은 파이 자체를 더 크게 만드는 방법을 찾을 수 있을 것이다. 이전에는 검토되지 않았던 해결책이 모든 사람들을 만족시킬 수도 있다.

서로 갈등관계에 있는 것처럼 보이는 두 가지 혹은 그 이상의 입장을 가지고 있는 그룹에 사용되는 접근법 중 하나는 <표 9−2>에 나와 있는 것처럼 입장과 이익을 모두 공개하는 것이다.

┃표 9-2 갈등을 해결하기 위한 이익 기반 접근법

```
** 각각의 입장을 대변하는 발언으로 시작하기
** 각각의 입장 이면에 있는 이익을 정의하기
** 각 측에 그들의 관점을 설명할 수 있는 시간을 주기
** 각 측에 각각의 관점과 그 관점에 대한 상대측의 우려에 대해 재진술하도록 요청하기
** 이익에 대해 명확히 이해하고 있는지 확인하기
** 동의하고 있는 부분을 찾아내기
** 동의하지 않는 부분을 명확히 하기
** 모든 이해관계를 확인할 수 있는 선택지들을 브레인스토밍하기
** 합의점 혹은 원하는 결과를 확인하기
```

합의 수준은 현실적으로 가능한 범위 내에 있어야 한다. 모든 이들을 만족시킬 수 있는 결정은 상황에 따라 불가능할 수도 있다. 몇몇 사람들은 **윈-윈**이라는 용어가 비현실적인 기대를 만들어낸다고 믿기 때문에 사용하기를 꺼린다. 또한 합의된 것이 최상의 결과가 아닐 수도 있다. 합의에 이르는 절차를 반복해서 내린 결정이 결국에는 거의 가치가 없을 수도 있다. 다수결로 결정하거나 모두가 조금씩 불만족스럽더라도 그럭저럭 참을 수 있는 결정이 더 나을 수도 있다. 토론이 시작되기 전에 어느 정도 수준의 동의가 필요한지 결정해야 한다. 중요한 결정일수록 합의에 도달하는 데 더 많은 시간과 노력을 쏟아야 한다.

갈등이 **찬성** 혹은 **반대**의 수준까지 야기되지 않는다 하더라도, 어떤 결정을 내림으로써 파생될 수 있는 부정적인 영향과 우려를 제기하는 것은 장려되어야 한다. 그룹 구성원들의 입장과 그들이 걱정하고 있는 우려에 대해 발언하게 하면, 어떤 이슈와 이익이 잠재되어 있는지 드러낼 수 있다. 보통, 구성원들은 서로가 동의할 수 있는 부분을 찾아내 적용 가능한 옵션이나 해결책을 도출한다. 최종 결정을 내리기 전에 잠재되어 있는 부정적인 이슈를 제기하는 것이 필요하다는 것은 다음에 등장하는 집단적 사고에서 배운 교훈이다.

집단적 사고 피하기

집단적 사고는 **윈-윈**만큼 인기가 있는 용어이다. 집단적 사고에 대한 연구에서 자주 인용되는 Janis(1971; 1983)의 연구에 따르면, 응집성이 높은 그룹들은 비판적 사고를 하지 않고 제안된 해결방식을 성급하게 받아들인다. 그룹 구성원들끼리 조화를 이루는 것이 이슈를 비판적으로 탐색하는 것보다 더 중요해진다. 이슈에 대한 생산적인 갈등이 존재하지 않기 때문에, 좀 더 깊이 생각해 보았으면 내리지 않았을 결정을 내릴 수도 있다. Janis는 초기 연구 중 약 2년 동안 John Kennedy 대통령의 재임 시 피그만 침공을 결정했던 토론과 같이 정치적인 정책결정분야에서의 그룹 의사결정을 탐구했다. 그는 그가 연구했던 의사결정에 참여했던 사람들은 전부 극도로 총명했으며 관련 이슈를 깊이 이해하고 있었다고 언급했다. 그럼에도 왜 아무도 반대 의견을 제시하지 않았는가? 이에 대한 궁금증으로 그는 높은 응집성을 가진 그룹의 위험성에 대해 더 깊이 탐구하게 되었고, 너무 높은 응집성은 그룹이 효과적으로 운영되는 데 방해가 된다는 결론을 내렸다. 그는 구성원들 사이의 응집성이 서로를 더 편하게 느끼게 해 상반된 의견을 더 많이 낼 수 있을 것이라 기대했지만, 정반대의 결과가 발생한다고 지적했다. 구성원들은 그들이 쓸데없는 일에 불안해한다고 믿기 시작하며 목소리 내기를 주저하고, 그룹이 한데 뭉쳐있고 합의를 이루고 있다는 느낌에 흠집을 내고 싶어하지 않았다.

집단적 사고에서 비롯되는 징후와 예시들은 Janis(1971)의 연구에서 차용되어 Albanese, Franklin, 그리고 Wright(1997, p. 505)의 연구에서도 사용되었다.

다수의 의견과 다른 의견을 가진 사람에게 가해지는 압박

"아, 우리와 다른 의견을 얘기하려던 건 아니겠지."

다수의 의견과 다른 의견을 가지는 것에 대한 두려움

"그룹의 다른 사람들과 멀어질 수 있으니 내 의견을 말하지 않는 편이 낫겠어."

합의와 만장일치에 대한 환상

"음, 이 프로젝트 추진에 만장일치로 동의하는 것 같군."

그룹의 도덕성을 의심하지 않기

"우리는 항상 옳은 일을 하지. 우리의 "내부" 평판은 흔들리지 않아. 어서 진행하자."

부정적인 피드백 쳐내기

"물론 우리 입장과 다를 수 있지, 하지만 그 의견이 어디서 나온 건지 뻔하지 않아?"

퍼실리테이터로서 그룹 내에 협력적인 분위기가 생성되는 것은 기쁜 일이다. 또한 이 분위기가 일정 부분 퍼실리테이터가 장려하는 기본 규칙들, 긍정적인 상호작용, 업무 관계, 작동 프로세스 등으로부터 일부 파생된 것이기 때문에 우리는 성취감을 느낄 권리가 있다. 그러나 응집력이 너무 강하면 위험하다는 것을 경고해야 한다. 만약 그룹 구성원들이 위의 표현들을 사용하는 것을 들었다면, 이는 우리가 구성원들이 내린 결정이나 해결책에 부정적인 측면이 있지는 않은지 다시 생각해 보자고 해야 한다는 신호이다.

만약 당신이 이끄는 퍼실리테이션 세션에서 갈등이 폭발한다고 생각할 때 극도의 긴장을 느낀다면, 당신이 개인적으로 갈등에 대해 어떻게 생각하고 있는지를 재고해 보는 것도 좋다.

갈등에 대해 가지고 있는 개인적인 가치들

퍼실리테이터가 갈등에 대해 가지고 있는 개인적인 관점이나 편안함의 정도는 그룹의 분위기, 의사결정과 문제해결에 사용되는 테크닉들, 퍼실리테이터가 그룹 내의 갈등을 다루거나 심지어 갈등을 인지하기 위해 선택하는 방법에 영향을 끼친다. 예를 들면, 모든 종류의 갈등을 전부 불편해하는 퍼실리테이터는 의견 불일치의 신호가 나타나자마자 개입하여 토론의 방향을 바꾸어 버리는 등의 행동으로, 그룹의 성공에 필수적인 실질적인 이슈에 대해 충분히 토의할 기회를 막아버릴 수도 있다. 그냥 놔둔다면 부정적인 이슈들이 수면 위로 떠오르지 않게 되므로, 이 그룹이 내린 결정들은 잘못될 가능성이 크다. 반대로 "상황을 휘젓는" 것을 즐기는 퍼실리테이터는 그룹의 목적이나 문화에 적절하지 않은 정도까지 갈등의 수위를 올려놓기도 한다.

<표 9-3>에 나와 있는 질문 리스트를 보면 퍼실리테이션 그룹 내에서 현재 당신이 어떻게 갈등을 다루고 있는지를 알 수 있다. 갈등에 대한 본인의 민감도를 알면 본인이 견지해왔던 태도로 인해 갈등관계에 있는 그룹들을 효과적으로 퍼실리테이션 하지 못하는 상황을 방지할 수 있다.

▌표 9-3 나는 그룹 내에서 갈등을 어떻게 다루는가?

✽✽ 나는 이슈에 대한 갈등을 더 나은 결정을 할 수 있는 기회로 여긴다.
✽✽ 나는 이슈의 긍정적, 부정적 측면을 모두 탐구할 수 있는 테크닉들을 선택한다.
✽✽ 나는 **사람이 아닌 이슈를 비판하기**와 같은 기본 규칙들을 활용한다.
✽✽ 나는 내가 구성원들 사이에 발생하는 개인적인 갈등을 잘 다룰 수 있다고 믿는다.
✽✽ 나는 사람들 사이에 틈이 생긴 것을 느낄 수 있으며 불편해하는 감정을 알아차릴 수 있다.
✽✽ 나는 누군가가 불편해하는 것이 과업이나 그룹에 중요한 영향을 미칠 것 같으면 불편해하는 이유를 찾는다.
✽✽ 나는 언제 이야기를 파고들고 언제 다른 주제로 넘어가야 할지를 잘 알고 있다.
✽✽ 나는 아무 이유 없이 상황을 휘젓지 않는다.

만약 위 질문 중 대부분에 "yes"라고 답한다면, 당신이 자신의 행동들을 정확히 인지하고 있다는 가정하에 — 매우 어려운 가정이지만 — 당신은 대부분의 그룹에서 발생하는 갈등을 다룰 수 있을 것이다. 갈등에 대해 개인적으로 어떻게 느끼거나 가치를 부여하느냐에 상관없이, 퍼실리테이터로서의 당신은 그룹 내의 갈등을 긍정적으로 인식하고 있으며 그룹에 도움이 되는 방향으로 의견 불일치를 다루도록 그룹을 독려할 것이다.

반면에 많은 사람들은 대부분의 질문에 "yes"라고 대답하지 않는다. Kolb와 Rothwell(2000)의 연구에 등장하는 퍼실리테이터들은 그룹의 내부적인 갈등을 다루는 것이 가장 어려웠다고 하였다. 갈등이 발생했을 때 불편함을 느끼는 사람이라면, 갈등이 발생할 것 같은 상황일 때 동료 퍼실리테이터와 함께 일하는 것을 고민해 볼 수도 있을 것이다. 장기간 지속되는 그룹의 경우 구성원들이 긍정적인 반대의견을 낼 수 있는 규칙을 만들도록 독려할 수 있다. 예를 들어 어떤 결정을 내려야 할 때 부정적인 이슈를 제기하는 것을 모든 사람들이 당연하게 여기게 될 때까지 모두가 돌아가면서 악마의 변호인 역할을 맡아볼 수도 있다. 이후에서 다루어질 의사결정 문제해결 테크닉들을 사용하면 그룹은 순서대로 프로세스를 따르며 찬반을 논의할 수 있다. 갈등은 피할 수도 없고 피해서도 안 되지만, 주의깊게 다룰 수는 있다.

요약

이 장에서는 갈등의 본질 및 분위기와 기본 규칙의 중요성에 대해 논의했다. 이후 이슈 또는 개인에 기반하여 발생할 수 있는 갈등의 종류, 이슈에 기반한 갈등을 다루는 접근법, 그리고 응집성이 너무 강한 그룹에서 나타날 수 있는 집단적 사고의 부정적인 측면에 대해 다루었다. 마지막에는 퍼실리테이터가 갈등을 다루기 위해 어떤 선택을 하는지로 마무리하였다. 다음 장에서는 창의성에 대해 다룬다. 나는 창의성이 강한 회사들 안에 "집단적 사고를 피하라"는 문구가 붙여진 것을 본 적이 있는데, 이는 이슈나 문제의 모든 측면을 탐구하는 것이 창의성과 갈등 둘 다에 좋은 영향을 미친다는 것을 보여준다.

제10장

창의성

┃ 주요 개념

- 창의성이란 무엇인가?
- 창의적 문제해결을 위한 제언
- 그룹 내에서 창의성을 자극하기
- 업무 환경과 신뢰의 중요성
- 창의성을 자극하기 위한 전략

　현재 우리가 처해 있는 환경에서는 창의적인 해결책들이 필요하다. 자원은 한정되어 있는데 문제는 점점 복잡해진다. "최소 투입으로 최대 효과를 내라", 또는 "고정관념에서 벗어나라."와 같은 말들은 오늘날 흔하게 쓰인다. 어떤 쪽이든 창의성이 필요하다. 그룹 환경에서는 문제해결이 필요한 상황이 상당히 많이 발생하기 때문에, 이 장에서는 창의적인 문제해결 프로세스, 창의성을 독려할 수 있는 방법, 그리

고 창의성을 자극하기 위해 사용할 수 있는 전략을 탐구해 보겠다.

창의성이란 무엇인가?

Davis(1983)는 창의적인 프로세스를 "이전에 서로 관련이 없던 아이디어들을 결합하거나 관계를 파악하는 것(p. 6)."이라고 하였다. 직감 역시 여러 아이디어와 패턴들 간의 관계라는 측면에서 이해될 수 있으며, 사람들은 오랫동안 쌓은 경험을 바탕으로 판단을 내리는데 그러한 경험으로부터 얻은 지식들이 결합하여 패턴을 이루는 것이다(Simon, 1987). Simon에 따르면, 우리가 직감이라고 부르는 것은 장기기억 안에 청크(Chunk: 하나의 의미를 가지는 말의 덩어리)와 패턴의 형태로 저장되어 있는 정보이다. 창의적이거나 수평적인 사고를 하는 동안(DeBono, 1968), 이것이 새로운 경험과 계시가 되어 기존에 가지고 있던 패턴들을 재조립한다. Steiner(1988)는 창의적인 프로세스를 묘사하면서 "어느 지점까지는 규칙 없이 무질서하거나, 목적 없이 횡설수설하거나, 심지어 완전한 혼란 상태와 같은 극도의 비생산적인 행동과 구분하기가 힘들다(p. 206)"고 하였다. 그가 정리한 세 가지 특징들은 다음과 같다.

1. **비정형적인 프로세스.** "창의성은 점진적 혹은 단계적으로 발전하지 않는다. 창의성은 상대적으로 긴 시간 동안 명확한 진전이 없는 상태로 머물러 있다가 뜻밖의 큰 도약을 이뤄내는 패턴에 더 가깝다(p. 206)."
2. **판단 유보.** 창의적인 프로세스는 "종종 판단을 유보하거나 유예하게끔 한다(p. 206)." 또한 그는 어떤 전략이나 결정을 지나치게 빨리 결정해버리는 것은 위험하다고 경고한다.
3. **규칙에 얽매이지 않는 탐구.** 초기 단계에서 규칙에 얽매이지 않고 사고하는 것은 가능한 선택지를 늘려준다.

이러한 "큰 도약, 혹은 전혀 예상하지 못했던 도약"—직감이나 새로운 발견, 혹은 이 두 개의 결합으로 촉진되는—은 창의적인 프로세스의 기초가 된다. 프로세스에 정해진 규칙이 있는 것은 아니지만, 창의성을 증진시킬 수 있는 방법들이 있다.

창의적인 문제해결

창의적인 문제해결을 위한 아래의 제언들은 Shapero(1988)가 제시한 것이다.

1. 문제 속으로 깊이 빠져들어라. 모든 측면을 살펴라. 읽고, 사람들과 이야기하고, 전제에 대해 의심을 품어라. 문제가 해결될 수 없다는 것을 받아들이지 말아라.
2. 문제를 즐겨라. 편하고 유연한 자세를 견지하라. 문제를 펼쳐놓고 다양한 방향에서 접근하라. 문제를 다각도로 바꾸어보라.
3. 판단을 유보하라. 당장 해결책을 찾으려 하는 경향을 경계하라. 판단을 유보하라. 해결책이 등장하면 고려는 하되 일단 한쪽에 밀어놓아 두어라.
4. 최소한 두 개 이상의 해결책은 도출하라. Shapero는 Hyman과 Anderson(1965)의 연구로부터 "사람들에게 한 개의 해결책을 물어봤을 때보다 두 개의 해결책을 물어봤을 때 '창의적인' 해결책의 숫자가 16%에서 52%까지 증가하였다."라는 내용을 인용하였다(p. 219). 세 개의 해결책을 물어봤을 때는 25%가 증가하였으나 모두가 응답하지는 않았다.
5. 잘 풀리지 않을 때는 다른 방법을 사용하거나 휴식을 취하라. 문제와 해결책의 다양한 부분들을 부각시켜 보라. 단어를 그림으로 표현해 보라. 휴식을 취하라. 잠재의식이 작동하게끔 하라.

그룹 내에서 창의성을 자극하기

그룹 세션에서 창의성을 자극하기 위해 퍼실리테이터들은 무엇을 할 수 있는가? 이 질문에 대한 아래의 제안들을 생각해 보아라.

아이디어가 숙성될 시간을 주기   제4장에서 논의된 바와 같이, 과업을 분할하거나 면대면 세션 전후로 업무를 끝내놓는 것이 매우 생산적일 수 있다. 참여자들에게 문제의 모든 측면을 고려하여 고정관념의 틀을 깰 수 있는 아이디어를 그룹 회의에 가져오라고 요청할 수도 있다. 프로세스 사이사이에 시간을 갖는 것 또한 "아이디어 숙성"(Sisk & Williams, 1981, p. 120)이 가능하게끔 하므로 유용하다. 만약 사전 기획을 할 때 창의적인 업무 세션에 하루가 배당되어 있다는 것을 알았다면, 두 개의 반나절 세션으로 쪼개는 것이 창의적인 해결책을 더 잘 도출해낼 수 있다고 건의해 보라.

간단하게 창의성 연습하기　　　내가 문제해결 전 또는 그룹에 정신적인 휴식이 필요할 때 종종 하는 것은 펜, 커피잔, 또는 마커를 들어보인 다음 원래 목적 이외 다르게 사용할 수 있는 모든 방법을 2분 동안 써 보라고 하는 것이다. 소그룹이라면 개인별로 하도록 한다. 하나의 큰 그룹 구성원들이 작은 테이블 여러 개에 나누어 앉아 있는 형태라면 개별로 쓴 것을 테이블별로 모은다. 2분 후 누가 20개, 혹은 30개의 아이디어를 가지고 있는지 확인한다. 이긴 사람 혹은 그룹은 아이디어들을 쭉 읽고, 다른 사람들은 어떤 아이템에 대해서든 리스트에 없는 아이디어를 추가할 수 있다. 이긴 사람들에게 연필이나 기념품 같은 작은 선물을 줄 수도 있을 것이다. 이 활동은 짧으며 다양하게 활용될 수 있다. 이 활동의 요점은 사물을 다르게 보는 것의 가치를 깨닫는 것이다. 이 활동은 모든 그룹이 즐거워 한다.

"왜 안됩니까?"라고 질문하기　　　누군가가 어떤 것을 할 수 없다고 이야기할 때, 그룹 구성원들이 "왜 안됩니까?"라고 질문하도록 독려하는 그룹 규범을 만들어라. 어떤 것을 가정하고 있는지, 잘못된 데이터가 있는지 면밀히 조사하라. 한계가 없는 것처럼 아이디어를 탐구하라고 구성원들에게 요청하라. "그건 안돼."라는 발언을 사실이라고 받아들이는 대신, 그 발언의 이면에 어떤 이유가 있는지 물어보고 창의적인 생각을 통해 그것을 해결할 수 있도록 하라.

가정을 반박하기　　　어떤 가정이 기저에 깔려있는지 알아보기 위해서는 주의 깊게 경청해야 한다. 가정은 항상 타당하지는 않으며, 대부분의 경우 선택지에 제한을 둔다. 내가 대학원생일 때 수강했던 수업에서도 그런 적이 있었다. 강사는 우리에게 시간을 줄 테니 사진을 따라 그리라고 하였다. 첫 번째로 든 생각은 "난 그림 못 그리는데."였다. 하지만 그 사진은 아래 위가 반대로 된 것이었고, 나는 형태를 식별하지 못한 채 선들만 알아 볼 수 있었다. 나는 본 그대로 따라 그렸다. 그림을 다 그리고 나서 내 그림과 원래 받았던 사진을 모두 올바른 방향으로 바꾸자, 내가 그린 그림은 신문을 읽고 있는 남자의 사진과 매우 흡사했다. 우리는 모두 자신들이 그린 그림을 들어 보였고, 모두가 원래 받았던 사진들과 매우 유사했다. 이 연습의 핵심은 기대치가 낮았다는 것이다. 우리가 따라 그린 그림은 추상적이고 의미 없는 것처럼 보였다. 가정은, 특히 우리가 무엇을 할 수 있고 할 수 없는 것과 관련되어 있을 때, 혹은 어떤 것이 현실적 혹은 비현실적으로 보일 때, 우리의 성과를 제한한다. 그룹 내에서의 잘못된 가정들은 그룹이 문제를 해결할 수 있는 해결책을 탐구할 수 없도록 만든다.

단어 대신 시각적 혹은 다른 방식을 사용하기　　구성원들에게 문제를 그림으로 그려보거나 다른 추상적인 방식으로 표현해 보라고 요청하라. 혹은 보드에 울타리처럼 보이는 그림을 그려 넣어 보라. 울타리에 도착했을 때 뛰어넘기, 땅굴파기, 둘러서 돌아가기 등 무엇을 할 수 있을지 물어보라. 또 어떤 방법이 있는가? 울타리가 원형이면 어떻게 해야 하는가? 그룹이 울타리가 직선이라고 가정했는가? 정확하지 않은 가정은 또 어떤 것들이 있을까? 특정한 물체처럼 보이지만 사실은 그것이 아닌 사진의 일부분을 보여줄 수도 있다. 사고를 제한하는 가정을 하는 것에 대해서도 동일한 토론을 해 볼 수 있다.

마음의 빗장을 풀기　　마음의 빗장이란 누군가가 어떠해야 한다, 혹은 어떻게 행동해야 한다는 가정이다. 빗장은 마음을 닫아버린다. Lumsden과 Lumsden(1993)은 1983년에 Roger von Oech가 정의한 마음의 빗장을 아래와 같이 정리했다.

1. 정답입니다.
2. 그건 논리적이지 않습니다.
3. 규칙을 따르세요.
4. 실용적이어야 합니다.
5. 애매모호함을 피하세요.
6. 실수는 잘못된 것입니다.
7. 놀이는 하찮은 것입니다.
8. 그건 제 분야가 아닙니다.
9. 바보같이 행동하지 마세요.
10. 저는 창의적이지 않아요(pp. 149-150).

이런 발언들은 모두 창의성을 제한한다. 마음의 빗장 5번은 "애매모호함을 피하세요."이다. 나라면 한 걸음 더 나아가서 애매모호함을 "환영하세요."라고 말할 것이다.

애매모호함을 환영하기　　팀에 관한 나의 연구에서(Kolb, 1996), 나는 성과가 높은 팀의 리더들이 성과가 보통인 팀의 리더들보다 불확실함(애매모호함)을 참을 수 있는 수치가 더 높다는 것을 발견했다. 이 참을성은 창의적인 팀에 매우 중요하다. 창의성은 항상 어느 정도는 정돈되지 않은 형태로 나타난다. 결코 A에서 B로 단선적으로 넘어가지 않는다. 그보다는 일찍이 Steiner(1998)가 묘사한 대로, 아이디어들은 이리저리 튀어 다니며 나선적인 형태로 움직인다. 더 이상 변화가 없을 때쯤, 외부에서 봤을 때는 혼돈 그 자체인 상황에서 훌륭한 아이디어나 해결책이 나타난다.

이와 연관된 연구에서도(Kolb, 1992) 과업을 어떻게 성취할지 선택할 수 있는 자유인 자율성이 창의적인 팀에서 일하고 있는 구성원들에게 매우 중요한 것으로 나타났다. 이것은 예측가능했던 결과이다. 그러나 예측할 수 없었던 것은 리더가 제시하는 구조 역시 중요하다는 것이다(Kolb, 1993). 두 번째 연구결과는 처음에는 조금 혼란스러웠다. 그러나 데이터를 해석할수록, 구성원들이 원하는 것은 그들이 창의적으로 업무를 할 수 있는 틀을 제공해 주는 것이라는 사실을 깨달았다. 이는 퍼실리테이터와 관련이 있다. 퍼실리테이터는 구조를 제시해 주는 틀을 제공하여 구성원들이 창의적인 에너지를 자유롭게 과업에 집중할 수 있도록 해 준다. 창의성을 자극하는 전략과 아이디어를 샘솟게 하는 테크닉을 사용하는 것은 틀을 제공하는 방법이다. 업무 환경 역시 그러하다.

업무 환경의 중요성

창의적인 사람, 창의적이고 혁신적인 팀, 창의적인 조직과 함께 일하는 사람들이 업무 환경에 대해 이야기할 때, 그들은 거의 대부분 혼란, 기회, 불확실성처럼 보이는 것에서 아이디어를 발전시켜나가는 것을 언급한다. 성가대에서 합창을 하던 3M의 엔지니어가 포스트잇®을 개발한 것은 전설적인 이야기이다. "찬송가집에 표시를 하기 위해 넣어 둔 종잇조각들이 자꾸 떨어졌고, 문득 뒤쪽에 접착성이 있는 종잇조각이 있으면 이 문제를 해결할 수 있겠다는 생각이 들었다(Peters, 1988, p. 433)." 이야기는 거기서 끝나지 않는다. 시장조사에서 그 아이디어는 부정적인 평가를 받았지만, 3M의 비서들은 그 제품에 열렬한 환호를 보냈다. 3M 회장 비서의 이름으로 포춘 500대 기업 CEO들의 개인 비서들에게 샘플을 보냈고, 마침내 포스트잇®은 선풍적인 인기를 끌게 되었다.

물론 모든 아이디어가 포스트잇®처럼 되지는 않지만, 많은 아이디어들이 기복이 심한 길을 걸으며 모든 프로세스를 하나하나 밟아 나간 후 성공하게 된다. 그렇기 때문에 창의적인 팀들은 그들만의 문화가 있는 것으로 유명하다. 그들의 문화는 같은 조직의 다른 팀들의 문화보다 훨씬 느슨하다. 혁신에 관한 최근의 문헌연구에서, Folkestad와 Gonzalez(2010)는 환경, 그리고 특히 팀의 업무공간이 혁신에 중요한 영향을 미친다는 것을 발견했다. 오늘날에는 조직 내의 창의적인 업무 중 다수가 팀 단위로 이루어지지만, 창의적인 프로세스가 진행되는 동안 개인이 수행하는 업무와 팀이 수행하는 업무가 균형을 이루어야 한다. 혁신은 기술적인 프로세스와 사회적인 프로세스를 결합시킨다(Haragon, 2003). 브레인스토밍을 할 때, 사람들은 아이디어를 만들어내기 위해 만난다.

브레인스토밍의 중요성　　Folkestad와 Gonzales(2010)의 연구에서, 브레인스토밍은 그룹 구성원들이 새로운 아이디어와 대안을 시도해 볼 수 있게 해 주는 중요한 프로세스라고 기술되었다.

> 그것(브레인스토밍)은 혁신적인 문화를 위한 아이디어 엔진이라고 묘사되었고, 너무나 중요하기 때문에 모든 공간에서 이 활동을 할 수 있어야 하며, 혁신적인 회사나 팀이 정기적으로 해야 하는 것이다(p. 128).

Lafley와 Charan(2008)은 초기 연구에서 브레인스토밍을 "유레카를 외치는 순간"이 나타날 수 있도록 분위기를 조성해 주는 역할을 한다고 설명했다. 이처럼 브레인스토밍의 긍정적인 측면에 초점을 맞추는 것이 중요하다. 브레인스토밍은 오랫동안 활용되어 왔으며 프로세스가 단순해 손쉬운 테크닉이라고 평가절하될 수 있다. 브레인스토밍은 아이디어를 생성하게 해주는 다른 테크닉들과 함께 제12장에 설명되어 있다. 창의적인 프로세스가 그 특유의 다소 정돈되지 않은 방식으로 전개되도록 하려면 충분한 업무공간이 필요하다. 이 공간에서는 개인의 사색이나 그룹의 상호작용 둘 다 가능해야 한다.

물리적인 공간에 필요한 것들　　Folkestad와 Gonzales(2010)는 팀 간의 혁신을 향상시키는 데 중요한 역할을 하는 물리적인 공간과 관련하여 세 가지 요인을 정의한다.

1. 공간은 본질적으로 개방되어 있어야 하며, "팀 회의를 위해 공유할 수 있는 공간, 협업을 위해 동료들을 불러모을 수 있는 공간, 브레인스토밍을 할 수 있는 공간, 지속적으로 활력을 충전할 수 있고 팀 구성원들이 참여하고 있는 프로젝트의 환경이나 방향에 따라 업데이트되는 공간을 많이 제공해야 한다(p. 128)."
2. 외부의 이해관계자들이 참여할 수 있는 공간의 위치도 중요하다.
3. 창의적인 환경을 만들기 위해 팀 구성원들을 오랫동안 이러한 장소에 머무르게

하는 것 역시 중요하다. "장소를 함께 공유하는 것은 공간에 대한 것일 뿐 아니라 함께 일하는 시간에 대한 것이며, 외부로부터 끊임없이 새로운 정보를 탐색하면서도 문제에 집중하는 것이다(p. 128)."

퍼실리테이션에 적용하기　　단언컨데, 제대로 만들어진 공간은 창의적인 프로세스에서 중요한 역할을 한다. 앞서 제 4장에서는 그룹 업무 세션을 기획할 때, 장소에 대해 동의하기 전에 가능한 장소와 공간을 물리적으로 탐색하는 것이 중요하다는 내용을 다루었다. 창의적인 활동이 포함되어 있다면, 이 절차는 필수적으로 선행되어야 한다. 작은 방 혹은 테이블과 의자가 고정되어 배열된 방은 구성원들이 많은 선택지를 생산해 낼 수 없게 한다. 여기에서 논의된 많은 전략들과 다음 장에서 논의될 테크닉을 사용하기 위해서는 적정 공간이 필요하다. 퍼실리테이터들은 회의를 기획할 때 이를 염두에 두어야 한다.

아이디어 도출과 관련된 신뢰

　사회적 퍼실리테이션 프로세스는 개인이 그룹으로부터 자극을 받게 할 뿐 아니라 그룹 행동을 규정하는 데 기여하게 하기도 한다(Sisk & Williams, 1981). 창의적인 프로세스가 진행되는 동안 개인은 타인과 영향을 주고 받는다. 위험 감수를 해도 안전할 것이라는 믿음인 심리적 안정감(Ulloa & Adams, 2004)은 바보처럼 보일 수 있다는 위험을 무릅쓰고 아이디어나 의견을 개진하려는 의지를 갖게 한다. 신뢰는 이러한 의지에 큰 부분을 차지한다.

　매우 소수의 팀 구성원들만이 포스트잇® 아이디어 개발을 주도하지만, 대부분의 그룹 구성원들이 의사결정, 문제해결, 과업에 대한 접근법 등에서 창의적인 사고를 장려하는 시도에 긍정적인 영향을 받는다. Rollof(2009)는 직장에서 회의에 참석한 사람들에게 창의성과 관련된 경험에 대해 질문한다. 인터뷰에 응한 거의 대부분의 사람들이 신뢰를 주요 요인으로 꼽았다. 그들은 신뢰 없이는 새로운 아이디어가 나올 수 없다고 믿었다. 신뢰는 제7장에 나오는 협력적인 분위기에 대해 상세히 논의할 때 이미 다룬 바 있다. 여기에서 그 논의를 되풀이하지는 않겠지만, 그러한 신뢰가 사람들이 그룹의 다른 구성원들과 창의적인 프로세스에 참여하고자 하는 정도에 영향을 미친다는 것을 알고 있어야 한다. 흥미롭게도 그룹 구성원들은 다음 두 가지 중 한 가지에 해당했을 때 가장 자유로움을 느낀다. (1) 구성원들이 서로 전혀 몰라서 개방적인 토론에 어떤 장벽도 없을 때 (2) 구성원들이 꽤 오랫동안 함께 시간을 보내서 업무적으로 가까운 관계를 형성했을 때이다. 만약 이 두 가지 중 어떤 것에도 해당되지 않은 그룹과 일을 하고 있다면, 현재 영향을 미치고 있는 요소들을 억제시키고 그 요소들 간에 균형을 이룰 수 있도록 해주는 어떤 방법이라도 사용해야 한다. 사람들에게 초기 아이디어를 개인적으로 제안해 보라고 하는 것도 한 가지 방법이다. 퍼실리테이터가 모든 아이디어들을 취합하여 공개하고, 그때부터 창의적인 프로세스가 진행될 수 있다.

참여하고자 하는 의지에 영향을 미치는 또 하나의 요인은 그룹과 조직 모두가 창의성이 가치 있다고 여긴다는 것을 구성원들이 얼마나 믿느냐이다. 창의성이 가치 있다는 것을 어느 정도 믿을 수 있으면 창의성을 자극하기 위해 많은 전략이 사용될 것이다.

창의적인 프로세스에는 최소한의 제한을 두고 빠르게 연속적으로 아이디어를 제시하는 프로세스인 아이디어 자유연상, 또는 문제를 재구성하여 대안적인 접근법에 초점을 맞추는 것이 포함된다. 두 전략 모두 다른 연구분야에서 차용되어 소그룹 연구 및 실습에 적용된 것이다.

창의성을 자극하기 위한 전략들

자유연상　　첫 번째 전략은 전통적으로 프로이트, 그리고 정신분석 프로세스와 연관되어 있다. 창의적 문제해결에 적용해보면, 자유연상은 새로운 결합, 새로운 무형의 아이디어, 또는 새로운 이름을 만들어내는 등의 특정한 목적을 달성하기 위해 상상력을 자극하는 방법이다. 문제 혹은 관심 있는 이슈와 관련된 상징물—단어, 스케치, 숫자, 혹은 사진 등—을 써내려 가는 것에서부터 프로세스가 시작된다. 첫 번째 항목에서 연상되는 또 다른 상징물을 계속 추가하고, 이것을 아이디어가 떠오를 때까지 계속한다(Souder & Ziegler, 1988). 단어 대신 그림이나 사진이 활용될 수 있기 때문에, 이 테크닉은 구성원들이 사용하는 언어가 다른 경우에도 효과적이다.

퍼실리테이터들이 아이디어를 기록하는 방식과는 반대로, 이 방법에서 구성원들은 아이디어와 이미지가 떠오르는 즉시 곧바로 보드나 플립차트에 기록한다. 누군가가 아이디어를 표현하는 데 어려움을 겪는다면 서로 돕도록 독려하라. 이 프로세스는 그룹이 10명 이내로 구성될 때 가장 효과적이다. 그룹의 규모가 크다면 소그룹으로 쪼개어 각 그룹이 프로세스를 진행게끔 하면 된다. 모든 아이디어들을 취합한 다음, 그 이후부터 전체 그룹이 논의를 시작하는 것이다. 자유연상을 통해 생성된 아이디어를 계속 발전시키기 위해 PART 3에서 논의된 테크닉들을 활용할 수 있다.

창조적 재구성　　두 번째 전략인 창조적 재구성은 문제 혹은 문제와 관련된 이슈를 재검토하는 것이 포함되어 있는 프로세스이다. 이 프로세스는 심리학, 사회학, 상담, 갈등해결, 협상 등의 분야에서 오랫동안 널리 활용되어 왔다. 그룹이 고착상태에 빠져 있거나 문제를 부정적인 관점에서 바라보며 발전을 저해하는 방향으로 가고 있다면, 해당 이슈를 표현하는 단어 혹은 기술방식을 바꿔보는 것도 유용하다 (Simons, 1976; Kolb & Gray, 2007).

퍼실리테이터는 보드나 플립차트의 왼쪽에 문제를 기술해 두고 문제를 재구성할 수 있도록 오른쪽을 비워둠으로써 프로세스를 통제할 수 있다. 아래 <표 10-1>에 예를 들어놓았다.

▌표 10-1 창조적 재구성의 예시

문제 제시	창조적 재구성
충분한 자원이 없다	우리가 가지고 있는 자원들을 어떻게 더 효율적으로 사용할 수 있는가?
목적을 달성할 수 없다	목적을 단계별로 실현가능하도록 어떻게 쪼갤 수 있는가?
우리 업무가 아니다	우리는 이 문제의 해결에 어떻게 기여하고 있는가?

재구성된 진술을 선택하고 재진술 혹은 재구성된 문제에 대한 해결책을 찾으려 함으로써 창조적 재구성은 계속된다. 여기에 가해지는 비판은 문제를 재진술하는 것은 문제를 해결하는 데 거의 도움이 되지 않는다는 것이다. 이는 물론 사실이지만, 문제를 재구성하는 것은 사고를 제한하는 장애물로부터 그룹을 떨어뜨려 놓기 위한 첫 번째 단계로서 유용하다. 문제에 대해 이야기하는 방식은 우리가 그 문제에 어떻게 접근하느냐에 큰 영향을 미친다. 이 프로세스는 그룹이 불가능한 일에 초점을 맞추는 대신, 무엇이 가능할지 고민하는 방향으로 움직이게 해준다.

요약

이 장에서는 창의성에 대해 정의하고 기술하였으며, 창의성이 발전될 수 있는 방법에 대해서 논의하였고, 그룹 내에서 창의적인 사고를 자극할 때 사용할 수 있는 자유연상과 창조적 재구성 전략을 설명하였다. 다음 장에서는 의사결정/문제해결의 프로세스로 넘어갈 것이다. PART 3에서는 아이디어를 생성하며 우선순위를 선정하고, 문제와 해결책에 초점을 맞추며, 전략적 기획을 하는 데 유용한 기법들을 설명할 것이다.

제11장

테크닉(기법)

▌주요 개념

- 정의
- 의사결정/문제해결의 원칙
- 왜 특정한 테크닉을 사용하는가?
- 테크닉 분류와 형식

　창의성에 대해 논의했던 지난 장에서는 창의성을 자극하고 독려하기 위한 아이디어들을 살펴보았다. 이 장에서는 의사결정과 문제해결의 정의에 대해 먼저 살펴본 다음, 당신의 그룹이 이 프로세스를 잘 따라가도록 가장 잘 도와줄 방법을 결정하는 데 사용될 수 있는 일곱 가지 일반 원칙에 대해 설명하고 논의할 것이다. 그후 특정 테크닉들을 사용하는 것에 대해 알아보고, 다음 장에서 다루어질 테크닉들이 어떻게 분류되는지 설명하겠다. 이 장과 PART 3에 속해있는 장들을 읽어나갈수록 각각의 테크닉이 변형되어 사용될 수 있다는 것을 깨달을 것이다. 그룹 구성

원들과 그룹 상황에 적절하게끔 어떤 하나의 테크닉에 다른 테크닉의 일부를 덧붙여 혼합할 수도 있을 것이다. 먼저, 정의부터 살펴보자.

정의

엄격하게 말해서, 의사결정은 여러 대안을 두고 선택을 하는 프로세스이다. 문제해결은 원하지 않거나 만족스럽지 않은 조건, 환경, 상황으로부터 보다 원하거나 만족스러운 상태로 옮겨가는 여러 단계로 이루어진 프로세스이다. 바꿔 말하면, 문제해결의 목적은 현재 일어나고 있는 것과(현재 상황) 미래에 일어났으면 하고 바라는 것(원하는 상황)의 차이를 메꾸는 것이다. 의사결정 또한 문제해결 프로세스에 포함되어 있으며, 나는 두 가지가 밀접하게 연관되어 있다고 보고 있다.

의사결정과 문제해결의 원칙

의사결정과 문제 해결을 다룰 때 이후의 장에서 다루어지는 테크닉들은 여러 원칙을 포함하고 있는데, 이 원칙들은 다양한 형태로, 그리고 강조되는 정도를 달리하며 반복된다.

이 원칙들은 아래 <표 11-1>에 나와 있다.

▎표 11-1 문제해결 논의에 대한 일곱 가지 원칙

1. 문제를 어떻게 풀지 생각하고 말하기 전에 문제 자체에 집중하기
2. 문제를 하나로 명확히 정의하는 질문으로 시작하기
3. 주의깊게 문제를 짚어내기
4. 그룹 구성원들이 결정/해결책의 적절성을 측정할 수 있는 기준이나 방식에 동의하는 것을 확인하기
5. 아이디어/해결책을 수집할 때 평가/판단을 유보하기
6. 건설적인 의견 불일치를 통해 집단적 사고(그룹 또는 그룹 리더들의 믿음에 동조하는 것)를 피하기
7. 해결책의 실행과 후속조치에 대한 계획을 소리내어 말하기
출처: Brilhart, J. K.(1986). Effective group discussion(5th ed.). Dubuque, IA: Brown.

다음 섹션에서는 각각의 원칙들이 명확하게 무엇을 의미하는지 살펴보고, 프로세스에 대한 예시를 들어 이해를 돕도록 하겠다.

원칙 1: 문제에 초점을 맞추기   Hirokawa(1983)의 연구는 퍼실리테이터가 그룹이 곧장 해결책을 찾기 위해 돌진하는 것을 막아야 한다는 것을 뒷받침해 준다. 그는 성공적이지 못한 그룹들이 거의 즉시 해결책에 대해 평가를 내리려는 것에 비해, 성공적인 문제해결 그룹들은 일찌감치 문제를 분석하기 위한 논의에 집중한다는 것을 발견했다. 또한 성공적이지 못한 그룹들은 부정적인 감정을 더 많이 표출했는데, 이는 아마도 문제를 완전히 이해하지 못한 채로 해결하려는 데서 오는 좌절감 때문일 것이다.

원칙 2: 문제를 정의하는 질문으로 시작하기   문제가 무엇인지 묻는 질문은 무엇이 잘못되었는가에 초점을 맞춘다. 해결책이 무엇인지 묻는 질문은 무엇을 해야 하느냐에 초점을 맞춘다. Brilhart(1986, p. 296)가 제시한 예시는 아래와 같다.

우리 대학의 주차공간에 대한 불만을 줄이기 위해서 무엇을 할 수 있을까요?
(**문제**가 무엇인지 묻는 질문으로, 현재 불만이 있는 상태와 미래에 불만이 없거나 매우 적은 상태 간의 차이에 초점을 맞춘다.)
혹은
우리 대학에 더 많은 주차공간을 확보하기 위해 무엇을 할 수 있을까요?
(**해결책**이 무엇인지 묻는 질문으로, 더 많은 주차공간을 만들어야 한다는 것을 간접적으로 피력한다. 장기적으로 봤을 때 대중교통을 확충하고, 캠퍼스 밖에서 진행되는 수업을 늘리고, 교내 주차공간이 아닌 다른 곳에 주차가능한 셔틀버스를 만드는 등의 정책이 도움이 될 수 있다.)

이 원칙은 가장 숙련된 퍼실리테이터조차 범하기 쉬운 실수를 보여준다. 가능한 해결책을 제한해 버리는 방식으로 질문을 구성하는 것이다. 잘못 정의된 문제를 해결하는 데 그룹이 열정적으로 몰입하게 되면 엄청난 시간이 낭비된다. 인적자원개발분야에는 "교육 문제가 아니라면, 교육으로 해결할 수 없다."라는 말이 있다. 수많은 시행착오 끝에 마침내 인적자원개발 전문가들은 어떤 문제가 훈련과 관련된 것이라고 가정하기 전에 요구분석이 선행되어야 한다고 관리자들을 설득하기 시작했다. 같은 맥락에서, 퍼실리테이터들은 그룹 구성원들이 문제를 해결하려고 하기 전에 그 문제를 깊이 이해하고 있다는 것을 확인해야 한다.

원칙 3: 주의 깊게 문제를 짚어내기　　여기에서 중요한 것은 모든 아이디어를 샅샅이 탐구하고 필요한 정보를 수집하려는 의지이다. 이 시점에서는 어떤 구성원도 자신이 선호하는 해결책을 제시할 수 없다. 이 단계를 문제를 브레인스토밍 하는 것으로 생각할 수도 있다. 관련된 모든 정보를 수집해야 한다.

원칙 4: 구성원들이 기준에 동의하는지 확인하기　　어떤 의사결정 문제해결 상황에서든 기준을 정하는 것은 중요한 단계이다. 그룹 구성원들은 해결책을 평가하는 기준점이나 주요 내용에 대해 동의해야 한다. Brilhart는 기준이 "5천 달러 이상의 비용이 들면 안 된다."와 같이 절대적인 수치로 표현되거나 "얼마나 편리한 곳에 있는가?"와 같이 질문의 형태로 표현될 수도 있다고 제안한다. 케프너-트레고 분석기법과 같은 테크닉에는 기준을 정하고 그 기준 등의 순위를 매기며 각각의 기준과 선택지를 점수로 평가하는 정교한 절차들이 있다. 각각의 해결책이나 선택지는 기준에 얼마나 잘 부합하느냐에 따라 평가된다. 기준은 의사결정의 중추가 되기 때문에 기준을 정하는 데 시간을 많이 들여야 한다.

원칙 5: 해결책을 찾을 때 판단을 유보하기　　이것은 원칙 3－아이디어들을 평가하기 전에 모든 아이디어들을 수집해 두는 것의 중요성－과 연결되어 있다. 앞서 논의되었듯이 아이디어 혹은 해결책을 생성하는 단계에서 아이디어를 비판하는 것은 적절하지 않다. 하지만 그룹이 결정하는 데 한계가 있는 상황이 종종 발생하는데, 해결책을 토론할 때 그러한 한계를 고려사항에 넣고 싶을 것이다. 이런 경우에는 모든 선택지가 특정 범위 내에서만 존재하게 되는 자유토론을 하게 된다. 모든 아이디어들은 향후에 이루어질 토론을 위해서 수집되고 기록되어야 한다.

원칙 6: 집단적 사고를 피하기 위해 건설적인 논쟁을 활용하기　　이슈에 초점을 맞춘 건설적인 논쟁, 의견 불일치, 갈등은 의사결정과 문제해결에 긍정적인 영향을 미치며, 그룹이 의사결정 및 문제해결과 관련된 모든 부분과 영향을 펼쳐놓고 토론하며 고민할 수 있게끔 해 준다. 쉽게 합의에 도달하는 것이 항상 좋은 것은 아니다. 짧은 시간 안에 동의가 이루어진다는 것은 구성원들이 이슈에 대해 주의 깊게 탐구하지 않았다는 것을 의미할 수도 있다. 결정을 내리기 전, 구성원들이 부정적인 측면을 제기할 수 있도록 독려하는 악마의 변호인을 포함시키면 그룹이 집단적 사고를 피할 수 있도록 도와줄 수 있다.

원칙 7: 해결책의 실행을 소리내어 계획하기   그룹의 목적에 따라 당신의 그룹은 해결책을 실행해야 할 수도 있고 그럴 필요가 없을 수도 있다. 하지만 실행한다고 가정했을 때, 언제든 발생할 수 있는 정말 기본적인 문제나 이슈가 기저에 깔려 있을지도 모른다. 이 마지막 단계는 앞으로 업무를 진행해 나가야 할 그룹들에게 이미 내려진 결정을 어떻게 효과적으로 실행할 것인가에 대한 방향을 제공해 줄 것이다.

의사결정이 포함되어 있는 문제해결은 매우 복잡해 보이지만 그 프로세스는 일반적인 단계들로 이루어져 있다. 내리기 쉬운 결정들을 몇 분 안에 잘 진행되기도 한다. 그렇지 않은 결정들은 보다 복잡하고, 중요도가 높으며, 지속적으로 영향을 미친다. 이런 복잡한 문제와 결정을 다룰 때 퍼실리테이터가 다양한 테크닉에 대한 지식을 가지고 있다면 그룹이 적절한 결정을 내릴 수 있게끔 더 잘 도와줄 수 있다.

왜 특정 테크닉을 사용하는가?

앞서 일반적인 원칙들을 살펴보았는데, 퍼실리테이터가 이 원칙들을 그룹이 결정을 내리고 문제를 해결하도록 도와줄 때 사용하지 못할 이유가 있겠는가? 없을 것이다. 그렇다 하더라도 테크닉을 사용하면 그룹에 명확성과 나아갈 방향을 제시해 줄 수 있을 뿐 아니라 프로세스가 보다 부드럽게 흘러가도록 할 수 있다. 테크닉은 여러가지 이유로 유용하다.

테크닉은 프로세스 손실을 최소화한다   의사결정이나 문제해결 프로세스가 진행되는 동안, 공식적이든 비공식적이든 그룹은 결과를 도출하기 위한 단계들을 밟아나간다. 이러한 단계들은 구성원들 간의 참여를 증진시키고, 한 두 사람이 토론을 장악하는 확률을 낮추며, 문제를 전체적으로 탐구하기 위해 서로 맞물려 있는 이슈들을 다룬다. 그룹 구성원들 간의 직위 차이, 논의되는 안건들의 비밀 유지, 언어적인 이슈들, 그룹 의사결정 시 경험의 부족, 의견 불일치의 정도가 높을 가능성 등의 요소들은 이슈를 논의할 때 활용되는 프로세스로 인해 프로세스 손실 또는 의사결정의 질 하락을 초래할 수 있다. 당면한 과제에 그리고 그룹의 필요에 맞는 특정한 테크닉을 사용하는 것은 프로세스 손실을 최소화하는 방법이다.

테크닉은 그룹에 초점을 둔다 게다가 특정한 테크닉을 사용하면 그룹에 초점이 두어지는 경향이 있다. 이전의 히스토리가 전혀 없는 그룹의 경우, 처음으로 회의를 할 때 특정 테크닉을 사용하면 목표 달성이 촉진된다. 프로세스대로 따라가면 구성원들은 순서대로 단계를 밟아나가므로 시간이 단축되며, 앞서 언급된 잘못된 방향 설정과 프로세스 손실을 막을 수 있다. 보다 오래된 그룹의 경우, 테크닉은 의사결정의 중요성을 강조하고 그룹 구성원들이 다른 관점에서 이슈들을 고민해 보게끔 한다. 테크닉이 퍼실리테이터의 역할을 대체할 수는 없지만, 퍼실리테이터가 그룹이 목적을 달성하게끔 도와주는 것을 더 수월하게 해줄 수 있다.

테크닉은 이론적으로 증명된 것이다 1950년대 후반부터 의사결정에 관심이 있는 사람들은 그룹 내에서 특정한 테크닉을 사용하면 어떤 결과가 도출되는지 연구해 왔다. 초기의 연구(Maier & Maier, 1957, Brilhart의 1986년도 연구에 인용됨)에서 전문가들은 집단적으로 일하는 관리자들이 도출한 해결책을 평가했는데, 전문가들은 열린 토론을 사용하는 그룹보다 구조화된 접근법을 사용하는 그룹의 결정의 질이 높다는 것을 알게 되었다. 미처 예측하지 못한 연구결과도 있었다. 보다 구조화된 접근법을 취하는 그룹의 리더들은 좀 더 분위기를 살피는 눈치를 갖추고 있어야 하는데, 이는 그룹 구성원들이 한 번에 한 가지 이슈에만 초점을 맞추어야 한다는 사실을 언짢게 여겼기 때문이다. 최근 50년 동안 그다지 많은 변화가 있었던 것은 아니다. 퍼실리테이터가 그룹에 가장 적합하다고 생각하는 방식을 취하더라도, 그들이 제안한 것이 그룹이 선호하는 업무 방식과 대치될 경우 저항에 직면할 수 있다. 그룹은 중요한 이슈에 관심을 기울이지 않거나 성급하게 해결책을 찾으려는 등의 방식을 선호할 수도 있다. 이어진 연구에서는(Brilhart, 1986; Janis & Mann, 1977; Schultz, Ketrow, & Urban, 1995) 몇몇 구조화된 프로세스를 사용해서 의사결정을 개선하려는 노력들이 성공했음을 밝혀냈다. 그룹은 어떻게 문제를 해결하고 결정을 내리는지 직관적으로 알고 있는 것이 아니다. LaFasto와 Larson(2001)의 연구에서는 "… 그룹 문제해결 분야에서는 몇 년 동안 수없이 많은 문제해결 전략들을 실험해 보았고, 모두가 시행착오를 겪을 때보다 좋은 결과를 내었다(p. 82)."라고 기술한다.

최근의 연구에서는 그룹의 효과성과 구성원들의 만족도 간의 균형을 맞추기 위한 행동을 탐구하고 있다. 한 연구에서는(Salisbury, Parent, & Chin, 2008) 두 개의 그룹이 의사결정을 위해 GSS(Group System Support) 시스템을 사용했다. 두 그룹 모두 개인용 컴퓨터를 사용했고 사전에 GSS 사용법을 교육받았다. 한 그룹의 시스템은 하나의 과업을 끝내야 다른 과업을 시작할 수 있도록 세팅되었다. 제한을 두었던 이 첫번째 그룹에서, 퍼실리테이터는 그룹 구성원들이 정해진 프로세스 단계를 벗어나거나 뛰어넘으려 할 때마다 코멘트를 주었다. 보다 덜 제한적인 두 번째 그룹에서는 구성원들의 과업 완수 여부를 GSS 시스템이 통제하지 않았다. 또한 퍼실리테이터는 구성원들이 요청할 때에만 코멘트를 주었다. 보다 제한적인 절차를 따랐던 그룹이 프로세스 자체에 대한 만족도는 더 높았으나, 구성원들 간의 상호작용은 더 낮았다. 연구자들은 GSS 시스템을 사용할 때 트레이드 오프(역자주: 하나의 효과가 높아지면 다른 하나의 효과가 낮아지는 것)를 고려해야 한다고 결론지었다. Salisbury와 그 외 학자들의 연구에서 첫 번째 그룹의 제한을 일부러 매우 강하게 책정했다는 것을 기억하라.

테크닉의 종류나 테크놀로지의 사용과는 상관없이 퍼실리테이터가 배울 수 있는 교훈이 있다. 그룹 프로세스에 대해 충분한 지식을 가지고 있는 퍼실리테이터라면 테크닉을 사용할 때 구성원들 간의 상호작용을 포기하지 않고서도 그룹이 주제를 벗어나지 않도록 할 수 있어야 하겠지만―사실 몇몇 기법은 상당한 양의 상호작용이 필요하다―테크닉을 고집하는 것이 주요 관심사가 되면 안 된다. 테크놀로지가 수단인 것처럼 테크닉 역시 수단이며, 그룹의 목적을 달성하기 위한 메커니즘처럼 활용되어야 한다. 모든 테크닉에는 장단점이 있으며, 퍼실리테이터는 특정한 그룹 상황에서 기능을 수행하는 데 적합하다고 생각되는 테크닉을 사용한다.

테크닉은 일석이조의 목적을 달성한다　문제를 해결하려는 그룹을 돕기 위해 특정한 테크닉을 사용함으로써 두 가지 목적을 달성할 수 있다. (1) 효과가 검증된 여러 단계를 밟아나감으로써 그룹이 결정을 내리게 한다. (2) 그룹은 비슷한 상황에서 똑같이 적용될 수 있는 기법을 배운다. 퍼실리테이터가 항상 그룹에 참여할 수 있는 것은 아니기 때문에, 그룹이 순차적으로 진행되는 기법을 배운 적이 있다면 그룹이 스스로 문제를 해결해야 할 때 보다 효과적인 프로세스를 선택해 진행할 수 있을 것이다. 제1장에서 논의되었던 것처럼, 발전적인 퍼실리테이션에서는 다양한 상황에서 활용될 수 있는 프로세스와 테크닉을 구성원들에게 가르치는 것이 퍼실리테이터의 역할 중 하나이다.

PART 3에 제시되어 있는 대부분의 테크닉들이 다양한 방법으로 활용될 수 있지만, 여기에서는 주로 활용되는 분야를 기준으로 나누어 보도록 하겠다.

테크닉은 어떻게 분류되는가

아이디어 도출을 위한 테크닉　　아이디어 도출과 브레인스토밍 측면에서 다루어지는 첫 번째 테크닉은 창의성을 다루었던 장에서 언급되었지만 제12장의 아이디어 도출 부분에서 더 깊게 다루어진다. 브레인스토밍 또는 이를 변형한 테크닉이 단독으로 사용되거나 다른 테크닉들의 여러 단계 중 하나로 사용된다. 브레인스토밍과 몇몇 변형된 테크닉(역 브레인스토밍, 은유, 환상적 유추, 시네틱스), KJ분석법/친화도(어피니티) 및 델파이 기법이 여기에 포함된다.

아이디어의 우선순위를 정하는 테크닉　　첫 번째 테크닉인 명목집단법(nominal group technique)은 본래 브레인스토밍이 과도하게 상호작용을 촉진한다는 비판에 대응하기 위해 고안되었으며, 개인이 성찰하는 시간은 프로세스의 창의성을 향상시킬 것이라는 생각에서 시작되었다. 두 번째 테크닉인 케프너-트레고 기법에서와 마찬가지로, 이 테크닉에서 아이디어들은 의사결정을 목적으로 우선순위가 매겨진다. 케프너-트레고 기법은 고려 중인 기준과 선택지에 가산점과 점수를 매기는 정밀한 수학적 프로세스를 사용한다. 두 기법 모두 제12장에서 다루어진다.

문제에 초점을 맞추는 테크닉　　그룹은 문제의 본질을 충분히 이해하기 전에 문제를 해결하려고 할 수 있다. 문제에 가장 직접적으로 초점을 맞추는 세 가지 기법은 제13장에 등장하는 피쉬본(fishbone), 단일 질문(single question), 역장분석(force-field analysis)이다.

해결책에 초점을 맞추는 테크닉　　다른 섹션에서 다루어지는 대부분의 테크닉에도 해결책과 관련된 단계들이 포함되어 있지만, 여기에서 눈에 띄는 두 가지 기법은 제13장에 등장하는 표준 아젠다(standard agenda)와 PERT(program evaluation and review technique)이다.

전략 기획을 위한 테크닉　　퍼실리테이터들은 전략 기획 세션에도 매우 자주 참여한다. 여기에는 제14장에 등장하는 SWOT(강점, 약점, 기회, 위협), 긍정탐구, 시나리오 플래닝 등이 포함된다.

형식

제12, 13, 14장에서 다루어지는 각각의 테크닉은 명칭과 설명, 참고문헌, 활용, 준비물, 장점, 단점, 제안/코멘트, 단계, 그리고 예시의 형식으로 기술된다. 이런 방식으로 각각의 테크닉은 독립적으로 쉽게 사용될 수 있다.

요약

이 장에서 다루어진 테크닉들은 제3장에서 다루어진 퍼실리테이션의 프레임워크에서 제시된 마지막 요소이다. PART 3에서는 여기에서 언급된 테크닉들을 다룰 것이다. 이 장에서 의사결정과 문제해결에 대한 것을 정리했기 때문에, 제12장에서는 단독으로 쓰이거나 혹은 프로세스의 첫 번째 단계로 활용되는 아이디어 도출에 대해 다룬 다음, 아이디어와 제안의 우선순위를 정하는 부분으로 넘어가도록 하겠다.

PART 3

의사결정, 문제해결 및 전략 기획을 위한 테크닉

S m a l l   G r o u p   F a c i l i t a t i o n

제12장

아이디어를 도출하고 우선순위를 정하는 테크닉

▌주요 개념

- 아이디어를 도출하는 테크닉
  - 브레인스토밍과 이를 변형한 테크닉들
  - KJ분석법/친화도법
  - 델파이 기법
- 아이디어와 선택지의 우선순위를 정하는 테크닉
  - 명목집단법
  - 수정된 케프너-트레고 기법

지난 장에서는 의사결정과 문제해결의 기본 원칙들을 다루었고, 특정 테크닉을 사용하는 것이 왜 그룹이 이 프로세스를 진행하는 것을 도와주는데 유용한지 설명하였다. 이 장에서는 아이디어를 도출하고 아이디어의 우선순위를 정하는 데 사용되는 테크닉들을 설명한다. 다시 한번 말하지만, 당신이 맡은 그룹에 가장 잘 맞는 프로세스를 만들어내기 위해 이 테크닉들의 일부분을 발췌해서 혼합할 수도 있다.

아이디어를 도출하는 테크닉부터 살펴보도록 하겠다.

아이디어를 도출하는 테크닉

우리가 창의성, 특히 아이디어 도출에 대해 생각할 때, 가장 먼저 떠오르는 것이 브레인스토밍일 것이다. 브레인스토밍은 오랫동안 사용되어 왔고, 오늘날 많은 과정들이 창의적 사고의 첫 번째 단계로 브레인스토밍의 몇몇 버전들을 사용하고 있다. 다음 섹션에서는 브레인스토밍에서 변형된 테크닉들을 제시하고 논의한다.

브레인스토밍

명칭과 설명　　브레인스토밍은 광고 책임자였던 Alex Osborn에 의해, 정해진 목표나 목적을 중심으로 창의적 사고를 장려하기 위해 개발되었다. 아이디어의 양에 초점을 맞출 수도 있고, 질에 초점을 맞출 수도 있다. 대 원칙은 아이디어에 대한 비판이나 평가는 피해야 한다는 것이다.

활용　　정해진 시간 안에 가능한 많은 아이디어를 생성하기 위해, 바로 토론을 시작하기 위해, 때로는 다른 의사결정이나 문제해결 테크닉의 단계나 구성요소 중 하나로 등장한다.

준비물
· 아이디어를 시각적으로 보여줄 수 있는 큰 공간 : 칠판, 화이트보드, 내용이 채워질 때마다 붙여놓을 수 있는 플립차트 용지 등
· 마커, 분필

장점　　그룹 구성원들이 가능한 선택지들을 열정적으로 만들어낼 수 있다. 시각적으로 볼 수 있게 전시해 둔다면 구성원들이 새로운 아이디어를 더 많이 제공하려 할 것이다.

단점　　생성된 아이디어들이 크게 관련이 없는 것일 수도 있다. 몇몇 사람들이 경쟁적으로 아이디어를 제공하려고 하고, 나머지는 침묵할 수도 있다. 브레인스토밍 하나로 결론을 이끌어낼 수는 없다. 해결책을 평가하고 선택하기 위해서는 추가적인 논의가 필요하다.

제안/코멘트　　구성원들의 창의성을 높이기 위해, 세션 시작 전 이슈를 미리 공지하고 이에 대해 생각해 보라고 제안하라. 퍼실리테이터는 아이디어의 핵심을

재빨리 포착해서 기록해 두어야 한다. 세션 중, 아이디어를 기록하고 두 개의 플립 차트를 관리하는 사람이 두 명 있는 것이 도움이 된다. 한 사람이 이전의 아이디어를 기록하는 동안 다른 사람은 다음 아이디어를 정리할 수 있다. 퍼실리테이터는 기록하는 사람 중 하나가 될 수도 있고 프로세스를 이끄는 사람이 될 수도 있다.

라운드 로빈 형식(방 안의 사람들이 차례를 지켜 한 번에 한 사람씩 발언하는 것)으로 아이디어를 낸다면 모든 사람들이 참여할 수 있지만, 프로세스가 자연스럽게 흘러가지 못할 수 있다.

전통적인 브레인스토밍의 규칙

브레인스토밍이 개발된 이후로 다양한 형태의 브레인스토밍 규칙이 등장했다. 아래 네 가지 규칙에 프로세스의 핵심이 드러나 있다.

1. 아이디어를 비판하지 않는다. 퍼실리테이터는 이 규칙을 깨트리는 사람들에게 이를 상기시켜주어야 한다.
2. 아이디어의 양이 중요하다. 제안이 많을수록 좋다.
3. 극단적이거나 색다른 아이디어를 내는 것이 장려된다. 말이 되지 않는 아이디어는 없다.
4. 다른 이들의 아이디어를 발전시키는 것도 환영받는다. 이것은 편승하기(hitchhiking) 또는 목말타기(piggybacking)라고 불린다. 아이디어의 결합이 중요한 이유는 적극적인 경청을 장려하고, 아이디어들을 종합하고 확장하기 때문이다.

브레인스토밍의 변형

역 브레인스토밍　　브레인스토밍의 한 형태로 분리법(tear−down method) 또는 제거법(purge method)이라고 불리기도 하며, 판단을 유보하는 대신 비판적이 되어보는 것으로, 전형적인 브레인스토밍 세션 전에 사용할 수 있다. "일반적인 접근법은 우선 운영, 프로세스, 시스템, 결과물과 관련된 모든 잘못된 점들을 나열하는 것이다. 그 후 한 사람이 차례로 각각의 결함을 공개하고 극복, 개선, 바로잡을 방법들을 제시한다(Souder & Ziegler, 1988, p. 268)." 이런 종류의 세션은 잘못 진행될 경우, 결함이 너무나도 중요하게 부각되어 과도하게 부정적으로 흘러가 버릴 수 있다.

은유의 사용　　브레인스토밍의 변형된 형태로, 마치 하나가 다른 하나인 것처럼 두 개를 비교하는 것이다. Lumsden과 Lumsden(1993)은 함께 일하면서 문제가 발생한 팀을 돕기 위해 은유적인 사고를 사용했던 예시를 설명한다. 구성원들은 그들 자신을 "부조화자" 혹은 "음이탈자"(p. 158)라고 부를 수도 있다. 누군가는 음악적인 은유를 선택하여 구성원들에게 악보의 다른 부분을 연주해 보자거나 팀에 지휘자가 없는 것처럼 해 보자고 이야기할 수도 있다. 은유로 인해 여러 가지 통찰과 가능성이 촉발될 수 있다.

환상적 유추　　"그룹이 어떤 상황이나 문제를 드러내거나 묘사하는 것을 돕기 위해 즉흥적으로 떠오르는 이야기 혹은 드라마를 활용하는 브레인스토밍의 한 형태. 그룹 구성원들은 이야기를 계속 이어나가기 위해 다른 사람의 아이디어에 자신의 것을 덧붙인다(Shockley Zalabak, 1995, p. 331)." 그룹이 연극과 비슷한 상황을 만들어 갈수록 아이디어와 통찰이 떠오를 수 있다.

시네틱스　　퍼실리테이션 된 브레인스토밍 방법으로 은유와 환상적 유추 둘 다를 활용한다. 그룹 구성원들은 문제가 어떤 것처럼 보이는지, 그리고 어떻게 가장 잘 묘사될 수 있는지의 관점에서 문제들을 탐구한다. Shockley—Zalabak(p. 331)의 연구에서는 그룹이 항공 교통 관제 시스템을 이해하는 것을 돕기 위해서 물고기 떼들이 어떻게 서로에게 부딪히지 않고 수영하는지를 예시로 든다. 이 프로세스는 그룹이 대안적인 접근법을 개발할 수 있도록 도와준다.

　다음에 등장하는 테크닉 역시 브레인스토밍의 또 다른 형태이긴 하지만, 브레인스토밍으로 도출된 아이디어들을 범주화함으로써 프로세스를 확장시킨 것이다.

KJ분석법/친화도법

명칭과 설명　　KJ분석법은 일본의 인류학자인 Jiro Kawakita가 주창하였으며, 친화 테크닉 혹은 친화도법이라고도 불리운다. 이 프로세스는 직관적이며 논리와는 무관한 사고 프로세스에 기반하고 있고, 그룹 참여를 독려한다. 그룹 구성원들은 개별적으로 아이디어를 도출하며, 그 후 함께 보드나 다른 큰 공간을 활용하여 비슷하거나 서로 어울릴 수 있는 부분이 있는 아이디어들을 그룹화 혹은 범주화하여 분류한다.

　활용　　본래 연구 데이터를 정리하는 방법으로써 디자인되었으나, 브레인스토밍 혹은 그와 유사한 활동을 통해 도출된 아이디어들을 주제별 또는 범주별로 분류하는 데 사용할 수 있다. 아이디어의 갯수가 많을 때 유용하다.

준비물

· 적은 내용을 붙여놓을 수 있는 큰 공간

· 접착력이 있는 메모지나 큰 카드, 마커

· 때때로 메모지들은 모든 구성원들이 만족할 때까지 오랜 시간 동안 이리저리 옮겨지기 때문에 꽤 오래 붙여져 있다. 그렇기 때문에 공동의 업무 공간에 큰 보드가 있는 것이 이상적이다.

장점 팀워크가 생긴다. 분류하는 프로세스를 통해 그룹 구성원들은 아이디어를 더 잘 이해할 수 있게 된다. 보드로 이동하는 등의 신체적인 움직임은 계속 앉아만 있는 것을 방지해 주며, 이는 창의성을 증진시킨다. 퍼실리테이터가 아이디어들을 기록할 필요는 없다.

단점 많은 양의 데이터가 있을 때는 시간이 낭비될 수 있다. 몇몇 사람들은 글로써 자신의 아이디어를 짧게 표현하는 데 어려움을 겪기도 한다.

제안/코멘트 범주화하는 프로세스에 많은 시간을 배분하라. 만약 보드가 그룹 회의 장소에 놓여있다면 구성원들은 충분한 시간을 두고 작업을 계속할 수 있을 것이다. 다른 사람들은 일이 진행되는 사항을 지켜보면서 새로운 아이디어를 떠올릴 수 있다. 열 명 이상의 구성원이 있는 그룹 세션이라면, 그룹을 작게 나누어 먼저 시작한 다음 합치면 된다.

단계

1. 앞서 전통적인 브레인스토밍에서 사용되었던 규칙들이 똑같이 적용된다. 다만 아이디어를 구술하고 퍼실리테이터가 기록한 아이디어들을 구두로 발언하는 대신, 구성원들은 각각의 아이디어를 별도의 카드 혹은 종이에 써넣고 보드에 붙인다. 퍼실리테이터는 한 사람이 쓸 수 있는 아이디어의 갯수에 제한을 둘 수도 있고 두지 않을 수도 있다.

2. 구성원들은 보드 앞에서 카드 혹은 종이를 특정한 규칙 없이 붙여 놓는다.

3. 구성원들은 특정한 범주 혹은 주제들 중 어떤 것이 아이디어의 핵심 내용을 나타내는지 개별적으로 선택한 다음 다같이 다시 분류한다.

이 섹션의 마지막에 등장하는 테크닉은 특정한 목적 달성을 위해 자의로든 타의로든 멀리 떨어져서 일하고 있는 사람들을 한데 불러모을 때 사용된다. 원래 참가자들에게 정보가 담긴 자료를 우편으로 배포했던 이 방법은 오늘날 온라인 커뮤니케이션이 쉽게 이루어지면서 다시 활용도가 높아졌다.

델파이 기법

명칭과 설명　　델파이 기법은 랜드 연구소의 연구자들이 개발했으며, 면대면 그룹에서의 비효율성을 낮추고 의견개진을 꺼리는 것을 없애며, 참여자들에게 서로의 아이디어를 공유하고 평가 피드백을 제공해 주려는 것을 목적으로 한다. 오늘날 델파이 기법은 전 세계에 흩어져 있는 많은 전문가들로부터 정보를 얻기 위해 사용된다. 참여자들은 절대 직접 대면하지 않는다. 그들의 모든 상호작용은 델파이 질문지에 대한 응답을 함으로써 이루어진다.

활용　　참여자들 간에 과거의 문제 혹은 앞으로 일어날 수 있는 문제들 때문에 효과적인 커뮤니케이션이 어려워 면대면 상호작용이 선호되지 않을 때, 또는 그룹 참여자들이 멀리 떨어져 있어서 많은 시간과 비용을 들여 만나는 것이 불가능할 경우에 사용된다. 다양한 전문가들이 참여하거나 다양한 관점들이 등장할 수 있다. 참여자들의 익명성이 보장될 수 있다. 참여자들의 의견이 합의에 이를 때까지 계속 질문지가 배포된다.

준비물　　어떤 테크놀로지가 사용되느냐에 따라 다르다. 각 참여자들에게 자료를 배포하고 회수하기 위해 최소한 이메일 주소가 필요하다. 참여자들은 웹사이트에 익명으로 응답을 올려놓고, 퍼실리테이터는 참여자들이 볼 수 있도록 그 응답들을 요약해서 다시 올려놓는다. 질문지 자체를 온라인에 올려놓고 응답하게 할 수도 있다.

장점　　커뮤니케이션과 관련하여 일반적인 그룹이 가지고 있는 한계가 사라지며 참여자들이 가지고 있는 최대한의 경험, 전문성, 주요 능력을 발휘하게 한다. 그룹을 한데 모으는 데 비용이 들지 않는다. 한 사람이 주도권을 갖는 상황을 방지한다. 참여자들은 프로세스에서 요구되는 것 이상으로 관계를 발전시키지 않기 때문에 집단적 사고에서 발생하는 동질성을 줄일 수 있다.

단점　　질문지에 대한 응답이 참여자들에게 여러 번 요약되어 보내진다면 시간 소비가 많을 수 있다. 사람들이 지쳐 나가떨어질 수도 있다. 응답을 요약하는 스킬에 많이 의존한다. 글쓰기 능력이 부족한 응답자나 모국어가 아닌 언어로 커뮤니케이션하는 참여자의 응답은 해석이 어려울 수 있다.

제안/코멘트　　이를 보완한 형태는 퍼실리테이터가 편집하는 요약을 조금 덜 강조하는 것이다. 응답은 원본 그대로 그룹에 공유된다. 동일한 언어를 사용하여 적절하게 글을 쓰는 능력이 참여자들에게 훨씬 더 요구되는 반면, 퍼실리테이터의 참여는 축소된다. 요약이 어떻게 편집되건 간에, 참여자들의 이탈을 최소화하기 위해 참여자들이 프로세스 내내 집중력을 유지하게 하는 것은 중요하다. 만약 의견 합의가 꼭 필요한 것이 아니라면 절차는 좀 더 간소화될 수 있다.

퍼실리테이터, 그룹, 그리고 그 밖의 다른 사람들이 응답 준비와 결과 요약에 참여하는 정도에 따라 델파이 기법의 여러 변형들이 존재한다. 일반적으로 아래의 기본 단계들이 포함된다.

단계

1. 퍼실리테이터나 소그룹은 규모가 더 큰 델파이 그룹이 응답할 질문지를 만든다.
2. 질문지가 배포된다.
3. 1차로 응답이 완료되고 회수된다.
4. 결과는 편집되어 델파이 그룹의 모든 참여자들에게 배포된다. 아이디어나 해결책은 누가 냈는지 식별할 수 없도록 나열된다.
5. 2차로 응답이 완료되고 회수된다.
6. 합의에 이를 때 까지 프로세스가 계속된다.

아이디어와 선택지의 우선순위를 정하는 테크닉

이 섹션에서 다루는 두 가지 테크닉은 그 자체로 처음부터 끝까지 모든 단계를 포함하는 체계적인 프로세스이지만, 모두 선택지의 우선순위를 정하는 데 초점을 맞추며 궁극적으로는 해당 우선 순위에 따라 의사결정을 내린다. 첫 번째는 명목집단법이다.

명목집단법

명칭과 설명   **명목집단법**은 Delbecq과 Van de Ven에 의해 개발되었으며, 개인이 개별적으로 작업하는 부분과 그룹이 토론하는 부분을 합친 것이다. 명칭에서부터 상호작용의 제한 또는 명목상의 상호작용만이 필요하다는 것을 알 수 있다. 이 테크닉은 여섯 단계로 이루어져 있으며, 비밀 투표 및 아이디어와 해결책의 우선순위를 정하는 프로세스가 포함되어 있다. 응답에 대한 비밀유지를 높이는 방향으로 쉽게 수정할 수 있다.

활용　　모든 구성원들의 참여가 요구되지만 구성원의 조합이나 상황에 따라 응답이 제한될 수 있을 때 사용된다. 이 중 조용히 사색하는 부분은 창의성을 증진시킨다. 몇몇 단계에서는 프라이버시가 지켜지는데, 이는 긴장의 정도가 높은 그룹이나 상황에서, 직위의 차이가 있거나 문화적 다양성이 있는 그룹에서, 또는 영어를 모국어로 쓰지 않아 참여도가 떨어질 수 있는 그룹에서 특히 좋은 효과가 있다.

준비물
· 응답을 기록할 수 있는 플립차트, 칠판, 화이트보드, 컴퓨터 스크린 등
· 마커
· 아이디어를 기록하고 투표할 수 있는 인덱스 카드
· 아이디어와 코멘트를 기록할 수 있는 유인물
· 투표할 때 쓸 수 있는 동그란 스티커

장점　　당장 아이디어를 내라는 요청으로 프로세스가 시작되는 경우, 사색 단계와 라운드 로빈 단계는 종종 소외되어 있던 구성원들의 참여를 독려하고 창의성을 증진시킬 수 있다. 사색은 개개인에게 여러 생각을 떠올릴 수 있는 시간을 준다. 투표는 프라이버시를 보호해 주기 때문에, 민감한 상황에서도 정직하게 응답할 수 있다. 다른 기법에서보다 구성원들은 다른 사람들의 의견에 영향을 덜 받는 경향이 있다.

단점　　완전한 토론이 되지 않는다. 몇몇 주제는 이슈나 선택지들을 공개해 놓고 토론하는 것이 더 나을 때도 있다. 상호작용이 활발한 기법들을 사용할 때보다 그룹의 에너지가 낮다. 투표에 너무 많은 시간이 소요될 수 있다. 아래의 제안을 확인해 보라.

제안/코멘트　　2단계를 수정하면 응답의 비밀유지 수준을 높일 수 있다. 구성원들이 카드에 적힌 아이디어를 제출하면 퍼실리테이터나 보조가 보드에 써넣는다. 혹은 회의 전에 아이디어를 온라인 또는 다른 방법으로 퍼실리테이터에게 제출할 수도 있다. 이 경우 구성원들이 도출한 모든 아이디어들을 붙여 놓고 회의를 시작할 수 있으며 유인물로도 나누어줄 수 있다. 참여자들에게 동그란 스티커를 사용해서 투표하게 하면 투표에 소요되는 시간을 줄일 수 있다. 모든 구성원들은 각기 3개(적당한 개수)의 스티커를 받고, 선택지 하나에 스티커 하나씩을 붙여 투표한다. 세 개의 스티커 모두를 한 개의 아이디어나 해결책에 붙일 수 없도록 하는 것이 일

반적인 규칙이다. 한 명씩 나와서 투표하는 것을 바라지는 않을 것이므로, 적절한 규칙을 미리 결정하고 사람들의 상식에 따르도록 하라. 구성원들은 모두가 보는 앞에서 선택을 하기 때문에 프라이버시는 지켜지지 않는다. 이는 이슈의 민감성 정도에 따라 문제가 될 수도 있고 되지 않을 수도 있다.

명목집단법은 결정이 합의에 다다를 때까지 계속된다. 아래의 단계들이 명목집단법에 포함되어 있다.

단계

1. 개별적으로 조용히 아이디어를 도출하여 글로 쓴다.
2. 라운드 로빈 방식으로 아이디어를 이야기하면 퍼실리테이터가 플립차트나 보드에 기록하여 모든 사람들이 볼 수 있도록 한다. 아이디어를 기록하는 동안에는 토론을 하지 않는다.
3. 아이디어 혹은 해결책의 명료화. 퍼실리테이터는 그룹이 생각해 낸 것들을 아이템별로 리스트를 만든다. 누구든지 다른 사람에게 아이디어를 명료하게 설명해달라고 요청할 수 있다. 평가를 내리는 코멘트는 가능한 한 하지 않는다.
4. 조용히 아이디어의 순위를 정하기. 모든 사람들에게 자신들이 가장 선호하는 아이템을 쓸 수 있도록 노트 카드나 종이가 제공된다. 상황에 따라, 카드 혹은 종이의 갯수로 가장 인기가 많은 5개의 아이디어(혹은 적당하다고 느껴지는 숫자로)를 고른 다음, 개별적으로 순위를 정한다(5장의 카드라면 5점이 가장 높은 점수이고 1점이 가장 낮은 점수이다). 카드를 모아 각 아이디어별로 점수를 합산한다. 순위는 전체 그룹이 볼 수 있는 곳에 기록된다(만약 그룹이 동의한다면 이 기법을 여기에서 종료해도 된다. 그렇지 않다면 절차를 계속 진행한다).
5. 순위 논의. 가장 높은 점수를 얻은 몇몇 아이템들에 대한 논의가 이어진다. 이는 아이디어에 대해 비판적으로 탐구할 수 있도록 평가를 내리는 논의가 되어야 한다.
6. 4단계 반복. 다시 아이디어들의 순위를 정한다. 적당한 수의 아이디어들이 나타날 때까지, 또는 하나의 해결책이 등장할 때까지 5, 6단계를 계속 진행한다.

다음에 등장하는 방법에도 투표가 포함되지만, 수학적인 모델이 사용되며, 더불어 이전 장에서 논의되었던 기준의 사용을 강조한다.

수정된 케프너-트레고 기법

명칭과 설명　　**수정된 케프너－트레고 기법**은 1981년에 Kepner－Tregoe에 의해 개발된 결정 분석 프로세스가 수정된 것이며, 그룹이 결정을 내릴 때 수학적인 프로세스를 사용한다. 특히 강조되는 것은 기준을 세운 후 각각의 선택지가 그 기준에 맞는지 평가하는 것이다. 내가 조금 수정한 케프너－트레고 기법과 원래의 전체 프로세스는 모두 아래의 단계 부분에 설명되어 있다.

활용　　여러 대안들 중 하나를 선택해야 할 때나 기준과 선택지의 우선순위를 정해야 하는 상황일 때 사용된다. 각각의 선택지에 순위를 정하는 데 필요한 자세한 정보가 많을 때 가장 효과적이다.

준비물
- 응답을 기록할 수 있는 플립차트, 칠판, 화이트보드, 컴퓨터 스크린 등
- 마커
- 유인물
- 계산기

장점　　의사결정의 주요한 요소인 기준 세팅의 중요성을 강조할 수 있다. 구성원들이 필요한 기준과 충족되기 바라는 기준(요구되는 것과 원하는 것)을 구분할 수 있도록 해 준다. 절차가 명확하며 문서화하거나 설명할 수 있다.

단점　　어떤 상황에서는 선택지들의 우선순위를 정하는 것이 쉽지 않다. 이 테크닉의 수학적인 속성을 싫어하는 사람들이 있는데, 이는 그들이 숫자를 다루는 것을 좋아하지 않거나 점수를 배분하는 것이 불쾌하며 부적절하다고 생각하기 때문이다.

제안/코멘트　　결정을 좌우하는 것은 기준정립 및 기준의 중요도에 따라 매겨지는 점수이다. 만약 구성원들이 최종 결정을 마음에 들어 하지 않는다면 기준을 정립하는 데 충분한 시간을 들이지 않았을 확률이 크다. 필요에 따라 기준이 정해지면, 기준에 맞지 않는 선택지는 고려대상에서 제외된다. 퍼실리테이터는 구성원들에게 이것을 확실히 이해시켜야 한다. 이 테크닉을 진행할 때 퍼실리테이터를 도와줄 누군가가 필요하다. 다른 퍼실리테이터 혹은 보조와 함께 작업하거나 그룹 구성원들에게 점수를 계산하는 작업을 도와달라고 요청하라.

이 테크닉 혹은 이 테크닉의 변형된 형태는 그룹이 대안들을 비교할 필요가 있을 때 유용하다. 만약 사람들을 평가해야 하는 상황이라면 경력 혹은 학력과 같이 수

치화할 수 있는 정보를 사용하는 것이 덜 비판받을 수 있다.

단계

1. 어떤 결정이 필요한지 명확히 진술한다.

2. 결정(요구되는 것과 원하는 것 모두)을 내리기 위한 기준, 무엇이 핵심인가에 대한 기준, 어떤 것이 충족되기를 원하는가에 대한 기준을 세운다.

3. 각각의 기준에 가산점을 부여한다(10점을 최대로 해서 1부터 10까지 점수를 부여하는 것은 각 기준의 중요도에 실질적인 차이를 둘 수 있다). 예를 들어, 어떤 그룹이 사무실 건물을 옮기려고 한다고 해 보자. 위치상 고속도로에 인접하는 것이 중요한 기준이라면, 장소에 9점의 가산점을 부여할 수 있다.

4. 정해진 기준에 따라 대안을 평가한다. 위치상 고속도로에 인접해 있어야 하는 경우, 이 기준에 맞지 않는 대안들은 고려대상에서 제외된다. 남아 있는 대안들은 이 기준 및 다른 기준들에 따라 점수가 매겨지고 비교되며 우선순위가 정해진다. 예를 들어 5개의 대안이 있다면 위치가 가장 좋은 것이 10점, 그다음 대안이 8점, 다른 대안들은 6, 4, 2점(대안들 사이에 얼마나 큰 차이가 있는지에 따라서)을 받게 된다. 이 예시에서 5개 대안들의 장소 점수는 각각 90, 72, 54, 36, 18점이 될 것이다.

5. 모든 기준에 맞추어 우선순위를 정하고 "가장 좋은"(전체 점수가 가장 높은) 대안을 선택한다.

6. 결과와 프로세스를 다시 한번 점검하고 추가 논의가 필요한지 결정한다.

참고　　　원래 Kepner-Tregoe가 했던 설명에서는, 문제에 대한 가장 좋은 결정 또는 해결책 도출뿐 아니라 가장 안전한 것이 무엇인가에 대해서도 초점을 맞추고 있다. 위 단계에서 기술된 **요구되는 것**과 **원하는 것**과 관련된 프로세스를 완료한 후, 모든 대안들에 부정적인 결과가 발생할 가능성이 있을지 평가하고, **원하는 것**과 관련된 프로세스 종료 이후에 수치적으로 순위 점수를 매기거나 두 개의 카테고리-부정적인 결과가 나타날 확률과 이 결과들의 심각성-를 높음, 중간, 낮음으로 구분한다. 케프너-트레고를 사용하는 목적에 따라, 이 부정적인 결과 단계를 추가할 수도 있다. 나는 그룹들이 종종 부정적인 결과의 측면을 기준에 포함시키는 것을 발견했다. 이것의 한 예시로 테크놀로지와 관련된 의사결정을 내릴 때의 **의존도**를 들 수 있다. 어떤 시스템에서는 시스템 고장과 관련된 부정적인 결과들 때문에 24시간 전화 응대 서비스가 **요구되는 것**으로 리스트에 올라갈 수 있을 것이다. 문제 분석 기법으로 사용될 때, 부정적인 결과를 평가하는 것과 가능한 해결책들이 얼마나 심각한지를 평가하는 것은 그룹이 너무 성급하게 해결책을 선택하지 않도록 해준다.

요약

이 장에서는 5개의 기법−브레인스토밍, KJ분석법/친화도법, 델파이, 명목집단법, 수정된 케프너−트레고 기법−과 더불어 브레인스토밍에서 변형된 4가지 기법을 다루었다. 제13장에서는 문제를 정의하고 해결책을 평가하는 부분을 중점적으로 다룰 것이다.

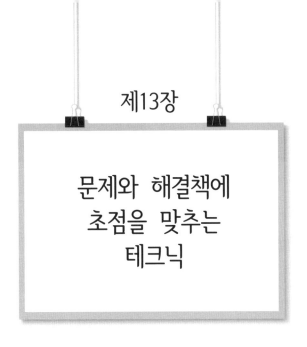

제13장

문제와 해결책에
초점을 맞추는
테크닉

▌주요 개념

- 문제에 초점을 맞추는 테크닉
    - 피쉬본 다이어그램
    - 단일 질문
    - 역장분석
- 해결책에 초점을 맞추는 테크닉
    - 표준아젠다
    - 프로그램 평가와 검토

　앞 장에서는 아이디어를 도출하고 우선순위를 정하는 데 유용한 테크닉들을 살펴보았다. 이 장에서는 문제와 해결책에 초점을 맞추는 테크닉들을 기술하겠다. 다시 한번 말하지만, 대부분의 테크닉들은 다양하게 활용된다. 어떤 테크닉이 특정한 그룹 상황에 가장 적합할지 여러분들이 결정하는 데 도움이 되기를 바라면서 테크닉들을 분류하였다.

문제에 초점을 맞추는 테크닉

비록 우리가 그룹이 그들이 직면해 있거나 해결해야 할 문제들을 이해하고 있다고 가정하더라도, 항상 그렇지는 않다. 그룹이 섣불리 판단을 내리지 못하게 하는 것은 퍼실리테이터의 가장 어려운 일 중 하나이다. 첫 번째 테크닉은 문제의 근본 원인들을 규명하는 데 초점을 맞춘다.

피쉬본 다이어그램

명칭과 설명　　물고기의 뼈대를 닮아 이름이 붙여진 **피쉬본 다이어그램**은 매우 시각화된 테크닉으로 잠재적인 문제의 원인들을 규명하고 조직화하는 데 사용된다. 이시카와 다이어그램, 인과관계 다이어그램, 근본 원인 다이어그램 등으로도 불리기도 한다. 이 기법은 1960년대에 Kaoru Ishikawa에 의해 처음 사용되었다.

활용　　문제의 근본 원인들을 탐구하고 분류하기 위한 기법이다. 안전, 건강, 환경, 질, 신뢰, 생산 혹은 문제 진술을 할 수 있는 어떤 상황에서든지 문제를 분석하는 데 주로 사용된다. 그룹 구성원들은 문제가 내포하고 있는 모든 구체적인 정보를 집단적으로 공유해야 한다.

준비물

· 물고기를 펼쳐놓고 항목을 추가할 수 있는 큰 공간. 일반적으로 플립차트 종이는 여러 장을 겹친다 하더라도 충분한 공간을 제공해 주지 못한다. 큰 칠판이나 화이트보드가 좋다.

· 마커 또는 분필

· 유인물을 나누어주는 것은 좋은 아이디어이며, 구성원들은 물고기뼈 형태를 바로 앞에 두고 아이디어와 메모를 작성할 수 있다.

장점　　정보를 시각적으로 보여주고 조직화할 수 있으며, 문제와 그 문제를 일으킬 수 있는 원인들 간의 연관성을 보여준다. 가지의 갯수는 물고기의 크기만큼, 그리고 공간이 가능한 만큼으로만 제한된다. 모든 원인들을 확인할 수 있다.

단점　　모두가 볼 수 있는 충분한 공간 또는 컴퓨터 화면이 필요하다. 본인의 아이디어를 특정 가지에 넣는 것을 싫어하는 사람도 있을 수 있다. 어떤 문제들은 여러 개의 가지에 해당하기도 하는데, 이는 혼란을 야기하고 시간소요가 많을 수 있다. 아래의 제안을 확인해 보라. 이 테크닉은 문제에만 초점을 맞춘다. 문제가 다이어그램으로 표현되었다면, 해결책을 찾아내기 위해서는 또 다른 테크닉이나 프로세스가 필요하다.

제안/코멘트　　　이 테크닉은 10명 혹은 그보다 더 적은 사람들이 있을 때 가장 잘 적용된다. 만일 더 큰 그룹 내에서 사용하려면 피쉬본 다이어그램으로 옮겨가기 전 가지에 적혀있는 항목들에 대해 그룹이 며칠 동안 브레인스토밍을 하도록 할 수도 있다. 이는 그룹 구성원들의 혼란을 없애고 퍼실리테이터가 프로세스를 보다 더 잘 관리할 수 있도록 해 준다. 피로감이 유발될 수 있다는 것을 명심하라. 이 프로세스는 가지들이 서로 분명하게 구분될 수 있을 때 가장 잘 적용된다. 나는 이 테크닉을 사용하기 전에 먼저 시범 운영을 해보기를 권하는데, 이는 당신이 프로세스를 명확히 이해하고 있으며 이 테크닉이 당장의 문제에 잘 적용될 수 있음을 확인하기 위함이다.

단계
1. 개선 혹은 통제가 필요한 문제가 무엇인지 결정한다.
2. 왼쪽에서 오른쪽으로 화살표를 그린다. 화살표의 끝에 박스를 그려 문제를 적는다.
3. 문제를 일으키는 요소들의 주요 범주(라벨)를 선택한다. 메인 화살표에서 파생된 가지 끝에 각각의 범주를 적는다.*
4. 각각의 범주에 문제의 원인이 될 만한 요소들을 도출한다. 이것을 주요 가지에 붙어있는 세부 가지에 적는다. 만약 더 자세한 내용이 필요하다면 세부 가지에 더 작은 가지들을 계속 추가한다.
5. 문제와 관련하여 포함될 수 있는 모든 요소들이 추가되면 다이어그램이 완성된다.

* 전통적인 방식에서는 같은 철자로 시작하는 용어들을 사용한다. 예를 들면 Surroundings(환경), Suppliers(공급자), Systems(시스템), Skills(스킬); Machines(기계), Methods(방식), Materials(재료), Measures(방법); People(인력), Processes(프로세스), Place(장소), Procedures(절차), Product(제품) 등이다. 이 용어들이 기억하기 쉬울 수는 있어도, 어떤 상황에서는 가장 좋은 선택이 아닐 수도 있다.

<그림 13-1>은 잠재적으로 장비고장을 일으킬 수 있는 원인들을 그려놓은 전형적인 피쉬본 다이어그램이다. 예시로 4개의 가지에 각각 잠재적으로 문제의 원인이 될 만한 요소들-People(인력), Methods(방식), Materials(재료), Measures(측

정)-을 작성하였다. 가능한 모든 요소들이 포함될 때까지 정보를 계속 추가한다.

▎그림 13-1 피쉬본 다이어그램

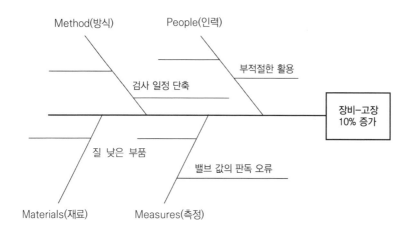

두 번째 테크닉은 단일 질문 기법으로 당장 눈 앞의 문제에 구성원들이 집중하는 것에 초점을 맞춘다. 이 테크닉에는 피쉬본과는 다르게 해결책 단계가 포함되어 있다.

단일 질문

명칭과 설명　　**단일 질문.** 이 프로세스는 1969년에 Carl Larson이 처음 개발하였으며, 그룹이 문제의 초점을 좁힐 때 도움이 되는 여러 개의 주요 질문과 그에 딸린 부가질문들로 이루어져 있다. 당초의 기법은 다섯 개의 질문으로 이루어져 있었으나, 1983년과 2001에 Larson과 Frank LaFasto가 질문을 조금 바꾸고 협력적인 분위기를 만드는 것과 관련된 질문을 추가하였으며, 사실을 더욱 강조하는 내용이 추가되었다.

활용　　문제를 파악하고 해결책을 이끌어내는 일련의 질문에 그룹을 직면하게 하여 문제에 정확하게 초점을 맞출 수 있도록 독려한다.

준비물
- 응답을 기록할 수 있는 플립차트, 칠판, 화이트보드, 컴퓨터 스크린
- 마커

· 유인물

장점　　일련의 질문들은 성급한 문제해결을 방지하기 위해 디자인된다. 2단계는 협력적인 환경을 조성하는 것에 관한 것인데, 이는 이전에 히스토리가 전혀 없는 그룹에게 도움이 된다. 질문은 여러 세션에서 사용할 수 있도록 쉽게 쪼개어질 수 있다.

단점　　협력적인 분위기에 대한 질문은 시간 소비가 크며, 이미 협력적으로 업무를 잘 진행하고 있었던 그룹에는 그 질문의 일부가 불필요할 수 있다.

제안/코멘트　　모든 질문이 그룹에 필수적으로 필요한지 결정하라. 그룹은 토론의 원칙에 동의할 수도(혹은 그 원칙을 삭제할 수도) 있을 것이며, 퍼실리테이터는 원칙을 제시하고 원칙을 추가하거나 토론을 하자고 할 수도 있다.

단계

1. 문제를 확인하기. 모든 그룹이 목표를 달성하기 위해 알아야 하는 답을 제공해 주는 단일 질문은 무엇인가?

2. 협력적인 환경을 조성하기. 프로세스를 진행할 때 합리적이고 협력적인 접근법을 유지하기 위해 동의해야 하는 원칙들은 무엇인가?

   (예시: **모든 관점을 살펴보고 이해하기, 사실에 근거해서 판단하기, 구성원들에 대해서가 아닌 이슈에 강경한 태도를 취하기, 개인적인 아젠다를 포함시키지 않기**)

   1단계에서 확인된 단일 질문과 관련된 가정과 편향성에는 어떤 것이 있으며, 이는 토론에 무슨 영향을 미치는가?

   (예시: **고객의 요구를 알고 있다고 가정하기, 효과적으로 프로세스를 진행하고 있다고 믿기, 고객 서비스의 수준이 적절하다고 믿기, 과거의 접근법 그대로 미래의 전략을 세워야 한다고 가정하기**)

3. 이슈(하위질문)를 확인하고 분석하기. 1단계의 단일 질문에 응답하기 전, 전체 문제의 복잡성을 충분히 이해하기 위해 어떤 이슈나 하위질문들을 먼저 해결해야 하는가?

   (**추가적인 지침**: 사실에 초점을 맞춤으로써 응답에 제한을 두기, 만약 사실을 정확히 파악할 수 없다면 각각의 하위질문에 대한 가장 합리적인 응답에 동의하기)

하위질문:	연관된 사실들:	가장 좋은 응답:

4. 가능한 해결책을 정의하기: 이슈 분석을 기반으로 할 때, 문제에 대한 가장 합리적인 해결책 두세 가지는 무엇인가?

가능한 해결책:	장점:	단점:

5. 단일 질문 해결하기. 가능한 해결책 중에서 어떤 것이 가장 바람직한가?

이 섹션에서 등장하는 마지막 테크닉은 이상적이거나 원하는 상태, 그리고 그 상태와 현재 상태의 차이에 초점을 맞춘다. 변화를 추구할 때 가장 많이 사용되지만, 문제해결에도 적용된다.

역장분석

명칭과 설명　　Kurt Lewin은 1951년에 현재 상태와 이상적인/원하는 상태 사이에 감지되는 차이를 평가하기 위한 기법으로 역장분석을 개발했다. 두 가지 상쇄되는 힘이 차이를 유지한다. 이 테크닉은 어떤 작용에는 항상 그만큼의 반작용이 있다는 물리학 법칙에서 유래되었다. 그러므로 모든 문제에는 긍정적인 요소와 부정적인 요소가 있고, 이 두 가지 요소들은 함께 작용한다. 법칙에 따르면 추진력과 억제력은 서로 경쟁한다. 긍정적인 요소를 최대화하고 부정적인 요소를 최소화하는 방법을 논의하는 것이 핵심이다.

활용　　당장의 문제에 영향을 미치는 긍정적인 힘(추진력)과 부정적인 힘(억제력)이 무엇인지 확인하기 위해 사용된다. 또한 변화를 위한 노력을 도와주거나 혹은 저해하는 요소들을 평가할 때 활용된다.

준비물
· 응답을 기록할 수 있는 플립차트, 칠판, 화이트보드, 컴퓨터 스크린
· 마커
· 유인물

장점　　피쉬본 다이어그램과 유사하게 시각적인 효과가 있다. 많은 사람들이 이 테크닉을 어떻게 사용하는지 자세히는 몰라도 들어본 적은 있을 것이다.

단점　　퍼실리테이터는 구성원들이 단어만 다를 뿐 같은 의미를 가지고 있는 요소들을 추진력과 억제력에 동시에 써넣는 등의 위험을 피할 수 있도록 도와주기 위해 이 테크닉을 퍼실리테이션 하는 데 숙달되어야 한다.

제안/코멘트　　사전 준비는 구성원들에게 요소들에 대해 미리 생각해 볼 수 있는 기회를 준다. 이 프로세스를 바로 진행하려면 이미 공유된 몇 가지 요소들로 회의를 시작해 보라.

<그림 13-2>는 역장분석에서 추진력과 억제력이 균형을 이루기 때문에 유지되는 평형을 보여준다.

▌그림 13-2 역장분석

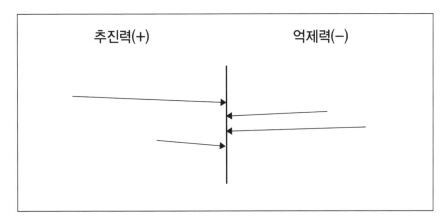

용어의 정의

추진력: 원하는 변화를 성취하는 것을 지지해주는 요소들

억제력: 추진력을 막거나 저해하는 요소들

평형: 추진력의 합과 억제력의 합이 동등할 때 도달하는 상태. 원하는 변화를 향해 나아가기 위해서는 추진력과 억제력의 관계가 변해야 한다.

단계

1. 문제/조건과 원하는 상태를 정의한다.
2. 추진력과 억제력을 확인한다.
3. 각각의 힘의 강도를 논의하거나, 그 힘의 효과를 가늠해 볼 수 있도록 점수를 매긴다.
4. 원하는 상태에 도달할 때까지 어떤 어려움이 있을지 알아보기 위해 추진력과 억제력의 강도를 살펴본다. 양수와 음수를 함께 활용해서 각 힘에 점수를 매겨라.
5. 문제가 명확해지면, 원하는 상태로 갈 수 있도록 힘을 바꾸는 방법에 대해 논의한다.
6. 행동방침을 결정한다.

다음 섹션에 등장하는 테크닉들은 해결책 또는 실행 단계에 주요 초점을 둔다.

해결책에 초점을 맞추는 테크닉

이 첫 번째 테크닉은 단계적으로 일련의 질문들을 따라 진행되는데, 이는 그룹 구성원들이 해결책에 대한 평가까지 포함해 상황 분석을 완료할 수 있게 해준다.

표준 아젠다

명칭과 설명　　　**표준 아젠다 기법**은 1910년 John Dewey가 처음 정의하고 개발한 반성적 사고 프로세스에 기반한다. 이는 외부 사실의 발견을 장려하며, 해결책에 대한 평가를 프로세스 속에 포함하고 있다.

활용　　　구성원들이 문제에 대한 종합적인 지식이 부족할 때 사용된다. 문제의 근본 원인에 대한 분석과 해결책에 대한 평가가 모두 포함되어 있다.

준비물
· 그룹이 단계에 따라 진행될 수 있게 해주는 플립차트, 칠판, 화이트보드, 컴퓨터 스크린
· 마커
· 유인물

장점　　　단계에 사실의 발견과 해결책의 평가를 포함시키는 것을 강조하는 것은 문제에서 해결책까지 전체를 아우르는 완성된 모델로 만들어준다.

단점　　　일련의 질문들이 너무 많을 수 있다. 이 테크닉은 해결책을 도출해야 하지만 당초 그룹의 책임에 대한 상세사항이 누락되어 있는 경우에 사용되어야 한다.

제안/코멘트　　　그룹에 적합하게끔 질문을 변경할 수 있다. 문제를 정의하기 위해 다른 방법(피쉬본 다이어그램 등)을 사용했다면 이 테크닉의 4단계부터 시작하면 된다.

응답이 필요한 일련의 질문들을 확인하는 것은 이 테크닉에서 파생된 중요한 개념이다.

단계
표준 아젠다의 6가지 단계는 아래와 같이 일련의 질문들로 이루어져 있다.
1. **책임을 이해하기.** 그룹이 왜 존재하는가? 어떤 일을 하는가? 어떤 성과가 기대

되는가? 성과는 어떠한가?

2. **질문을 이해하고 문구로 만들기.** 그룹은 정확히 어떤 것을 검토하고 질문을 던져야 하는가? 모든 사람이 질문의 문구를 명확하게 이해할 수 있는가?

3. **사실을 발견하기.** 문제 현상에는 어떤 것들이 있는가? 현상의 원인은 무엇인가? 발생하지 말아야 할 일들 중 발생하고 있는 일은 무엇인가?

4. **기준과 한계를 설정하기.** 가능한 것(원하는 것과 반대되는)은 무엇인가? 이 결정의 한계점은 무엇인가? 해결책은 어떤 형태인가?

5. **해결책을 발견하고 선택하기.** 대안은 무엇인가? 각각의 대안은 목표를 어떻게 달성할 수 있는가? 새로운 위험을 최소화하고 원하는 것을 가장 많이 얻을 수 있는 것은 무엇인가? 우리가 해결책의 상세내용에 대해 알고 있는 것은 무엇인가? 비용은 얼마나 들 것인가? 해결책의 효과성을 어떻게 측정할 것인가?

6. **최종 보고서를 준비하고 발표하기.** 보고서나 기타 산출물에는 어떤 내용이 포함되어야 하는가? 언제, 어떻게, 누구에게 발표할 것인가?

다음에 등장하는 테크닉은 결정의 실행에 초점을 맞추고 있으며, 주로 큰 범위의 이벤트나 프로그램 기획에 사용된다.

프로그램 평가와 검토 기법(PERT)

명칭과 설명   프로그램 평가와 검토 기법은 앞 글자를 따서 PERT라고 알려져 있으며, 해군 폴라리스 미사일 프로그램을 지원하기 위해 처음 개발된 후 광범위한 기획을 해야 하는 많은 산업체에서 사용되었다. 여기에는 어떤 특정한 최종 이벤트까지 다다르거나 목표를 달성하기까지 발생할 수 있는 일련의 모든 일들을 확인하는 것, 프로세스의 각 단계마다 필요한 시간, 자원, 인원을 예측하는 것, 그리고 전체적인 계획을 짜기 위해 이러한 정보를 활용하는 것 등이 포함된다.

활용   실행에 옮기기 전, 특히 실행 시 중대한 위험이 내포되어 있거나 막대한 비용이 소요되는 경우, 프로그램 또는 이벤트 기획의 적절성을 평가하기 위해 활용된다.

준비물

· 프로세스를 도식화 할 수 있는 큰 공간

· 플립차트, 칠판, 화이트보드, 컴퓨터 스크린

· 마커

· 유인물

· 좀 더 광범위한 프로젝트를 운영할 때에는 컴퓨터 프로그램 사용이 권장된다.

장점　　운영 사항 처리에 초점을 맞추면 비용이 드는 손실을 줄일 수 있다. 각 각의 단계 또는 이벤트에서 요구되는 시간, 자원, 인원을 확인하는 것은 세부사항이 간과될 확률을 낮춰 준다.

단점　　일반적인 그룹 프로젝트보다 정교함이 더 요구된다. 구성원들이 시간을 소비해도 정당화될 수 있는 프로그램이나 이벤트에만 사용할 수 있다.

제안/코멘트　　이 테크닉을 사용하려면 정확한 정보들이 필요하다. 이렇게까지 자세한 세부사항이 필요하지 않은 프로그램에서는 이벤트들 간의 연결관계나 일련 의 순서로 연결된 타임라인을 보여주는 축약된 버전을 사용할 수도 있다. 전체 프 로세스 모두를 활용하고 싶어 하는 그룹이라면 이를 사용해 봄으로써 훈련을 해볼 수 있다.

단계

PERT 프로세스는 그룹이 문제해결 프로세스를 종료한 다음 해결책으로 어떤 프 로그램을 실행하거나 행동을 실시할 때 사용된다. 아래 9가지 단계는 이벤트의 순 서를 따른 것이다.

1. 프로그램 종료를 의미하는 마지막 이벤트를 정한다.

2. 최종 이벤트 전에 발생해야 하는 이벤트들을 나열하고 번호를 매긴다.

3. 선행되어야 하는 이벤트와 소요 시간을 결정한다.

4. 이벤트들의 연결 관계를 보여주는 PERT 다이어그램을 그린다.

5. 각 이벤트 사이에 발생하는 활동들을 나열한다.

6. 각각의 활동이 발생할 수 있는 최적, 최악, 가장 실제와 비슷한 시간을 추정한 다. 각 트랙에 소요되는 날짜와 각 이벤트 사이의 시간을 추정해서 계산한다. 그리고 예상 완료 시점을 결정하기 위해 합계를 낸다.

7. 완료일을 결정한다.

8. 최종 이벤트까지 도달하기 위한 각각의 트랙에서 여유가 있는 시간을 계산한

다. 여유시간을 최소화한 경로를 바탕으로 주요 경로를 그린다.

9. 주요 경로에 근거해 만족할 수 있는 완료일을 추정한다.

요약

이 장에서는 다섯 가지 테크닉에 대해 설명하였다. 세 가지 – 피쉬본, 단일 질문, 역장분석 – 는 문제에 초점을 맞춘 것이고, 두 가지 – 표준 아젠다, 프로그램 평가와 검토 기법(PERT) – 은 해결책에 초점을 맞춘 것이다. 단일 질문과 역장분석에는 해결책 또는 적용 단계가 포함되어 있다. 테크닉에 관한 마지막 장에서는 전략 기획에 적합한 세 가지 테크닉을 다룰 것이다.

제14장

전략기획을 위한
테크닉

테크닉에 관한 이 마지막 장은 전략 기획 프로세스에 초점이 맞추어져 있다. 전략 기획 세션이 흔하게 열리지만 늘 인기가 좋은 것은 아닌데, 이는 투입되는 작업량과 "방금 이것을 하지 않았나요?" 혹은 "지난번 테크닉에서 무엇을 논의했었죠?"

와 같은 느낌 때문이다. 여기에 등장하는 기법들은 이렇게 종종 비판받는 프로세스가 보다 부드럽게 진행될 수 있도록 도와준다. 먼저 전략 기획에 대해 간략하게 논의해 보겠다.

전략 기획이란 무엇인가?

전략 기획은 조직의 주요 목적들을 설정하고, 이 목적들을 달성하기 위해 필요한 자원들을 습득하고 활용하는 것을 관리하는 전략을 정의하는 프로세스이다 (Schermerhorn, 1984, p. 145).

전략 기획의 목적은 문제에 초점을 맞추거나 성과의 격차에 집중하는 것일 수도 있지만, 대부분의 경우 정해진 기간-보통 3년- 내에 그룹, 부서, 혹은 조직에 영향을 미칠 것 같은 요소들을 미리 생각해 보는 것이다. 종종 수많은 전략 기획들이 더 큰 단위의 전략 기획과 연결되어 있곤 한다. 그러므로 어떤 프로그램의 전략 기획은 부서의 전략 기획에 포함되어 있어야 하고, 부서의 기획은 보다 더 큰 조직단위의 기획에 녹아들어야 한다. 만약 프로세스가 적절하게 운영되면, 기획은 의미 있는 방식으로 서로 연결되며 조직 내 각 조직단위들이 공통으로 가지고 있는 목표에 초점을 맞춘다.

전략 기획의 이슈들을 다룰 때 퍼실리테이터에게 도움을 요청하는 이유는 프로세스를 운영하는 것이 버거울 것 같기 때문이다. 과업이 과중하거나 마감이 급박한 상황이 되면 많은 그룹들이 집중을 잃는다. 퍼실리테이터는 그룹의 기대에 맞추어 그룹이 접근법을 설계하고 계획을 세우도록 도와줄 수 있다. 대부분의 경우 업무는 정해진 전략 기획 세션 안에서 뿐 아니라 밖에서도 진행된다. 그룹의 성공은 의미 있는 기획을 창조하려는 참가자들의 의지, 조직이 제시하는 프로세스의 실용성, 그리고 기획에 어떤 조직 프로세스와 조직 형태가 필요한지를 퍼실리테이터가 얼마나 잘 이해하고 있는지에 달려 있다.

어떤 경우, 그룹은 미래에 무엇이 요구되고 어떤 계획이 필요한지 주기적으로 예측해야 하는 상황에 놓인다. 만약 이것이 공식적으로 진행되는 전략 기획이 아니라면, 그룹이 세션에서 목적을 달성할 수 있게 도와줄 행동 계획을 결정하는 데 퍼실리테이터의 재량권이 훨씬 커진다.

Schermerhorn(1984, p. G-15)는 전략과 목적에 적용될 수 있는 4가지 원칙을 정리하였다.

1. 조직의 기본 미션과 전체 목적을 달성하는 데 직접적인 노력을 쏟아야 한다.
2. 핵심 문제를 해결하고 조직 외부 환경에 존재하는 주요 기회를 활용하여 원하는 특정 결과를 낼 수 있도록 노력을 집중해야 한다.
3. 조직 내의 강점을 발전시키고 약점을 최소화해야 한다.
4. 일상적인 업무 관리 방식이 기업 문화와 일치해야 한다.

아래의 세 가지 테크닉은 장기적인 기획에 특히 유용하다. 각 테크닉들은 각기 초점을 맞추고 있는 부분이 다르다.

분석에 초점을 맞추기

이 장에 등장하는 첫 번째 테크닉은 가장 잘 알려져 있으며 원칙에서 언급되었던 내적, 외적인 환경 둘 다에 초점을 두고 있다. SWOT은 강점과 약점을 평가하기 위해 조직의 자원과 역량을 연구하고, 기회와 위협을 식별하기 위해 조직의 환경을 살펴보는 방법이다.

SWOT-강점, 약점, 기회, 위협

명칭과 설명　　SWOT은 1960년대에 기업의 기획 과정을 개선하는 방법을 찾는 데 흥미가 있었던 포춘 500대 기업들이 스탠포드 연구소를 후원해 진행되었던 연구에서 개발되었다. 이 연구에 등장한 SWOT 기법은 내부 환경에서 발생하는 강점과 약점을 평가하고, 외부 환경에 존재하는 기회와 위협을 진단한다.

준비물
· 그룹이 단계에 따라 진행될 수 있게 해주는 플립차트, 칠판, 화이트보드, 컴퓨터 스크린
· 마커
· 유인물
· 10명보다 참가자가 많을 경우 작은 그룹으로 나누어 사용할 수 있도록 회의실 안에 배치해 놓은 플립차트

장점　　모든 아이디어가 제시되어진다는 브레인스토밍과 비슷하지만, 프로세스가 보다 더 구조화되어 있으며 내부적인 이슈(강점과 약점)와 외부적인 요소(기회와 위협) 모두를 살펴볼 수 있다. 오늘날의 변화무쌍한 경제상황에서는 외부적인 요소

들을 필수적으로 고려해야 한다.

단점　　　종종 부정적인 요소에 초점을 맞춘다는 비판을 받곤 하는데, 이는 테크 닉 자체에 대한 이슈라기보다는 그룹이 따르고 있는 프로세스의 문제점이 반영된 것이다. 또 다른 비판은 가능한 해결책에 얼마나 많은 비용이 드는지, 그리고 어떤 이점이 있는지에 대한 내용이 결여되어 있다는 것이다.

제안/코멘트　　　그룹 구성원들은 네 가지 영역에 대해 토론할 준비를 하고 세션 에 참석해야 한다. 프로세스와 용어의 정의를 미리 설명하면 사전 단계를 빠르게 진행할 수 있으며, 확인된 이슈들을 논의하는 데 집중할 시간을 확보할 수 있다. 상 황에 따라 그룹 구성원들에게 SWOT 요소들을 보내달라고 해서 그룹에게 사전에 리스트를 제공해줄 수도 있다. 이를 개인별로 진행하도록 할 수도 있고, 제13장에 나왔던 델파이 프로세스를 따를 수도 있다. 외부 이해관계자들을 포함한다면 기획 에 활용할 수 있는 정보의 양을 늘릴 수 있다.

SWOT 용어 설명

강점: 조직이 외부 환경에서 기회를 추구할 때 사용할 수 있는 내부 경쟁력, 가 치있는 자원 또는 속성

약점: 조직이 외부 환경에서 성과를 내야 할 때 필요한 내부 경쟁력, 자원, 속성 의 결여

기회: 조직이 이익을 추구할 수 있는 외부 가능성

위협: 조직의 성과를 감소시킬 가능성이 있는 외부 요인

단계

1. 원하는 최종 결과를 도출하는 데 참여하고 있는 이해관계자들을 선별한다.
2. SWOT을 생성한다.
3. SWOT을 분류한다.
4. 아래에 대해 그룹이 취할 수 있는 방법을 숙고한다.

- 강점을 발전시킨다(우리가 가지고 있는 것)
- 약점을 제거하거나 감소시킨다(우리에게 부족한 것)
- 기회를 최대한 활용한다(우리가 얻을 수 있는 것)
- 위협의 영향을 줄인다(우리가 잃을 수 있는 것)

전통적인 SWOT 매트릭스는 <그림 14-1>과 같다.

▌그림 14-1 SWOT 매트릭스

강점	약점
•	•
•	•
•	•
기회	위협
•	•
•	•
•	•

두 번째 기법인 긍정 탐구(AI)는 "사람, 그들의 조직, 그리고 그들을 둘러싸고 있는 세상에서 최상의 것을 찾기 위한 협력적 탐색"이다(Cooperrider & Whitney, 1999, p. 10). AI는 전통적인 문제해결 문답법은 아니다. 그보다는 질문을 바꿈으로써 조직을 재디자인하려는 시도이다. AI는 조직개발에서 흔하게 쓰이며, 여기에서는 AI를 전략 기획과 연관 지어 논의해 보겠다.

가능성에 초점을 두기

긍정 탐구

명칭과 설명　　긍정탐구(AI)는 1980년대에 David Cooperrider와 Suresh Srivastava가 개발한 실행연구(action research)를 착용한 것으로, 조직에 대한 탐구와 조직의 긍정적인 측면 둘 다에 초점을 맞추어 조직적인 변화를 이끌어내는 접근법이다. 기저에 깔려있는 원칙은 우리가 시스템에 대해 말하는 방식이─우리가 말하는 이야기들이─시스템을 바꿀 수 있다는 것이다. AI는 주로 발견(Discovery), 꿈(Dream), 설계(Design), 결행(Destiny)의 네 가지 단계인 4-D 사이클로 진행된다.

활용　　긍정적인 탐구를 기반으로 한 접근법을 사람들이 원하고, 기꺼워하고, 그룹과 조직이 뒷받침해 줄 수 있을 때 사용된다. 참가자들이 창의적이며 틀에서 벗어난 접근법을 사용하고 싶어 할 때 활용할 수 있다. AI는 긍정적인 뉴스와 이벤트에 초점을 맞추고 있는 어떤 세션에서라도 — 심지어 프로세스 중 매우 작은 부분이라 할지라도 — 활용 가능하다.

준비물

· 그룹이 단계에 따라 진행될 수 있게 해주는 플립차트, 칠판, 화이트보드, 컴퓨터 스크린
· 마커
· 유인물
· 인터뷰가 진행되면 필요한 추가적인 장소
· 보다 작은 단위의 그룹이 사용할 수 있도록 회의실 안에 배치하는 플립차트
· 이야기를 취합할 때 사용할 수 있는 녹음기

장점　　참가자들은 어떤 일들을 다른 시각에서 볼 수 있는 기회를 갖게 된다. 종종 전략 기획에서 발생할 수 있는 부정적인 것들을 감소시킨다. 사원들이 그들의 업무에 대해 만족감을 갖도록 독려할 수 있다. 그룹이나 업무 단위 내에서 협동적인 분위기와 주인의식을 고취시키는 데 도움이 된다.

단점　　다른 많은 테크닉에서처럼 즉각적인 행위가 발생하는 단계가 없다. 초기 단계에서는 어떤 일도 일어나지 않을 수 있다. 몇몇은 문제에 초점을 맞추는 것이 부족하다고 비판할 수도 있다.

제안/코멘트　　선제적인 기획이 필요하다. 프로세스를 설명하는 자료를 배포하고 그룹 구성원들에게 피드백을 받아라. 모델의 각 단계에 적합한 예시들을 제공하라.

4D 모델의 예시
발견 : 무엇이 생명력을 주는가?
꿈 : 무엇이 될 수 있는가?
설계 : 어떻게 될 수 있는가?
결행 : 무엇이 될 것인가?

4D 모델은 <그림 14-2>에 나타나 있다.

▌그림 14-2 긍정탐구 4D 모델

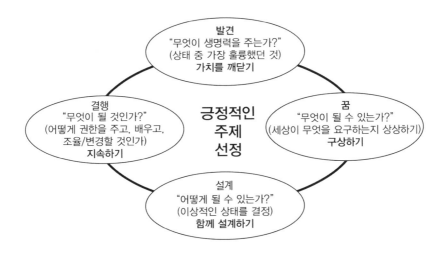

전략 기획에 적합한 프로세스 단계

발견 : 참가자들은 그룹 혹은 직장에서 긍정적인 이야기들을 추출해 내기 위해 짝을 이루거나 소그룹을 구성한다. 구성원들은 그룹 세션 전이나 그룹 세션이 진행되는 동안 서로를 인터뷰할 수 있다. 가능한 질문들은 아래와 같다.

- 업무 시의 긍정적인 경험에 대해서 이야기해 주실 수 있을까요?
- 어떤 프로젝트에 참여해서 일하는 것이 행복하다고 느꼈던 때는 언제입니까?
- 업무 중 어떤 것이 가장 마음에 드십니까? 업무 단위에서는요? 조직에서는요?

꿈 : 퍼실리테이터는 그룹 구성원들과 협력하여 이야기 속에서 주제를 찾는다. 이는 세션 중 혹은 세션 외에서도 진행될 수 있다. 추후 그룹 내에서 발전될 잠재적인 주제들에 대한 것으로 세션을 시작할 수도 있다.

설계 : 구성원들은 어떤 미래를 원하는지에 대해 이미지를 공유하고 만들어 낸다.

결행 : 그룹은 이전에 진행되었던 내용을 실현하기 위해, 그리고 꿈이 실현될 수 있도록 그룹 구성원들에게 권한을 나눠주기 위해 창의적인 전략들을 세운다.

세 번째 테크닉은 창의성에 대해 논의했던 이전 장의 내용과 불확실성을 안고 일하는 것의 중요성을 다루는 이 책의 전반적인 논의에 잘 부합한다.

불확실성에 초점을 두기

첫 번째 테크닉이었던 SWOT은 조직에 영향을 미치는 내적 그리고 외적 요소를 분석하는 데 초점을 둔다. 두 번째 테크닉인 AI는 가능성에 초점을 두며 그룹 구성원들이 미래가 어떨지 시각화할 수 있도록 장려한다. 아래에 제시된 세 번째 테크닉인 시나리오 플래닝은 또 다른 대안을 제시한다. 이 테크닉에는 발생할 수 있는 일들이 어떻게 다른 형태로 변형될 수 있는지 이야기를 구성해 보는 것이 포함된다.

시나리오 플래닝

명칭과 설명　　시나리오 플래닝은 Pierre Wack이 1970년대에 로열 더치/쉘에서 장기 기획 책임자였을 때 현재의 형태로 개발되었는데, 이는 1950년대에 Herman Kahn이 지휘했던 "생각할 수 없는 것을 생각하는" 연구에서 발전한 것이다. 이 기법은 미래가 예측불가능하며 본질적으로 불확실성으로 채워져 있다는 사실을 강조하기 위해 미래에 대한 여러 가지 다른 시나리오와 이야기들을 활용한다. 사실적인 시나리오를 구성하기 위해 그룹과 조직의 역사에 대한 상당한 양의 정보가 요구되며 이를 활용한다.

준비물
- 그룹이 단계에 따라 진행될 수 있게 해주는 플립차트, 칠판, 화이트보드, 컴퓨터 스크린
- 마커
- 유인물
- 10명보다 참가자가 많을 경우 작은 그룹으로 나누어 사용할 수 있도록 회의실 안에 배치해 놓은 플립차트

활용　　미래가 발현될 수 있는 다양한 방식에 대한 사고를 전환하고 주의를 집중하게 할 수 있다.

장점　　어떤 기획 프로세스라도 불확실성을 내포하고 있다는 의미에서 현실적이며, 시나리오가 이해관계자들로부터 모아진 데이터를 근거로 만들어지기 때문에

각 그룹이나 조직과 깊은 관련이 있다.

단점　　시간 소모가 많다. 많은 양의 정보가 필요하며 헌신을 쏟아야 한다. 그룹 구성원들과 함께 작업하는 퍼실리테이터는 중도이탈을 방지하기 위해 프로세스가 진행되는 동안 동기 부여를 해 주어야 한다.

제안/코멘트　　사전작업이 필수적이다. 참가자들이 이 프로세스 안에 무엇이 포함되어 있는지 반드시 알고 있어야 한다. 이 테크닉이 어떻게 효과적으로 사용되어 왔는지, 그리고 그룹과 조직이 이익을 얻을 수 있는 방법은 무엇인지에 대한 자료를 배포한다면 시간을 알차게 사용할 수 있다.

단계

시나리오 플래닝에는 많은 단계가 있으며 일련의 그룹 회의가 포함되어 있다.

1. 첫 번째 그룹 세션 전에 분석을 실시한다.
2. 그룹 내에서 그룹/조직이 직면하고 있는 이슈에 대해 브레인스토밍한다.
3. 마찬가지로 그룹 내에서 (1) 전략 기획에 잠재적으로 영향을 미칠 정도에 따라 (2) 불확실성의 정도에 따라 요소들의 순위를 매긴다.
4. 이 시점에서 업무는 그룹으로부터 시나리오 플래닝 팀으로 이관되며, 시나리오 플래닝 팀은 시나리오 개발에 활용할 수 있도록 영향력과 불확실성이 둘 다 높은 이슈들을 선택한다. 보다 더 작은 규모의 그룹에서는 모든 사람들이 시나리오 플래닝 팀 구성원이 된다. 각각의 시나리오를 빈틈없이 연구하며 세 가지 기준 – 타당성, 연관성, 도전성 – 을 만족시킬 수 있도록 개발한다.
5. 시나리오들은 깊은 사고와 성찰을 자극하는 흥미로운 방식으로 다양하게 결합된다.
6. 플래닝 팀은 시나리오를 개발하고 논의하기 위해 그룹 회의를 소집한다.
7. 이해관계자들에게 시나리오를 제시하고 논의한다.

이 세 가지 전략 기획 방법을 읽었다면, 각각 장단점이 있다는 것을 알게 되었을 것이다. SWOT은 세 가지 중 가장 전통적이며 그룹 구성원들에게 친숙한 방식이다. AI 프로세스는 강한 감정을 불러일으킨다. AI를 경험한 사람들은 열성적인 지지자가 될 수도 있고, 이 프로세스가 과도하게 긍정적이라고 생각할 수도 있을 것이다. 시나리오 플래닝은 전략 기획에서 활용도가 그다지 높지 않다. 구성원들이 무엇을 인식하고 있고 기대하고 있는지에 대해 아무런 정보가 없을 수도 있다. 시나리오 플래닝에 대해 더 많은 정보는 Chermack, Lynham, Ruona(2001)의 연구를 참고하라.

특정 테크닉에 대한 개인 혹은 그룹의 의견은 상당부분 과거의 경험에 따라 형성된다. 테크닉 자체에 문제가 없더라도, 이전의 경험이 부정적이었다면 현재의 경험보다 예전의 부정적인 인식이 앞서게 된다. 어떤 전략 기획 세션이든지, 세션 전에 잠정적인 계획을 배포하고 참가자들이 피드백을 줄 수 있도록 기회를 제공하는 사전준비를 하는 것은 매우 중요하다. 만약 당신이 시도하고 있는 접근법에 대해 어떤 것이라도 부정적인 코멘트를 받았다면, 그에 대해 답변하고 당신이 어떻게 그들의 우려를 해결할지 설명하라. 그룹의 헌신을 이끌어내기 위해 제안을 수용하고 필요한 만큼 조율한다. 이 장의 마무리로 그룹 목표 설정에 대해 살펴보는 것이 유용할 것이다.

그룹 목표 설정

그룹의 목표는 그룹이 달성하기를 소망하는 원하는 결과이다. 짧은 기간동안 지속되는 그룹의 경우, 그룹의 목적 − 성취하고자 하는 − 을 진술한 것이 될 수도 있다. 오래 지속되는 그룹의 경우, 목표에는 다양한 것들이 반영되며 현재의 우선순위뿐 아니라 장기적 관점에서의 우선순위도 반영된다. 이러한 경우 목표 설정은 단독 프로세스로 진행될 수도 있고 전략 기획의 일부분으로 진행되기도 한다. 둘 중 어떤 것이든 목표를 평가하는 것은 유용한 활동이다. Albanese, Franklin, 그리고 Wright(1997, p. 159)의 연구에서 발췌한 아래의 진술은 그룹이 목표와 목표 설정 프로세스 둘 다를 평가하고자 하는 경우에 사용될 수 있다.

1. 우리는 목표를 설정하는 데 시간과 에너지, 자원을 투자한다.
2. 목표는 반응하는 것이 아니라 반응을 이끌어내기 위한 것이다.
3. 목표는 기술될 수 있는 것이다.
4. 우리에게는 장기목표와 단기목표가 모두 있다.
5. 목표는 현실적이기도 하고 도전이 필요한 것이기도 하다.
6. 우리는 정기적으로 목표를 점검하고 재조정한다.

제2장에서는 그룹이 어떻게 종종 불명확한 목표를 가지게 되는지에 대해 논의하였다. 그래서 마지막 장을 목표 설정의 중요성을 강조하는 것으로 마무리하는 것이 적절할 것이라고 생각했다. 목표가 명확해야 목표 달성이 가능하다.

요약

이 장은 전략 기획과 목표 설정에 대해 살펴보고 이 목적을 달성하는 데 사용가능한 세 가지 테크닉─SWOT, 긍정 탐구, 시나리오 플래닝─에 대해 논의하였다. 목표를 세우는 것은 그룹 업무의 핵심이다. 우리가 퍼실리테이터로서 하는 일의 대부분은 그룹이 과업을 달성하고 업무를 진행하는 동안 협조적이고 생산적인 태도로 서로 잘 어울릴 수 있도록 도와주는 것에 중점을 두고 있다. 전략 기획이나 과거에 무엇을 성취했는지, 미래에 요구되는 것은 무엇인지, 미래에 필요한 것은 무엇인지에 중점을 두고 탐구하는 것은 퍼실리테이터의 중립적인 역할과 잘 맞아떨어지는 프로세스이다. 퍼실리테이터는 보통 그룹의 업무 내용과 관련된 것에는 관여하지 않기 때문에, 이 중립성은 프로세스 그 자체에 집중할 수 있도록 해 준다.

부록

부록 A : 퍼실리테이터 역량 자가진단
부록 B : 협의내용 메모

Small Group Facilitation

부록 A

퍼실리테이터 역량 자가진단

단계 A 안내 ⋯⋯ 각각의 질문에 아래 척도를 사용하여 현재 본인의 역량 정도를 체크하시오.

5   훌륭하다, 이것은 완전히 내가 자신 있는 부분이다

4   좋다, 완전히 자신이 있는 것은 아니지만 그에 근접해 있다

3   대부분의 경우 충분하다

2   개선이 필요하다

1   낮다, 혹은 약하다

_____ 1. 사전에 기획하고 준비했다는 증거를 제시한다.

_____ 2. 계약된 대로 적절한 후속 조치를 완료한다.

_____ 3. 적극적으로 경청한다.

_____ 4. 내용을 나누어 재구성하고 요약한다.

_____ 5. 의견이 불일치되는 관점들을 명확히 한다.

_____ 6. 질문을 능숙하게 활용한다.

_____ 7. 몸짓 또는 비언어적 수단을 효과적으로 활용한다.

_____ 8. 그룹 내의 비언어적 표현에 주의를 기울이며 관찰한다.

_____ 9. 그룹이 이슈에 집중하도록 유지한다.

_____ 10. 그룹이 목적을 명확히 하고 기본 규칙을 세울 수 있도록 돕는다.

_____ 11. 과업과 그룹에 맞는 적절한 테크닉을 사용한다.

_____ 12. 과업의 결과에 대해 중립을 유지한다.

_____ 13. 정해진 시간에 맞추어 진행한다.

_____ 14. 적절한 테크놀로지와 시각적 도구들을 활용한다.

_____ 15. 상호작용과 토론이 장려되는 분위기를 생성한다.

_____ 16. 그룹이 이슈나 과업에 참여하고 주인의식을 가질 수 있도록 독려한다.

_____ 17. 적절하게 유머를 활용한다.

_____ 18. 그룹 역학을 모니터링한다.

_____ 19. 기본 규칙을 지키며 진행한다.

_____ 20. 피드백을 제공하고 프로세스 스킬들을 장려한다.

_____ 21. 그룹에 악영향을 끼치는 행동을 하는 개인(들)을 관리한다.

_____ 22. 갈등 속의 실질적인 이슈에 그룹이 관심을 기울이게 한다.

_____ 23. 소그룹의 통찰과 창의성을 자극한다.

단계 B 안내   자가진단을 마쳤으면, 업무에서 가장 중요하게 여겨지는 역량에 별표(*)를 하라. 그 분야에서 "3"점 혹은 그보다 더 낮은 점수가 나온다면 역량 개선을 위한 계획을 세울 때 우선적으로 관심을 기울여야 할 것이다.

본인이 강점이 있는 분야를 기억해 두어라. 퍼실리테이션의 모든 분야에서 두각을 드러내고 싶을지라도, 주력해야 할 분야가 있다. 그룹은 그 강점분야를 기억할 것이며 그로 인해 당신을 다시 초청할 것이다.

부록 B

협의내용
메모

수신 : 잠재적인 고객

발신 : 주디스 콜브

날짜 :

회신 : 프로젝트 킥오프 세션, 이벤트 날짜

이 메모는 OOO그룹을 대상으로 열릴 프로젝트 킥오프 세션의 퍼실리테이션과 관련하여 오늘 논의하고 협의한 내용을 요약한 것입니다. 세부내용은 아래와 같습니다.

시간과 장소   세션은 6월 4일, 오전 9시에 시작하고 오후 1시 30분에 마칠 예정입니다. 장소는 OOOO가 될 예정입니다. 점심은 12시 30분에 제공됩니다.

참가자   첨부에 명시되어 있는 15명이 참가할 예정입니다. 참석자는 6월 2일까지 OOO씨에게 참석여부를 확정해 주십시오. 확정된 리스트가 제게 보내질 예정입니다. 예정시간보다 늦게 도착하거나 일찍 떠나셔야 하는 분은 참석하실 수 있는 시간을 알려주셔야 합니다.

아젠다　　첨부되어 있는 아젠다에는 지난 두 차례의 논의에 근거하여, 진행 예정인 퍼실리테이션 세션에 대해 제가 어떻게 이해하고 있는지가 나타나 있습니다. 빠진 내용이 있거나 우려되는 부분이 있으면 연락부탁드립니다. OOO씨께서 5월 21일까지 이 아젠다를 모든 참석자들께 공유하고, 5월 27일까지 피드백을 받으실 예정입니다. 변경을 원하는 내용이 있으면 무엇이든 논의할 수 있습니다.

역할과 비용　　저는 중립적인 퍼실리테이터의 역할을 수행할 것이며 그룹이 아젠다에 초점을 맞추도록 하여 모든 관점에서 표현하고 논의할 수 있도록 장려할 것입니다. 퍼실리테이션 비용은 xxxx이며 경비가 추가됩니다.

운영계획　　합의된 바에 따라 OOO씨와 함께 필요한 장비와 운영사항들을 논의해 보겠습니다.

당신과 OOO그룹 구성원들과 함께 일하는 것을 고대하고 있겠습니다.

참고문헌

본 QR코드를 스캔하시면, '소그룹 퍼실리테이션'의
참고문헌을 참고하실 수 있습니다.

역자소개

이진구

고려대학교 교육학과를 졸업하고 펜실베니아 주립대학교에서 HRD/OD 전공으로 박사학위를 받았다. 삼성카드 인력개발팀을 거쳐 KT&G 인재개발원과 인사혁신팀에서 근무하면서 13년간 HR 현장을 경험하였고 2012년부터 현재까지 한국기술교육대학교 테크노인력개발전문대학원의 인력개발 전공 교수로 재직하고 있다. 기업을 대상으로 인력개발 및 조직개발에 대한 강의와 컨설팅을 수행하면서 국가 직업능력개발 체계를 발전시키는 일에도 헌신하고 있다.

박철용

한양대학교 산업공학과를 졸업하고 Drexel University에서 Engineering Management 석사학위를 취득했으며, 한양대학교에서 교육공학과 박사과정을 수료했다. LG에서 30여 년간 HR 분야에서 근무하며 LG전자와 LG이노텍의 CHRO를 역임하고, LG인화원에서 HR Innovation 센터장 및 Coaching College 총괄을 맡았다. 리더십 개발, 코칭, 조직 혁신을 연구하며, HR 실무 경험과 학문적 접근을 결합해 실질적인 변화와 성장을 촉진하려고 노력했다. 특히, 소그룹 퍼실리테이션(Small Group Facilitation)을 통해 조직 내 소통과 협업을 촉진하고, 창의적이고 협력적인 조직문화 형성에 기여하고자 한다.

박순원

한국외국어대학교 영어학부를 졸업하고 동 대학원에서 영어교육 석사 및 울산과학기술원 융합경영대학원에서 비즈니스 분석 석사 학위를 취득하였으며, 한국기술교육대학교 테크노인력개발전문대학원에서 인력개발전공 박사 과정을 수료하였다. 현재 울산과학기술원 선임행정원으로 재직 중이며, 인력개발 및 조직개발을 중심으로 people science, learning analytics 등 다양한 분야의 연구를 수행하고 있다.

저자소개

주디스 콜브는 펜실베니아 주립대학(University Park Campus)의 산업교육개발 과정에서 부교수를 맡고 있다. 그녀는 인력개발/조직개발의 연구를 강조하며 그룹 및 팀 퍼실리테이션에 대한 강의를 하고 그 밖에 이와 관련된 주제를 가르친다. 콜브 박사는 25년 이상을 제조, 연구개발, 시설, 교육, 의학, 경영 등 다양한 분야의 그룹 및 팀들과 협력해 왔다. 팀워크와 퍼실리테이션에 관한 그녀의 연구들은 *Human Resource Development Quarterly, Small Group Research, Journal of European Industrial Training, Journal of Business Communication, Management Communication Quarterly, Performance Improvement Quarterly, Journal of Creative Behavior*와 같은 저널에 실려 있다.

콜브 박사는 미주리 대학에서 경영교육으로 학사를, 콜로라도 주립대학에서 인력 개발학으로 석사를, 그리고 덴버 대학에서 소그룹과 응용조직커뮤니케이션에 특화 된 커뮤니케이션으로 박사학위를 취득하였다. 커뮤니케이션, 교육, 경영과 관련된 그녀의 배경은 소그룹 퍼실리테이션의 연구와 실천에 매우 유용한 시각을 제공해 준다.

소그룹 퍼실리테이션

초판발행	2025년 2월 28일
지은이	Judith A. Kolb
옮긴이	이진구·박철용·박순원
펴낸이	노 현
편 집	배근하
기획/마케팅	허승훈
표지디자인	권아린
제 작	고철민·김원표
펴낸곳	㈜ 피와이메이트
	서울특별시 금천구 가산디지털2로 53 한라시그마밸리 210호(가산동)
	등록 2014. 2. 12. 제2018-000080호
전 화	02)733-6771
f a x	02)736-4818
e-mail	pys@pybook.co.kr
homepage	www.pybook.co.kr
ISBN	979-11-6519-050-7 93370

* 파본은 구입하신 곳에서 교환해 드립니다. 본서의 무단복제행위를 금합니다.

정 가	19,000원

박영스토리는 박영사와 함께하는 브랜드입니다.